KB264572

무의미의 제국

지은이   자끄 엘륄
옮긴이   하태환
초판발행 2013년 12월 13일
펴낸이   배용하
편집   윤석일
등록   제364-2008-000013호
펴낸곳   도서출판 대장간
          www.daejanggan.org
          대전광역시 동구 우암로 75-21 (삼성동)
편집부   전화 (042) 673-7424
영업부   전화 (042) 673-7424 전송 (042) 623-1424

ISBN   978-89-7071-312-0

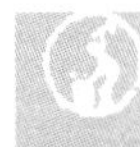 값 15,000원

무의미의 제국
예술과 기술 사회

자끄 엘륄 지음
하 태 환 옮김

L'empire du non-sens

Jacques Ellul

목차

서문

　어느 지식인이 예술에 대한 결정적이고 설명적인 글을 쓰고 싶지 않았겠는가? 어느 지식인이 인류의 이러한 신비로운 혁신에 대해 숙고해보지 않았겠는가? 하지만 나는 형이상학적인 머리를 가지고 있지 않다. 그래서 나는 인간을 그 신비 속에서 탐사해보았다고 주장해본 적이 없다. 그보다는 훨씬 수수하게 나는 우리의 시대를 바라보며, 동시에 현대 예술을 그 위기와 개화 속에서 바라본다. 현대 예술은 풍부하면서, 모든 방면으로 폭발하며 나타난다. 이러한 다양성과 모호성 속에 어떤 '이유'가 있을까? 나는 꽃들이 피자마자 열매를 맺지 못하고 시들어버리는 가운데서 거의 믿을 수 없는 어떤 생명력을 확인한다. 이러한 풍요롭고 메마른 카오스 속에서, 이러한 모순적인 '말해진 것들'과 의미 있는 말해지지 않은 것들 가운데서, 고착되지 않는 깊은 움직임이나 지도적인 끈을 발견할 수 있을까? 이 광적인 모험에 시선을 던지거나 귀를 기울여 본다면 이런 질문을 던지지 않을 수 있겠는가? 우리 서구 사회와 우리 시대는 자신들이 생산한 예술에 의해 질문을 받는다. 그리고 그에 대한 대답은 통상 상투적인 것들이다. 여기서는 상투적인 것들이 넘쳐난다. 상상의 미술관이란 상투어, 예술 속으로 과학이 옮겨졌다는 상투어, 어떤 새로운 지식을 위해 그 둘이 수렴한다는 상투어. 마지막으로 우리가 대중 사회 속에서 살고, 예술이 대중매체에 의해 운반되기 때문에 대중화된 예술이라는 상투어… 내가 이런 식으로 상투어들에 대해 말하지만, 그것들이 어리석다거나 오류라고 하는 것은 아니다. 분명 예술 세계는 과학, 미디어들, 상상의 미술관 등에 의해 변형되었다… 그러나 다른 사람들과는 달리, 나는 이러한 명백한 것들을 다시 말할 필요를 느끼지 못하며, 거기서부터 현행의 예술의 특이성을 설명하고 싶지 않다. 이런 주장들은 모두 약간의 일리가 있다. 그러나 불충분하다. 이런 주장들이 내 눈에는 이상주의적으로 보이기 때문에 더욱 불충분하다. 특히 이런 주장이 물질주의적 철학 위에 기초하면 더욱 그러하다. 나아가서 흔히는 편파적이기까지 하다. 나는 제한된 프로젝트를 따를 것이다. 즉, 우리는 특이한 예술적 창조 세계를 앞에 두고 있다. 그렇다면 이 예술은 그 특수한 특이성을 어디에서 끌어오는가? 이어서 나는 나의 연구적인 가정을 내세운다. 즉, 전혀 다른 활동으로서 예술은 오늘날 기술 사회와 기술 시스템 속에 동시에 위치해 있다.1) 그리고 이러한 새로운 환경과의 관계가 나로서는 현대 예술의 모든 현황을 설명하기에 충분해 보인다. 현대 예술의 현실, 그리고 그의 비극적 진실 말이다. 이러한 가정에 따라서, 나는 예술을 그 모든 차원에서 탐사하거나, 예술을 인간 조건과의 관계 속에서 설명하며, 이 예외적인 활동으로 인간의 본질을 밝힌다는 주장을 하지 않을 것이다. 우리는 보편적인 예술사, 신성한 신비에 따르거나, 어떤 잃어버린 방향을 찾아 한없이 헤매는 짓은 하지 않을 것이다. 나는 깊은 동기들을 찾아서 예술 심리학으로 들어가지도 않을 것이고, 예술 사회학으로 들어가지도 않을 것이다. 마찬가지로 예술 철학에 관한 수없이 많은 아주 열

---

1) 기술 시스템과 기술 사회를 잘 구분해야 한다. 기술 시스템이란 기술 사회의 산물인데, 시스템이란 단어의 의미를 엄격하게 간직하면서 독자적이고 자동재생적인 조직으로 구성된다. 이어서 기술 사회는 그 속에서 이 시스템이 위치하고 조직되는 사회이다. 이 시스템은 이 사회에 맞춰 발전한다. 그렇지만 명백히 이 사회는 기술과는 다른 것도 포함한다. 그리고 이 사회가 기술에 의해 전적으로 영향을 받지만, 전통적인 특징들과 비합리적인 충동들 등도 간직하고 있다. 이 모든 것에 대해서는 다음을 참고.— 자끄 엘륄, 『기술 체계』(대장간, 2013).

정적인 이론들 역시 우리의 관심을 끌지 못할 것이다. 분명히, 우리는 이 긴 역사의 아주 짧은 순간, 즉 최근 시대 속에 머무를 것이고, 오직 하나의 관점, 즉 이 기간에 예술과 기술과의 관계라는 관점만을 채택할 것이다.

우리는 예를 들어 플레카노프Plekhanov나 루카치Lukacs의 흥미로운 이론들을 고려하지 않을 것이다. 그들로서는 마르크스주의가 진실이었기 때문에, 마르크스의 사상에 따라, 그리고 그 사상 안에서 어떻게 예술 활동을 설명하고 정당화할 것인가가 중요했다. 그들은 마르크스 사상 안에서, 그리고 마르크스주의자들을 위해서 예술 창조의 존엄성과 자유를 회복하였다. 그렇지만 그건 우리의 의도와는 아무 상관도 없다. 그들로서는 다시 한번 예술의 영원성, 항구성, 그 영원한 의미, 그리고 또 역사적 의미를 포착하는 문제였다. 생산력과 상부구조들 사이의 관계에 대한 논박 외에도, 마르크스는 실제로 근대 예술과 19세기의 상황인 산업 사이의 관계를 분석하였다. 그는 거기서 "산업의 역사와 산업이 당면한 그 객관적 현실은 인간의 본질적인 힘들을 밝혀주는 열린 책이다"라고 보았다. 그런데 인간의 본질적 힘들이란 오로지 정치, 예술, 문학 등의 추상적 본질 속에서만 이해될 수 있었다. 예술을 산업과의 관계 속에 놓는다는 것은, 결국 예술의 현실을 설명하는 것인데, 또 인간의 현실도 설명하는 것이다. 여기서 우리는 어느 정도나 예술이 산업과 자본주의가 인간에 대해 저지른 것의 정확한 반영인가를 짐작할 수 있다. 즉 예술은 인간소외, 주체와 객체의 분할, 생산자와 생산물의 분할을 표현한다. 예술을 통해서, 생각된 것이 존재하는 것 위로 불쑥 솟아올랐다. 이 예술은 자본주의적 생산의 법칙을 따른다. 그것은 생산자 주체에 의해 생산된 대상으로서, 소비자 주체에게 제공된다. 그러나 더욱 흥미로운 것은, 마르크스의 눈에는 "예술은 기술의 미개발 또는 저개발 위에 세워진 하나의 트릭Technê, 인위를 구성하고, 이데올로기적인 소외의 세계, 이상적 세계의 일부를 이룬다. 결국, 예술은 세상을 자기 것으로 만들려고 하는 인간들의 실천이 온전하고 탈 소외적으로 발전하면 소멸할 수밖에 없다…." 예술은 기술을 위해 그의 본질을 상실할 수밖에 없다.참조: 코스타스 악셀로스 Kostas Axelos, 마르크스, 기술의 사상가 이제부터, 기술의 현행적인 전개와 함께, 마르크스는 우리 사회 속에서 예술의 생존 문제와 그 현실에 대해 문제를 제기한다.

나는 약간은 다음과 똑같은 시각 속에서 자리를 잡을 것이다. 나는 예술과 기술의 관계에 대한 **지속적인** 문제에는 답하지 않을 것이다. 물론 예술의 기술들이나, 기술들의 발전에 따른 예술적 발견들, 기술적 조건들에 의한 예술의 변형을 검사하는 것도 가능할 것이다. 그러나 이러한 문제들은 현상들의 어떤 지속성 가운데서, 그 항구적이고 '영원한' 혹은 역사적인 양상 아래서 조명될 수 있는 것들이다. 우리는 단지 현대 시기에만 위치하며, 그로부터 모든 예술과 모든 시기에 해당할 수 있는 지속적인 것들과 설명들을 끌어내려 하지 않을 것이다.

물론 예술과 기술을 원초적이고 정의되지 않은 상태로 취하지도 않을 것이다2). 실제로 우리는 현대 기술들만 생각하고 있다. 그리고 우리의 관심은 하나가 다른 것에 끼친 영향보다는 어떻게 현대 예술이 지금의 그것이 되었는가이고, 이어서 특히 이 말이 무엇을 의미하는가이다. 근본적으로 여기서 예술은 기호들의 총체로서 간주할 수 있을 것이고, 이 기호들은 뭔가를 지적하는데, 그러나 그것이 무엇일까? 그리고 혹자는 예술가의 자유, 상상력의 개화, 창조적 역량들의 전방위적 폭발, 그리고 일종의 횡설수설, 파괴적 광기 등에 대해서도 말할 수 있을 것이다. 그

---

2) 나는 조르주 콩베(Georges Combet)의 예술과 기술에 관한 훌륭한 책, 『칼리오프와 미노스』(1972)를 따르지는 않을 것이다. 왜냐하면 거기서는 둘 사이의 지속적인 관계를 검토하고 있기 때문이다.

러나 그런 것은 우리의 관심사가 아니다. 그리고 이 현대 예술과 그 앞의 예술 사이의 구분도 우리의 관심이 아니다. 우리는 현대 예술을 현대 기술 시스템과 관계 속에서 포착할 것이다. 바로 거기서 이 예술의 모든 특징을 설명할 수 있을 것이고, 이 예술이 의미 있는 가치를 취할 수 있다고 생각하기 때문이다. 따라서 우리는 한편으로는 앞서 말한 관계를 묘사할 것이고, 당연히 예술의 묘사는 아니다! 다른 한편으로는 예술과 기술을 뛰어넘는 의미들을 점진적으로 밝혀낼 것이다.3)

그런데 아직도 우리 연구의 용어들을 확실히 해야 한다. 나는 기술 시스템에 대해 말했다. 이것은 사회의 시스템이나, 기술 사회의 시스템조차 아니다. 예술이 사회에 종속된다, 사회를 표현한다, 또는 예술이 그 사회의 반영이라고 주장하는 것은 아무 쓸데 없는 너무 낡은 말이다.4) 예를 들어 예술의 진화가 취향의 진화, 과학과 기술의 진보들, 형상적 비전에 관한 새로운 이론들, 그리고 사회적 관계들 자체의 변형에 종속된다는 것은 정말 자명하다. 그러나 누구도 방금 열거한 4가지 큰 축들 사이의 가능한 전체 상관관계들을 정확하게 기술할 수 없었다. 물론 혹자는 예술의 어떤 양상과 그 안에서 예술이 발전하는 전체적 상황 사이의 관계를 설정할 수 있다. 그리고 예술은 심지어 사회적 현상을 밝히고 명백히 밝힐 수 있다. 아도르노는 자신만의 훌륭한 도식 속에서 다음과 같이 기술할 수도 있다. "**결합된** 예술 작품은 부르주아적이다. **기계적 예**

---

3) 나는 물론 H. R. 룩메이커(Rookmaker, 『현대 예술과 문화의 사망』, 1975)의 흥미로운 작품의 주제와는 반대에 위치한다. 이 작품은 전적으로 이상주의적이면서, 예술의 진보는 새로운 원칙들의 발명으로, 그리고 인생과 철학의 새로운 개념들과의 관계 속에서 발전한다고 생각한다. 저자는 현대 예술의 부상을 그 창조자들이 거둔 '승리'와 함께 일종의 '전투'로 소개한다. 그가 보기에는 창조자들은 지배적인 사회적 흐름을 표현하기와는 다른 일을 한다! 예술은 그의 눈에는 언제나 생의 의미를 추구하는 것으로 남아 있다. 저자는 예술에 대한 고전적 사유를 가진 전형이다.

4) 그의 습관적 극단성과 함께 P. 부르디외(Bourdieu)는 이렇게 단언한다(『예술의 기능들 – 예술의 사랑』, 1966). "예술의 주요 기능은 사회적이다… 문화적 실천은 계급들과 계급적 분파들을 구분해주고, 어떤 계급들의 다른 계급들에 대한 지배를 정당화해준다." 이런 말은 우리에게는 아무 소용 없다.

술 작품은 파시즘에 속하고, **조각적인** 예술 작품은 전체적인 부정의 단
계 속에서 유토피아를 겨냥한다." 실제로 어떤 의미에서는, 이러한 기술
과 사회 사이의 관계를 연구하는 것이 훨씬 더 흥미롭게 보일 수 있다.
즉 이것은 예를 들면 부르주아 사회를 공격하거나, 예술이 19세기에는
이런 사회에 대한 격렬한 항의였음을 증명하기 위한 훌륭한 전개를 허
용해준다. 반대로 누군가는 그와는 달리, 사회가 어떤 사회건 간에 예술
은 어느 시대나 장소에서 항상 예술임을 증명할 수도 있을 것이다. 예를
들어 말로Marlaux와 함께, 예술은 전체 시간적 미완성, 죽음의 파탄을 벗
어나게 해주는 일종의 영적 인식이다. 언제나처럼 오늘날에도 예술은 종
교일 것이다. 이 예술을 오늘날 사회의 전체성 속에서 이해하는 것이 분
명 흥미롭지 않거나 중요하지 않은 것은 분명 아니다. 오늘날 사회가 부
르주아적이라는 사실을 누가 의심하겠는가? 이 사회 속에서는, 그리고
부르주아 계급의 경향 때문에, 지적이거나 예술적인 상부구조가 종교가
떠난 빈자리를 채우고, 또 그것은 사회적 질서와 지배 계급의 권력들을
정당화한다. 사회가 실리적으로 될수록, 예술과 문화는 더욱더 무상성
을 주장한다. 사회가 대중화되고 일반적으로 될수록, 예술은 더욱더 독
창적이고 개인적이기를 원한다. "상부구조의 주관성은 과학적 하부구조
의 얼어붙은 객관성을 반박한다"라고 샤르보노Charbonneau는 말한다. 그
리고 우리는 동시에 부르주아 계급이 편향되지 않고 절충주의적임을 알
고 있는데, 그것은 바로 그 계급의 자유주의에 기인한다. "지적이고 예술
적인 규범들의 불확실성은 자유로운 정신들로 하여금 그들이 더는 사회
속에서 발견하지 못할 만족들을 다른 곳에서 찾도록 한다." 그러나 부르
주아 계급은 예술의 보상적인 자리, 예술에 의한 도피, 인간의 모든 활동
이 절정에 이른 이 이상적 정상 위에서 예술에 대한 전체적인 하나의 이
데올로기를 만들어냈다. 그러나 동시에 예술은 비실질적인 세계 속에,

심각하지 않은 사물들의 영역 속에 조심스럽게 안치되었다. 예술은 단지 멋이었다. 또는 예술은 필수적인 것에 더해진 불필요한 것이었고, 사치를 즐기던 사람들의 장식이었다. 그래서 예술가는 착한 애완견이면서 동시에 길든 사자가 되었다. 이 사자는 사람들이 그를 금으로 덮어씌운 그만큼 더 멸시당했고, 사람들이 여전히 그를 두려워하는 척하였기 때문에 그만큼 더 부속품이었다. 그러면서 이 사자는 이 사회 전체를 문제화한다고 주장하면서 이를 드러냈었다. 사람들은 기술이 예술 형태들을 명령한다는 생각에 익숙해졌고, 장인 계급이 진정한 인간적 가치들을 대변한다는 생각에 익숙해졌다. 부르주아 계급이 기능적이었기 때문에, 예술은 기능적으로 되었고, 또한 부르주아 계급이 비일관성이라는 향수와 몽롱하고 가벼운 분위기가 필요했기 때문에 예술은 후기 낭만주의적이고 덧없으며, 키치kitsch가 되었다. "아르 누보Art nouveau는 부르주아의 외양적 부대 현상이며, 원래 사회주의적 사상과 생시몽적인 꿈에 잠기기는 했지만 반동적이다"들르부아(Delevoy). 부르주아 계급은 하나의 탐미주의를 생산하였고, 유용한 것을 가벼운 변덕들로 분장하였으며, 예술을 장식적 필요에 종속시켰다. 이 지배 계급은 스스로 장식되기를 원했고, 장식적이기를 원했으며, 역사 속에서 하나의 역할을 맡았는데 예술은 그 역할의 장식을 맡아야 했다. 오직 무용한 것만이 미학적이었다. 그런데 정말 명심해야 할 것은, 이 시기 동안, 그리고 그 모든 경향 속에서, 예술이 지속해서 그러했다는 사실이다. 나는 여기서 공식적인 예술에 대해 말하는 것이 아니다. 그렇게 한다면 너무 간단한 것이다. 그러나 아방가르드, 혁명적 예술가들도 부르주아 계급이 그들에게 할당한 역할에 썩 잘 순응한다. 마네, 세잔, 반 고흐는 완벽한 보완자이다. 그리고 그들을 신성하게 만들었던 자는 바로 부르주아 계급이다! 이 예술가들은 부르주아 계급에 새로움의 의미를 다시 주었고, 이 계급을 원초적으로 창조적이었던 힘에게 돌려보냈다. 그들의 기능 또는 혁명적 소명은 완벽하게 환상적이다. 그들은 그리는 방식을 혁명했었다. 그러나 그들은 자기 시대를 반영했었고, 그들의 임무를 수행했었다. 그들은 특히 개인들이었다. 부르주아 계급이 개인주의자였음을, 그리고 그 계급이 강력한 개성을 최상위에 올려놓았음을 망각하지 맙시다. 나폴레옹, 괴테… 그러나 반 고흐는 모든 것이 밋밋하게 되어버렸던 시대에 바로 그 이상적인 개인이었다. 이 부르주아는 강력한 저항 속에서 자신을 인식하였다. 그는 사람들이 그렇게 떠들어 대던 그 자유를 정확히 구현하였다. 부르주아 계급은 자기 마음에 드는 잘 길든 예술가들이, 그렇지만 동시에 부르주아 이데올로기가 아주 오래전부터 주장하던 삶을 살았던 야성적인 예술가들이 필요하였다. 그래서 그 예술가는 개인의 비극을 연기해야 할 의무가 있었다.

그런데, '예술의 쇠퇴' 가 부르주아 계급의 쇠퇴를 나타내는 것처럼 보일 정도로, 아도르노가 보여주었듯이 예술가가 뚜렷이 이런저런 계급에 속한다는 것은 아무 중요성이 없다! 부르주아 사회에 대해 잘 알려진 것이 있고, 우리 예술을 이 사회에 연결하는 것이 있다고 하였을 때, 우리는 현대의 모든 다른 사회에 대해서도 그런 식으로 말할 수 있을 것이다5). 사회주의적 사회들 속에서는, 예술은 여전히 더 반동적이고, 완벽하게 거세되었다. 한 사회의 경제 구조와 이데올로기가 무엇이건 간에, 예술과 동시대 사회 사이의 관계는, 명백히 대중화, 표준화, 사물화로 특징되고, 예술이 그 온전함을 수호하고자 한다면, 자신과 대립하고 있는 이 사회와 정확히 상응하는 성격들을 스스로 생산한다. 모든 체제 아래서 사람들은 항상 여가, 긴장 완화, 순응주의, 소비와 상응하는 '싸구려' 를 가지며, 동시에 아무

---

5) 부르주아 예술과 프롤레타리아 예술 사이의 구분은 의사 마르크스주의적인 상투어들의 반복적이고 맹종적인 개념의 생산에 불과하다 (예를 들어 M. 라공(Ragon), 『무엇을 하기 위한 예술인가?』(1971). 예술이 부르주아적이건, 기독교적이건, 프롤레타리아적이건, 그것은 먼저 기계적 세계 속으로 삽입되고, 그로부터 예술은 그의 모든 특징을 끌어낸다.

도 경험해보지 못한 것의 이념적, 미학적, 형식적 투영에 불과한 '아방가르드'를 가진다. 그래서 아도르노는 음악의 예를 든다. 전통적이건 해방되었건, 음악은 현대 사회와의 관계 속에서 본질적으로 똑같다. 물론, 예술적 모더니티와 아방가르드는 자기들이 항상 다른 것이라고 주장하고, 근본적인 문제를 제기한다고 주장한다. 그러나 우리가 지난 세기나 금세기 초의 아방가르드들을 검사해보면, 우리는 그들의 착각을 쉽게 알 수 있다. 그들의 한계는 자기들이 거부한다고 하는 실제 사회의 현실을 긍정하거나 감추기, 또는 진보하게 하거나 보충하는 것이었다. 이런 조건들 속에서는, P. 덱스Daix가 모더니티에 대해 제기한 문제들이 너무 단순하다고 말해야 한다. 덱스는 모더니티가 실제로 폭발적이었고 자유주의적이었다고 확신하였다. 그렇지만 모더니티는 자신 안에 '갇혀있지' 않았을까? 오늘날 '모던적'이라 함은 바로 그런 모더니티로부터 빠져나오고자 함이 아닐까? 그런데 이 저자는 말하길, 모더니티는 모던적이지 않은 것에 대항하여 투쟁에 들어가기 때문에 필연적으로 자신을 새롭게 만든다. "반대한 그것이 모던한 것으로 태어난다." 그리하여, 그것은 다시 새로워진다. 그리고 덱스는 즉각 새로워진 모더니티를 가지고 진실과 미의 확실한 기준으로 삼는다. 그런데 첫 번째 주장이 우리에게 경고해준다. 덱스는 '반대한 그것이 모던한 것으로 태어난다'라고 말하면서, 다음을 덧붙인다. "요컨대, 외부 세계이다." 참으로 재미있는 고찰이다. 외부 세계 바로 그에 반대하여 예술의 생산적인 내적 자유가 세워진다… 근본적으로 부르주아적인 사고이다. 꿈, 유토피아, 발명 속으로 떠나기 위해 실제적인 더러운 세상은 버립시다… 여행drop out;현실로부터 이탈… 물론 이것은 우리 사회가 예술가에게 기대하는 바로 그것이다. 모더니티, 아방가르드는 정확히 자신의 소임을 수행하였다. 그렇지만 덱스는 그 이상으로 다음의 결정적인 말에 대해 고찰했어야 했다. "화가여, **모던**

moderne이 되려고 애쓰지 마라. 그것은 불행하게도 당신이 무엇을 하건, 당신이 피할 수 없는 유일한 것이다.”S. 달리(Dali) 이것은 모더니티의 가치에 대한 논쟁을 엄밀히 종식한다. 모더니티란 단지 모던적 여건의 필연성이고, 비의지적인 준수이다. 그런데 비의지적이기 때문에 더 지독한 것이다. 다시 한번 확실히 하건대, 이것을 쓰면서 나는 어떤 가치 판단을 한다고 주장하지 않으며, **언제나** 그랬었다고 주장하지도 않는다. 나는 어떤 일반 이론을 만들고자 하지 않는다. 이 서구 사회와 19세기 초부터면 그것으로 충분하다. 그리고 나는 작품들의 미학적 가치를 평가하지 않으며, 단지 혁신적이거나 혁명적이 되고자 한다는 주장, 그리고 자유와 정의를 구현한다고 하는 주장을 비판한다. 그것이면 충분하다. 따라서 나는 예술과 사회 사이의 관계를 일반적으로 전개할 의도가 없다. 게다가 사회의 이런저런 양상과 ‘현대 예술’을 휘젓는 새로운 유파들의 부단하고 무질서한 창조적 움직임을 직접적인 관계 속에 놓는다는 것은 약간은 헛된 일이다. 현대 예술은 바로 인상주의, 입체파, 추상, 몽타주, 레디 메이드, 쉬프레마티즘절대주의, 초현실주의, 표현주의, 매너리즘, 구성주의, 신회화주의, 타시즘, 추상표현주의, 앵포르멜, 아르 브뤼Art brut(소박파) 등이다.

　예술과 현대 기술로 제한합시다. 그러나 벌써 하나의 질문이 제기된다. 내가 기술적이라고 명명했던 사회에 관한 문제일 것인가? 프랑카스텔Francastel은 우리 사회가 진정으로 기술에 의해 정의된다는 것을 거부한다. 그러나 그의 평가는 현대 기술에 대한 전적으로 불충분한 지식 위에 세워져 있으며, 명확한 이데올로기적 가정들을 따른 우리 사회의 사회학적 분석 위에 세워져 있다. 나는 이미 다른 곳에서 길게 다뤘던 이 문제들로 다시 돌아오지는 않을 것이다. 우리 사회는 그 기술들에 의해 정의되고, 결정되며, 특징된다. 그러나 이 사회 속에는 기술들과는 전혀 다른 것이 있다! 나는 결코 편협하거나 일방적인 결정론을 주장하지 않았으며, 일종의 메커니즘도 주장하지 않았다. 기술들과 결합하는 인자들은 다양하고, 표현들과 생산물들을 다양하게 만든다. 현대 세계의 특징을 구성하는 것이 기술이 아니라 "어떤 경제적이고 사회적인 목적성들과 모든 종류의 기술들을 사용하기"라고 주장하는 것이 터무니없고 비현실적이라고 하더라도, 현대 사회가 다양한 극들을 품고 있음은 확실하다. 그런데 우리가 여기서 찾는 것은 바로 예술들과 다양하고 복잡한 사회 사이의 관계가 아니라, 예술들과 특수한 기술 시스템 사이의 관계를 밝히는 것이다. 물론 우리는 지속해서 그리고 이차적으로 예술에 영향을 미치는 다른 인자들, 또는 예술이 행하는 다른 역할들을 보고 접근할 것이다. 그런데 내가 보기에는 분석의 주제들을 나열하면서 이런 복잡성을 명확히 해야 할 것 같다. 기술에 관한 다른 연구들보다, 우리는 드보르Debord가 '공연의 사회'에 대해 지적한 것을 다시 취할 것이다. 예술은 공연의 사회의 근본적 양상 중의 하나이고, 공연의 사회 역시 부분적으로는 기술에 의해 정의된다. 우리 사회의 특징적인 공연은 기술 발전의 자연적이고 자동적인 산물이 아니라, 이 사회가 공연의 사회이기 때문에 사회는 자기에게 고유한 기술적 내용물을 선택한다. 그리고 이러한 사실이 예술에 새로운 자리와 형태를 지적하는데 공헌한다. 왜냐하면, 고립화가 기술을 기초한다면, 기술적 과정 역시 자기 차례로 고립시키기 때문이다. 그래서 예술은 이러한 고립화의 과정에 들어 있는 것이다. 그런데 이 연구가 기술과 기술 시스템에 관한 나의 연구를 연장한다 하더라도, 그것은 단순한 예시나 부록은 아니다. 예술은 그 특수성을 가지고 있다. 예술은 비록 이 새로운 총체 속에 삽입된다 하더라도, 여전히 특이한 활동이고, 인간의 특출한 의지의 표현이며, 인간 자신을 넘어서고자 하는 추구이고, 가장 깊은 직관으로 남아 있다… 그렇다면 이 모든 것이 이 특수한 기술의 세계 속에서는 무엇이 되었는가? 또한, 이 과도한 프로젝트의 충격 아래서 기술은 무엇이 되었는가? 예술은 여전히 우리가 믿었던 그런 것인가? 그리고 예술이 만약 극단적인 변화를 겪었다면, 결국 그것은 인간과 인간의 운명에 대해 무엇을 의미할 것인가? 그리고 인간이 자기 자신에 대해 갖는 이미지는 무엇일까? 거기에는 분명 본질적인 추구가 있을 것인데, 그렇다고 형이상학적이거나 전체적인 것은 아니다. 즉 이 추구는 우리의 일상과 또 우리의 가장 숭고한 프로젝트 속에서 표현되는 그 실제로 다시 데려와 질 것이다. 그 실제를 놓칠 수 있겠는가?

누구라도 산업 시기에 전개되었던 새로운 세상과 예술 사이의 관계에 대해 지적할 수 있었다. 그러나 예술이 깊이 영향을 받았기 때문에, 사람들은 금방 이러한 사실을 정당화하는 해석들을 하기 시작했었다. 가장 명백한 것은 이론적 차원에서 예술과 기술 사이의 모순을 거부하는 것이었다 그러나 분명한 것은 현대 기술이 지금까지 사람들이 기술이라고 부르던 것과는 극단적이고 본질에서 다르다는 사실을 모르고서 그렇게 하였다. 예술 자체가 하나의 기술이다.6) 지금부터 예술은 기술로서, 우주를 탐사하고 알려주는 도구로 인식될 것이다. 예술은 절대의 영역이 아니라, 가능성의 영역에 속한다. 사람들은 예술의 본질에서 상징적인 성격을 던져버린다. 왜냐하면, 기술적 환경은 심각할 정도로 상징을 참아주지 못하기 때문이다. 프랑카스텔의 모든 책을 기초한 이러한 평범성

---

6) 우리는 예술과 기술에 대해 쓴 수많은 저자의 요란한 담론은 인용하지 않을 것이다. 다만, 그들의 사유로부터 다음의 명백한 사실만을 끌어올 것이다. 즉 그리스어로 Technê(트릭, 인위)는 예술을 의미한다는 것이다. 그로부터 모든 것이 해결된다! 그러나 이것은 상상할 수도 없는 생각이다! 이러한 어원론적 생각은 전적으로 웃기는 일이다. 나는 단지 '예술Art'이 어원적으로 '기술Technique'을 의미하지 않음을 강조하고자 한다. 실제로 예술Art의 어원은 ARΩ이다 (그로부터 ar-mus, ar-tus가 나온다). 그리스어 어근은 Ardlsep, 그로부터 artuô(전체를 묶어 결합한) – artê(빼어남, 완전함, 그리고 한참 뒤에는 덕). 글자 그대로, 어원학적으로 art(예술)은 결합, 정돈, 일치, 그리고 모든 적극적이고 긍정적인 적합성을 의미한다. 달리 말하면, 사람들이 기세 좋게 Technê : Art를 내세우지만, 그것은 아무 의미도 없다. 왜냐하면, 둘의 상호성은 허위이기 때문이다.

들은 기술적 환경을 미리 정당화하기 위한 목적을 가진다. 따라서 다음의 일련의 사실들을 증명하기에 이르러야 할 것이다. 즉 현대 예술은 언제나 변함없는 예술이다. 거기에는 어떠한 단절이나 거부가 없다. 이어서 기술은 완벽하게 정당화되고, 어떤 것도 기술의 화려한 비상을 문제 삼아서는 안된다.예술은 특히 그렇다. 그리고 최종적으로는, 현대 예술의 시도들과 과학과 기술의 발견들 사이에는 놀라운 일치가 존재한다. 우리 시대의 예술이 완벽하게 그 절정에 이르지 못한 것은, 단지 “나쁜 이론이 현재 세계의 실천적 행위들과 예술의 만남을 늦추기 때문이다.” 사람들은 이러한 연구를 하면서 기술은 유일한 심각한 현실이고, 기술은 **언제나처럼** 오늘날 긍정적인 유일한 가치를 대변하며, 기술은 인간 집단의 **모든 가치를** 잉태하거나 기원한다는 고정관념을 가지고 있다. 현대 기술을 정당화하기 위한 이러한 시도 속에서, 정당화의 도구로 해석된 예술은 현대 세계의 점진적인 기술들과 우리 시대의 형상적인 스타일 사이의 안정적인 관계들이 어디에 있는가를 아는 문제만 제기할 따름이다. 이러한 것이 대중의 마음에 들건 말건 중요하지 않다. 물론 이러한 관점 속에서는 이러한 영광스런 진행에 이의를 제기하는 모든 이론, 예를 들어 기디온Giedion이나 멈포드Mumford는 반동적인 사람으로 간주한다. 그런데 이런 완벽한 결합은 몇 가지 작은 문제를 일으킨다. 그래서 우리는 자주 예술에게 새로운 ‘정의’를 주어야 할 필요를 느끼게 되고, 혹은 예술에게 새로운 목표를 지적해야 할 필요를 느낀다. 누가 예술의 허구성, 상징성을 유지한다면, 그것은 기술적인 생산성, 효율성, 전체성 앞에서 스캔들로 남는다. 이러한 기술적 성격들은 미학적 허구를 조롱한다. 그것들은 미학적 내용의 실현을 위한 어떤 자리도 남겨 놓지 않는다. 그런 것은 아무런 중요성이 없다. 우리의 예술 속에서는 미학이나 내용은 더는 필요하지 않다! 먼저, 사람들은 예술은 언제나 인위적이라는 이 명증한 진실을 우리에게 환기할 것이다. 예술이란 종합적 구성의 문제이다. 예술은 인위적 세계를 제작한다. 그렇다면 이러한 조건들 속에서 어떻게 기술과 모순이 있을 수 있겠는가, 기술도 역시 그러한데…사람들은 바로 이러한 도식을 본다.

내가 보기에 더 중요한 것은, 예술이란 하나의 유희에 불과하다는 태도다. 우리 사회 속에서, 아주 흔히 예술은 실제로 하나의 유희로 간주함을 볼 수 있다. 예술은 기술에 의해 유희로 축소된다. 그리고 이것은 예술은 피상적이고, 여가 활동이라는 부르주아적 사유를 연장한다. 그런데 그렇게 말하는 것은 아마 예술은 쇠퇴했고, 주변으로 밀려났음을 인정하는 것이 될 수도 있다. 그런데 그 반대로 사람들은 예술은 **언제나** 하나의 유희였다고, 오로지 유희였을 따름이라고 태평스럽게 단언할 것이다. "예술은 유희로 시작되었고, 직업으로 이어졌으며, 숭배로 꽃을 피웠다. 그리고 앞으로 미래에는 그 유희로 다시 돌아올 것인가?"몰(Moles) 마찬가지로 J.J. 스위니Sweeny는 예술에게 그 젊음을 유지해 주려면, 간단히 유희를 즐겨야 한다고 단언한다. 아이는 자기가 아닌 것이 되기 위해 놀이를 한다. 그는 존재를 공유하기 위해 놀이를 한다, "함께 놀면서, 그는… 이 되는 놀이를 한다." 그것이 바로 예술이다. 전체 예술이 그렇다. 스위니는 또 실러Schiller에게도 「미적 교육에 관한 서한들」 속에서 예술은 유희에 불과하고, 인간은 놀이를 즐길 때에만 완전한 인간이 된다고 언급한다. Homo Ludens유희의 인간을 언급할 필요도 없다. 그런데 이 모든 것을 오늘날 재발견하는 것이 아주 흔한 일이 되었다. 정당화의 한 방식이다. 우리는 앙드레 말로의 예술에 대한 깊고 비극적인 고려와는 아주 멀어졌다. 아니다, 고래로 인간은 인생의 의미도, 어떤 항구성도, 신비로운 우주에 관한 행위도 추구하지 않았었다. 인간이 알타미라 동굴에 벽화를 그렸을 때, 그는 그림판과 물건 감추기 놀이를 하고 있었다. 예술의 종교적 힘에 관한 담론들은 모두가 지나친 장식이다. 그리고 아 이런! 얼마나 다행인가. 과도한 기술화 덕분에 우리는 그 수많은 세기가 가리고 있었던 예술의 진정한 정의를 재발견하게 되었다. 예술이란 유희, 오로지 유희일 따름이다. 그러나 이런 조건들 속에서는, 우리는 우리가 이 행위 속에 투여해 놓았던 것을 거부해야 한다. 상당히 오랫동안 사람들은 예술이 미와 관계가 있다고 믿었었다. 그리고 그건 아주 집요한 선입관이었다. 그런데 미란 무엇인가? 어떤 예술이 그것을 만족하게 하는가? 그건 분명 실수였다. 예술은 미와 아무 상관이 없다. 그런 질문을 제기하는 사람들은 후진적인 사람들이다. 누가 조금이나마 현대 예술을 이해하고자 한다면, 이러한 절대적으로 헛된 기준을 포기해야 한다. 형태들의 조화, 균형, 어떤 틀이나 용법에 맞게 적응하기, 우아함 또는 꽉 참 등, 기준들이 무엇이건 간에, 여전히 그리고 항구적으로 미에 관한 문제이다. 그런 시대는 이제 끝났다. 보들레르는 산업 발달과 미 사이의 적대 관계를 정확히 보았었다. "물질적 과학의 결과들을 미의 산물로 생각하게 길든 국민이 어느 정도 시간이 흐르면 가장 가벼운 것, 가장 비물질적인 것을 느낄 능력을 잃지 않을 거로 생각할 수 있을까…." 우리가 이 문장을 인용한 것은 단지 이러한 평가 자체 때문만이 아니라, 얼마나 많은 다른 저자가 19세기 중엽에 똑같은 말을 썼던가! P. 덱스가 보들레르가 얼마나 틀렸는가를 보여주기 위해 똑같은 문장을 인용했기 때문이다. 덱스에 따르면 보들레르는 실제로 아무것도 이해하지 못했다. 그리고 미의 기준을 사용함으로써, 그는 예술의 모든 진보를 가로막았고, 기술의 세계와 예술이 가진 아주 유익한 관계를 봉쇄하였다. 사람이 미에 관해 신경을 쓰게 되면, 그는 현대 예술의 프로젝트를 놓치게 된다. 아무렇게라도 미를 정의하기만 해도, 예를 들어 미란 "밝혀내는 힘"이라고 하더라도G. 피콩(Picon), 그러면 미에게 주어진 그러한 내용은 모든 것을, 그리고 아무것이라도 다 허용해버린다. 그래서 사람들은 왜 아직도 이 용어를 사용해야 하는가를 알 수 없게 된다. 다른 사람들도 미와 기술적 환경 속의 예술을 공존하게 하려고 어떤 내용을 부여하면서, 그 용어를 보존하려고 노력하였다. 미란 "충분히 구조화된 것", "자신을 강제하기 위해 고유한 실체를 가진 것"이다. 누구에게 강제한다는 말은 하지 않았다 그런데 이러한 공식들은 너무 가소로워서 미라고 하는 전통적 용어를 파산으로부터 구해내기에는 턱없이 부족하다. 우리로서는 차라리 미란 자신들에게는 아무 상관 없는 것이라고, 그리고 자기들이 오늘날 예술로써 생산한 것은 미와는 아무 상관 없다고 말하는 용기를 가진 사람들이 더 좋다. 따라서 처음부터 미에 관한 생각들과 우리가 미라고 부를 것에 대한 감동을 내려놓자. 그리고 이상적인 조소나 미학의 추구, 그런 모든 것은 우리로 하여금 냉정한 눈으로 우리 시대의 예술을 고려하지 못하게 할 것이다. 우리 시대의 예술은 명백히 미를 생산할 어떤 욕심도 없다. 왜 그런지는 아마 스스로 생각해보아야 할 것이다.

　마찬가지로, 예술에 관해 만들어진 다른 고정 관념도 포기하는 것이 좋다. 즉, 예술은 우리에게 기쁨을 주고, 내적인 개화를 하게 하며, 우리를 어떤 감동으로 이끌고, 우리에게 극도의 희열을 가져다주어야 하는 것으로 간주한다. 그 희열 속에서 사람은 고조되고, 자기의 밖에 있게 되며, 뭔가 더 나은 곳으로 향한다고 느낀다. 그런데 그렇지 않다. 이 모든 것은 여전히 예술에 관한 오류에 불과하다. 더는 청중, 감상자, 암송자에게 이러 저러한 쾌락을 제공하는 문제가 아니다. 쾌락이라고? 얼마나 천박한가! 누가 말했듯이, 그건 예술의 음식물적인 모습이다! 미각적 쾌락은 더는 예술의 지적이거나 정신적인 요소와 그 고고함이나 힘과 공존할 수 없다. 현대 예술은 당신을 공포, 마비, 광기, 추잡함, 진흙탕, 사디즘, 마조키즘, 당신이 바라는 모든 것 속에 집어넣기 위해 만들어졌다. 그러나 특히 어떠한 즐거움도, 어떤 쾌락도 없다. 어떠한 상승도 없고, 깊은 심연만 있다. "음악은 더는 듣기 좋은 소리의 결합으로 정의되지 않고, 그런 말은 루소가 했었다 다른 소리의 인지할 수 있는 구조화로 정의된다." 몰 그러니까 이것이 현대 음악의 한 모습이다 – 차가운 기하학적 설계도. 그리고 다른 한 모습은 다음이다. "크세나키스Xenakis의 폴리토프Polytope 는 시청각적인 대재앙이다… 거기서는 둔탁한 윙윙거림과 놀라운 반향 들, 쏟아지는 타악기 소리가 나열된다. 그리고 곧 이 소리는 서로 합쳐지 고, 강철 실처럼 자르는 소리가 되며, 광포하게 소리치고, 차가운 비를 맞은 것처럼 당신을 떨게 한다." 바로 이런 무시무시한 양상으로 현대 음 악은 바뀌었다. 그런데 이 말은 음악에 대한 비난이 아니라, 찬양임을 지적하자 나는 예술에서 쾌락과 즐거움의 거부를 주장한 수많은 텍스트를 제시할 수 있 다. 여기서도 마찬가지로, 그 이유에 대해 스스로 생각해보아야 할 것이 다. 따라서 따라서 지금까지 예술의 내용이나 목적으로 간주하였던 모 든 것이 죽었거나 끝났다고 생각해야 한다. 자연으로부터 더는 아무것도 빌려 오지 않는 완벽하게 인위적인 이 예술은 당신을 채워주거나 고양하 기 위해 만들어지지 않았다. 그래서 누군가 바자를리Vasarely 앞에서 "회 화는 죽었다"라고 말했다. 고전주의는 물론이고 낭만주의도 죽었다. 의 미는 죽었고, 세상의 자연주의적 재현도 죽었다. 그리고 미는 더는 우리 의 흥미를 끌지 못한다. 그리고 누가 전통적인 예술의 기능을 통해 예술 에 대해 문제를 제기할 때면, 그는 아주 의기양양해진다. 그는 조롱의 감 정에 휩싸이는데, 이 조롱의 감정은 '예술의 합법성'에 대해 자문하게 한 다. 그러나 이런 식으로 자문하게 되면, 간단히 예술은 더는 존재하지 않는다라는 표현에 이른다! 한편으로 예술은 유희에 불과하고, 다른 한편으로는 무상성의 피 난처가 되기를 그만두었다. 바네젬(Vaneigem) 아무튼, 예술은 더는 자율적인 영역이나, 희열과 화려함에 준비된 정원이 아니다. 예술은 '진정한 삶' 속으로 잠수한다. 그런데 그 삶이 무엇인가? 예술은 더는 예술로서 존재하지 않는다,7) 우리는 항구적인 부정의 작업에 참여하고 있다. 사람들은 끊임없이 반예술, 반문학, 반연극을 한다. 그러나 사람들은 여전히 반연극의 연극을 우리에게 제시한다. 여기서도 자기가 한 것이 반예술이라고 왜 그렇게 악착같이 주장하는가를 자문해보아야 할 것이다

따라서 우리는 여기서 영원한 예술이 무엇인가를 밝힐 연구를 하지 않을 것이다. 또한, 초월적인 미학을 밝히려고도 하지 않을 것이며, 아주 간단하게 인간이 그림을 그리거나 시를 쓸 때 무엇에 복종하는가도 밝히지 않을 것이다. 그보다 훨씬 겸손하게, 여기 그리고 지금 속에서, 우리는 현대 예술의 어떤 질을 확인하고, 그 현대 예술이 새로운 환경, 즉 기술적 환경 속에 자리잡고 있음을 확인하며, 마지막으로는 현대 예술이 지금까지 예술이라고 했던 것과는 극단적으로 다르다는 것을 확인할 것이다. 물론 나는 누군가 즉각적으로 반발할 것을 알고 있다. 그러나 시기마다, 그리고 항시 모든 혁신은 충격을 불러왔다. 그리고 사람들은 새로운 예술은 스캔들이었고, 앞선 예술과는 공통적인 것이 아무것도 없었다고 항상 생각했다. 르네상스 예술가들은 중세의 예술과 의도적으로 단절했다. 비잔틴 사람들은 그리스, 로마 예술과 단절하였다. 낭만주의자들은 고전주의자들과 단절하였다. 그리고 각 경우마다 혁신으로부터 오는 단절이 있었다. 그러나 나는 이러한 단절들은 우리가 알고 있는 단절과는 공통적인 것이 전혀 없다고 생각한다. 왜냐하면, 이러한 변화들이 일어난 환경은 확실히 똑같았기 때문이다. 아우어바흐Auerbach가 **미메시스**Mimésis에서 확실히 보여주었듯이, 그 혁신들은 가장 흔하게는 "말해야

---

7) 결국, 전통적 의미로 예술은 죽었다. "사람들은 예술이 실제로 불필요하다는 인상을 느낀다. 「카셀(Kassel)도쿠멘타(Dokumenta)」전시에서 (1968년), 아트 전시관을 둘러본 다음, 나는 피카딜리 시르쿠스(Piccadilly Circus)나 브로드웨이(Broadway)의 그 번쩍이는 네온 간판을 보면서 훨씬 더 매력적이고, 재미있으며, 의미가 많다고, 어쩌면 훨씬 더 '예술적'이라는 의식을 가졌다.", 룩메이커(Rookmaker.)

할 다른 것"으로부터 왔었다. 예술은 인생의 새로운 개념, 변해버린 새로운 가치관, 철학, 종교에 따라 변했다. '말해진 것'을 변하게 했던 것은 바로 '말해야 할 것'이었다. 그렇지만 더는 말해야 할 것이 없고, 표현해야 할 것이 없으며, 내용과 의미가 없을 때는, 이제 그 차원이 달라진다. 그럼에도 사람들은 현대 예술을 유발한 것은 철학의 변화라고 강변하면서 지속성을 유지하려고 억지를 부린다. 즉, 이제는 세상을 달리 보게 가르쳐 주는 것은 과학이라고 한다. 미학의 전문가란 사람들은 물질과 색을 달리 보도록 우리에게 가르친 것은 과학이라고 설명하면서, 예전과 똑같은 과정임을 증명하고자 한다. 나는 그건 부정확하다고 믿는다. 즉, 새로운 미학적 표현이 나온 것은 거기서부터가 아니라, 기술로부터이다. 본질적인 차이를 보자, 르네상스 사람들이 글을 쓰고 그림을 그릴 때, 그들은 인간의 새로운 개념을 표현하고자 하였다. 비잔틴 사람들은 어떤 새로운 신의 개념을 표현하고자 하였다. 그러나 우리 현대인들은 과학을 표현하려고 하지 않는다. 달리 말하면, 두 개의 극단적이면서, 아직 전혀 알려지지 않은 변화들이 있다. 그것은 바로 예술이 위치한 환경과 형태들의 변화 과정이다. 그 혁신은 앞선 것과는 공통의 것이 전혀 없다. 이러한 차이와 새로움을 통해, 우리는 인간 자체의 변형이라는 더 핵심적인 문제에 접근하고자 한다. 분명 우리가 예술적 생산처럼 본질적인 활동이 근본적으로 뒤집혔음을 확인한다면, 인간 속에 있는 핵심적인 뭔가가 마찬가지로 뒤집혔다고 생각하기 때문이다. 그래서 우리는 예술을 카오스 속에 던지고, 동시에 전례 없이 엄격하고 구조적이며 차갑게 만든 이 이상한 변화 속에서, 무엇인가를 밝히려고 할 것이며, 또 만약 있다면 어떤 의미를 찾아내고자 할 것이다.

참고문헌

나는 여기서 이 텍스트를 작성하기 위해 사용한 주요 서적들을 지적하고자 한다. 각 장에서 나는 접근한 문제에 관한 전문적인 책들을 각주로 밝힐 것이다.

아도르노Adorno, 「새로운 음악의 철학」, 1962

아탈리Attali, J., 「소음들」, 1977

카즈뇌브Cazeneuve, J., 「텔레비전」, 1976

샤르보노Charbonneau, B., 「문화의 역설」, 1965,

_______________________, 「시스템과 카오스」, 1975

클레르Clair, J., 「프랑스에서 예술. 새로운 세대」, 1972

콩베Combet, G., 「칼리오프와 미노스」, 1972

덱스Daix, P., 「회화 앞에서 맹목」, 1971

드보르Debord, G., 「공연의 사회」, 1967

들르부아Delevoy, R., 「20세기의 차원들」, 1965

뒤프렌느Dufrenne, M., 「대중 예술은 존재하지 않는다」, 1974

프랑카스텔Francastel, P., 「예술과 기술」, 1956

기디언Giedion, S., 「기계화가 주문을 받는다」, 1948

구Goux, J.-J., 「우상파괴주의자들」, 1978

하버마스Habermas, 「기술과 이데올로기로서 과학」, 1973

위그Huygue와 뤼델Rudel, 「예술과 현대 세계, T.II : 1920년부터 오늘까지」, 1970

레마리Leymarie,J., 「오늘날 사회 속에서 예술」, 1967

말디니Maldiney,H., 「시선, 말, 공간」, 1973

만토바노Mantovano,G., 「현대 사회 속의 새로운 예술」, 1969

몰Moles,A., 「예술과 컴퓨터」, 1971

멈포드Mumford,L., 「예술과 기술」, 1952

______________, 「기계의 신화」, 1974

니르Nir,Y., 「텔레비전, 제약과 전망」, 1976

오니뮈스Onimus,J., 「현행의 예술에 대한 고찰」, 1964

리드Read,H., 「예술과 사회」, 1969

룩메이커Rookmaker,H.R., 「현대 예술과 문화의 사망」, 1974

샤페르Schaffer,P., 「권력과 커뮤니케이션」, 1972

Ⅰ. 모순

  우리는 다음과 같은 아주 평범한 생각에서 출발해야 한다. 즉 예술은 사회를 보여주고, 우리가 사는 환경의 깊은 현실을 표현한다. 게오르기 Gheorghiu의 『25시』는 사회의 위험과 악을 간파해내는 자로서 시인을 부르면서 끝난다. 그러나 그에게서는 의식적인 작업에 관한 문제였다. 즉 시인은 자기 작품의 내용으로서 위험을 직접 표현하는 것이었다. 내가 보기에는 우리는 이제 이런 단계를 지났다. 즉 이러한 밝혀내기는 전적으로 무의식적인 방식으로 일어난다. 시인은 자기 시의 스타일 속에서, 또는 그가 시를 부정하는 가운데서 원하지 않음에도 시대의 깊은 현실을 말한다. 벨망Belmans은 『영화와 폭력』1973 속에서, 어떻게 영화가 "우리의 공적이거나 사적인 행위들의 폭로자"인가를 보여준다. 가장 드러나지 않은 표시들이 가장 중요하다 : 사회적, 심리적 폭력… 영화는 보여주는 것으로 제한되지 않고, 깊은 속에서, 그리고 무심코 번역해준다. 영화는 우리에게 하나의 거울을 준다. 마찬가지로 들르부아Delevoy 8)는 예술이란 일종의 정돈하기라고 하면서 다음과 같은 본질적인 생각을 피력한다. "오늘날의 이미지는 청각적이건, 시각적이건 언어적이건 간에, 그 자체에 의해 우주의 카오스적인 상태를 모순적으로 제시할 어떤 질서의 구성자일 것이다." 새로운 예술은 엔트로피와 무질서에 대항하기 위한 정보

---

8) 들르부아, 『20세기의 차원들』, (1900-1945), 스키라, (1965).

의 추구일 것이다. 그래서 이 예술은 분석적이고, 전반적이며, 직관적인 사유를 표현할 것이다. 그렇지만 들르부아는 이 무질서가 무엇이고, 이런 사회의 유형이 무엇인가를 간파해내지 못했다. 그래서 그는 사회적이거나 경제적 유형의 무질서라고 하는 아주 흔한 전통적 비전에 머무르고 만다. 그럼에도 그의 마지막 수식어들, 즉 분석적, 전반적, 직관적은 벌써 뭔가를 말해주고 있다. 이것은 사실주의적이고, 분석적이며, 합리적인 세계가 아닌가? 우리는 거기서 좌파적인 사람들이 반복하던 것보다는 더 본질적인 성격들을 갖지 않았는가? 다른 한편 들르부아는 예술과 취향 사이에 단절이 일어남을 확인한다. 그러면서 그는 이 단절을 사진에까지 올라가게 한다. 즉 사진의 이미지는 미리 가정되고, 유추적이며, 상상적이고 내적이며 예술가에 의해 전달된 현실 대신에 '객관적인' 현실의 생각을 강요한다. "결국, 역사상 처음으로 경쟁적이고 적대적인 두 형태가 군중의 참여나 저항을 나눠 갖게 되었다. 취향은 분할되었다." 들르부아는 여기서 현대 예술의 현실을 깊숙이 포착한다. 그런데 이 분할은 그가 상상한 것보다 훨씬 더 깊은 것이었다. 여기서 우리의 프로젝트는 이 예술이 기술 사회를 반영하고 전달함을 보여주며, 예술이 그 모든 경향 속에서 근본적으로 찢어졌음을, 그래서 이 예술은 찢어진 사회 그 자체를 표현함을 보여주는 것이다. 그리고 사회에 대한 예술의 모순 그 자체 속에서조차, 예를 들어 예술이 기술적이 되기를 거부하는 가운데서, 즉 예술이 생경한 채로 남고, 재료 자체로 남으며, 자발성을 추구하고, 다듬기를 거부하며, 결국 인위적 작품이 되지 않으려는 열망 속에서, 예술은 정확히 이 사회를 반영한다. 그런데 이 거부의 예술은 사물화 과정을 벗어나지 못한다. 즉 자신의 온전함을 방어하기 위한 바로 그 노력 속에서 이 예술은 자신이 반대한다고 하는 이 사회의 성격들을 생산한다. 그리고 앞엣것, 예전의 것, 또는 아프리카 원시주의, 또는 키치, 나아가서 이미 지나버린 것, 쇠퇴해버린 것 등에 대한 호소는 직접 파괴적인 것보다 더 이 시기의 부정적인 경향들을 나타낸다. "질서라고 하는 것은 카오스의 가면에 불과하다."아도르노 우리의 상황이 정확하게 그러하다. 그리고 드보르는 분석을 좀 더 멀리 밀고 간다. "역사를 아직 겪어보지 않은 역사적 사회 속에서, 예술을 넘어서고자 하는 부정적 운동으로서 그 해체기에 이른 예술은 변화의 예술이며, 동시에 **불가능한** 변화를 표현한다. 예술의 요구가 크면 클수록, 예술의 진정한 실현은 자신을 추월한다. 그러한 예술은 반드시 **아방가르드적이고, 존재하지 않는다**. 예술의 아방가르드는 자신의 사라짐이다."9) 이것이 4반세기 전부터 예술의 세계 속에서 우리가 체험했던 것이고, 아도르노가 "부러진 것의 절충주의l'éclectisme du brisé"10) 라고 했던 것이다. 하지만 조심해야 한다. 이러한 부정, 단절, 부러짐은 단절되고, 분해된 사회 자체를 표현하지 않는다. 반대로, 사회가 경직되고, 통일적이며, 중앙집권적이고, 단일적이며, 기능적이고, 합리적이기 때문에 그런 것이다… 이 부정의 예술은 사회의 더 깊은 위기를, 즉 이런 사회가 살 수 없음을 폭로한다. 그리고 그 모든 위기는 기술 시스템의 조직과 비합리성 속에 준엄하게 새겨져 있다. 그런데 예술은 이 부분에서도 자기 역할이 있다. 예술은 사회의 모순들을 표현하고 폭로하면서, 결국에는 그 모순들을 견고하게 만들어 준다. 예술은 사회의 모순들을 굳혀준다. 안티예술은 우리 시대의 비합리성을 드러내면서, 똑같은 비합리성을 낳고, 적응하지 못한 행동들을 유발한다. 안티예술은 죽음의 강박관념, 의미의 부재, 파멸과 같은 집단적 환상들에 대해서 명확하고 가시적인 모델을 만들어준다. 현대 예술은 자기 부정과 상황 통제력 상실의 예술이다. 그것은 마술적이거나 종교적인 예술과 정

---

9) 드보르,『공연 사회』, (1965).
10) 역주) 아도르노,『새로운 순응주의』(『새로운 음악의 철학』요약), TEL/Gallimard, 1985(1962), p. 15-7.

반대이다. 인간은 과거의 예술 속에서는 세상을 지배하거나 질서 부여를 위해 어떤 힘을 펴올렸다. 현대 예술은 반대로 양들과 칼을 준비한다. 이 예술은 할 것이 아무것도 없다는 항구적인 선언이다. 이 예술은 가짜 행동들의 무질서한 난동이며, 병 속의 놀란 파리들의 선회를 똑같이 재생한다. 기술 세계의 조류들을 명확히 거부하면서, 이 예술은 인간이 시스템의 속박을 고분고분, 수동적으로 따르도록 모든 이유와 적법성, 탈출구, 그리고 허영심을 제공한다. 이 시스템의 강력한 흡입력을 잊어서는 안 된다. "문화유산의 산업적 경영은 그 힘을 미학적 반대에까지 확장한다." 전시회가 거기에 이용된다. 최근 광고 이미지들을 보는 것으로도 충분하다 모든 것이 곧바로 광고 이미지들 속으로 흡수된다. 체제 비판적이던 1968년은 광고로 써먹기에 아주 좋은 해였다. 관료주의에 대한 비판이 사무실 가구를 사는데 훌륭한 논거가 된다. 반체제 예술은 질서 확립의 필요성 속에 통합된다. 하지만 이러한 흡수와 회수의 결정적인 순간은 예술 자신이 자신을 통제하고 자유롭다고 주장하는 바로 그 순간이다. 도르B. Dort(『실제적 연극. 비판적 시도』, 1971)는 그러한 비의도적 회피를 폭로한다. 그에게 현대 연극은 실제 현실로 편입되기 위한 예비과정이다. 연극적 실천은 본질에서 교육적이고, 변증법적이다. 그러므로 연극적 실천은 일종의 혁명적 문화를 포함한다. 그러나 여기서 문제 된 혁명은 브레히트의 모델, 즉 여전히 마르크스적이고 반부르주아적인 형태로 고정되어 있다. 달리 말하면, 도르는 순진하게도 표현해야 할 실재와 혁명을 혼동하고 있다. 그는 1925년도에 혁명적이었던 연극에서 출발하여, 그 연극을 모든 다른 연극들의 변치 않는 기준으로 여기고 분석한다. 그러나 바로 이 순간에 통찰력이 부족하면 사람들은 함정에 빠진다. 오늘날 브레히트의 연극보다 더 보수적인 것은 없다. 왜냐하면, 그 연극이 답을, 모델을 제시한다고 주장하는 바로 그 이유 때문이다. 애석하게도 그것은 더는 제기하지도 않는 질문에 대한 답이다. 그리고 사용된 용어들 또한 반대자들의 외침 소리에 사라졌다… 오늘날 음악이 문제시되는데, 그것은 바로 음악이 스스로 자유롭다고 생각하기 때문이다. 예술가들은 음악이나 회화의 무정부적인 상태가 자유라고 생각했다. 이것은 구체적으로 무엇을 말하려 했는가? 이른바 자유라는 것이 예술가들이 저항하고자 했던 바로 그 세상의 이미지를 만들어냈다는 말이다. 아도르노가 결정적인 표현을 썼다. “음악은 질서의 손바닥 안에서 앞으로 달아난다… 거짓 질서 손바닥 안에서 일어나는 예술의 쇠퇴도 거짓이다… 규격품 대량 생산의 유형들에 따라 구성된 예술이 그 이데올로기에 협력하는 한, 그리고 그의 기술이 억제의 기술인 한, 이 다른 예술은, 자체로는 기능적이지 않지만, 자기의 기능을 가진다. 이 예술 혼자서, 자신의 가장 성숙하고 중요한 생산물들 속에서, 단순히 억제의 이데올로기가 아니라, 억제 전체의 이미지를 비춰준다.” 예술이 기술에 종속되고, 예술이 무기력해지며, 그리고 예술의 존재 자체 속에 필연적으로 시스템의 ‘융합할 수 없는’ 성격이 반영되는 결정적 순간은 바로, 예술가가 기술이란 단순하고 낡은 도구에 불과하기에 자신은 기술로부터 완전히 독립적이라고 주장할 때이다. 오늘날, 예술가가 기술들을 마음대로 다루고, 예술의 새로운 이상을 창조하는 전지전능한 자라고 말할 수 있다고 해보자. 그리고 기술들은 예술에 종속되어 있으며 그런 지배의 동기가 정신적이든, 철학적이든, 정치적이든 상관없다고 하자.^{프랑카스텔의 견해} 이렇게 말할 수 있다는 것은 예술과 창조, 발명이 기술 시스템 안에 극단적이고 철저히 통합되었음을 증명하는 것이다. 예술이 기술을 지배한다는 그런 선언은 인간이 자기 활동의 진정한 의미를 보는 것을 스스로 금하기 위해 그 활동 위에 던지는 이데올로기적인 장막이다.^{도르에게서 이미 감지되었다} 그런데 그 진정한 의미는 너무나도 근본적인 문제 제기로서, 예술은 아마 아무런 가치도, 결과도, 아무런 진정한 역할도 갖지 못한다는 의미이다. 결정적 파탄의 자백인 이건 정말 참을 수 없을 것이다. 그런데 아무도, 기술자도, 예술가도, 부르주아도, 혁명가도, 문학가도, 예술가도, 관객도 그런 자백을 원하지 않는다. 모든 사람이 기술 시스템 안에 예술이 통합된 것을 부정하기 위해 공모한다. 하지만 원하지도 알지도 못한 사이에, 예술 생산은 이데올로기적 장막에도 불구하고, 그리고 그 장막을 넘어서서, 절망적인 무의미, 찢김, 말해지지 않은 고통을 통해 예술의 편입을 말해준다. 밖으로 드러난 고통은 실제로는 고통스럽지 않은 고통이다. 반제국주의적 연극은 제국주의에 대한 정치적 설명에는 별로 가치를 부여하지 않는다. 그러므로 현대 예술은, 시스템 속으로 철저하게 회수되어, 우리 시대의 깊은 현실을 나타내고, 또한 예술의 진정한 노선을 유지한다. 분명한 것은, 누가 예술과 기술이 서로 결합했다고 아무리 떠들더라도Technê 등을 언급하며 그 둘 사이의 결정적인 모순에 대한 하버마스의 설득력 있는 증명을 잊어서는 안 된다. 그리고 이것은 더는 일반적인 기술이 아니라 특히 우리 시대의 기술이 관련되는 순간부터 유효하다. 기술이 즉각적인 목표에 대해 도구적이고 합리적이라는 사실, 기술이 조건부 예측들을 내포한다는 사실, 기술이 기량의 습득을 바탕으로 한다는 사실, 기술이 문제들에 대한 해결책에 따라 기능한다는 사실, 그리고 결국 기술이 생산력의 증대로 해석된다는 사실, 이 모든 사실은 체험에 의지하면서, '상징들로 매개된 상호작용' 으로 분류될 수 있는 예술과 정반대이다. 사물을 기술적으로 처분하는 능력은 사회 집단들이 자신에 대해 만들어 내는 개념과는 결코 똑같은 성격이 아니다. 예술적 행위는 그러한 개념 형성에 본질적으로 이바지한다. 이 예술적 행위는 하버마스가 상호작용이라고 부르는 영역에 속하며, 기술에 반대되는 진정한 실천을 가리키고, 주체와 대상을 매개하는 상호성과 함께 상징적 재현을 가정한다. 예술적 행위는 자아에 대한 성찰로 인도하고, 내가 나에 대해 갖게 된 의식은 관점들의 상호 교차로부터 만들어지는 산물이다. 이것은 과거에는 줄곧 예술적 행위의 탁월한 기능 중의 하나였지만, 오늘날에는 기술 발전 때문에 완전히 거부되고, 부인된다. 이렇듯 현대 예술은, 동화되었음에도, 기술에 대한 예술의 항구성을 표현하는 절망적인 항의로 남는다. 그리고 이것이 두 가지 방향을 설명해준다.11) 우선, 우리는 차별화된 두 그룹을 보게 된다. 하나는, 기술 사회의 밖에 머문다고 하면서, 그 사회를 고찰하고, 그에 대해 말하는 사람들이다. 예컨대 르네 빅토르 필레스의『저주하는 사람들』과 조르주 페렉의『사물들』그리고 그 반대편에, 기술 사회 내부로 뛰어드는 사람들이 있다. 그들은 사회문제에 대해 질문하지 않고, 사람과 기술의 관계에 대해 질문하지 않지만, 뗼켈Tel Quel 학파처럼 예술에서 기술의 보편적 형태를 표현한다. 기술 시스템 자체가 그들의 입을 통해 말하기에, 그들은 기술 시스템에 얼굴과 반향을 주는 페르소나Persona이다. 이러한 두 방향은 많게 또는 적게 통합되거나 기술화된다는 문제가 아니다. 다시 말해, 정말 두 가지 경향, 두 가지 인식, 질적으로 다른 두 가지 결정과 관계된다. 그러므로 한편으로는 기술 사회가, 다른 한 편으로는 기술 시스템이 예술가를 궁지로 몰아넣는다. 하지만 이 두 커다란 경향 안에서도 수많은 형태와 시도가 범람한다. 그런데 이것도 우리 시스템에는 이상해 보이지 않는다. 그래서 나는 다음의 내용을 차례대로 보여주고자 한다. 실제 사정은 사회가 근본적으로 경직된 구조를 갖고, 단일화될수록, 사회는 살기가 어렵고, 참기 힘들다. 그러면 이데올로기적 해석들은 더욱 일관성이 없어지고, 중구난방이 되며, 서로 경쟁하게 된다그리고 무의미해지고! 마지막으로는 미학적 장식은 장식에 지나지 않게 될 것이며, 완벽하게

---

11) 룩메이커(앞의 책)는 19세기 후반부에 두 가지 모순되는 영감이 미학적 탐구를 부추긴다는 것을 정확하게 보았다. 한편으로, 감각적 지각의 지배, 과학적 실증주의이고, 다른 한 편으로, 인간 자유의 선언과 실증주의에 대한 저항이다.

유동적일 것이다. 이때 유동적이라는 것은 스타일과 패션의 이동성, 그리고 건축변형 가능한 공간을 포함한 작품콜더 등의 이동성을 내포한다. 미학적 행위는 노골적인 순수한 장식진열대, 디자인, 벽보 속으로 삽입되고, 예술 작품은 예술 작품으로 인정받지 못한다. 끊임없이 변화하는 예술 작품, 또는 안티예술, 그리고 모든 작품의 거부 이 모든 것은 기술 시스템 안에서 예술의 상황을 정확하게 표현한다.12) 그런데 우리가 예술과 현대 기술의 모순을 포착하고, 예술의 찢김과 사회의 찢김을 표현해준다 폭발, 흩뜨리기로 갈등의 결과를 표현해준다 표현되는 시스템에 대한 예술의 종속을 포착했다면, 우리는 십 년 전부터 들었던 질문을 제기할 수 있다. 이것이 예술의 종말인가? 여기서 가장 커다란 오해가 존재한다. 누군가 19세기를 지배했던 형태적 예술 행위의 종말과 관계된다고 하면, 우리는 그나마 다행이라고 말할 수 있을 것이다. 그 예술 활동은 지배적이고, 정복적이며, 현실적인 사회의 보조물이었던 미美, 즉 환상과 꿈을 만들어내는 이론적인 미美를 겨냥했었다. 그래서 그런 행위는 인간의 깊은 현실과는 동떨어져 있었다. 불행하게도 우리 세기의 예술적 생산 속에 살아 남아있는 것은 바로 그 보조적 기능인 것 같다. 그와는 반대로, 이 종말은 영원, 초월이라 할 수 있는 것과 어떤 관계의 종말일 수도 있다. 그런 예술 행위란 어떤 절대의 상징화로서, 이 절대는 번개처럼 순간적으로 느껴지고, 예감되고, 얼핏 본 것이다… 만약 그렇다면, 이런 예술의 종말은, 만일 발생한다면, 인간의 종말을 또한 가리킬 것이다. 이 점에 대해서 우리는 확실하게 답할 수 없다.

현대 예술은 본질적인 질문을 제기하고 싶어 한다. 그런데 아마도 너무 명확하고, 이론적이고, 결정적인 방식으로 질문하기를 원한다. 이 예

---

12) 두 가지 경향은 폴 클레의 탁월한 문장으로 설명될 수 있다. "이 세상이 더 끔찍해질수록 예술은 더 추상화될 것이다. 반면에 좀 더 행복한 세상은 좀 더 현실적인 예술을 조장한다." (「일기」, 1915)

술은 무엇보다도 '삶'에 직접적이며 총체적으로 참여한다고 주장한다. 그런데 이 주장에는 모호함이 있다. 왜냐하면, 한 편으로 가장 직접적이고, 가장 거칠고, 가장 덜 다듬어진 방식으로 체험을 고려하는 문제이기 때문이다. 고함은 어떠한 형태로든 선호하는 표현이 되거나, 관객에 대한 직접적인 공격이 이루어질 것이다. 음악, 회화, 연극은 예술과 삶의 분리를 부정한다.13) 이것은 존 케이지John Cage의 주장이며, 해프닝의 원칙이고, 히피들의 특성이다. 정치, 성, 재현의 혼합물이고, 예술과 상징화의 구속을 포함한 모든 구속의 거부이다.그런데 구속 없이 어떻게 예술이 있을 수 있을까? 다른 한 편으로 혹자는 삶 자체로 예술 작품을 만들어야 한다고 말할 것이다. 그래서 그 사람은 예술 작품을, 즉 대상으로서 모든 예술적 생산물을 거부하고, 대상들의 세계를 거부하며, 동시에 의미화를 거부한다. 그리고 그런 사람은 화폭을 하나의 대상으로 간주해야 하고, 회화를 그 너머에 대해서는 신경을 쓰지 말고 그 자체로 고려해야 한다고 주장한다. 왜냐하면, "화폭이라는 대상과 그 시스템의 코드화 사이의 관계만이 의미가 있기 때문이다."프랑카스텔 회화에서 가장 커다란 진보란 바로 화가가 허구, 원근법을 찾지 않고, **평평한** 화폭 위에 그리는 것이다. 화폭 자체가 작품의 요소라는 것, 그것은 바로 화폭의 우월성을 보장하는 것14) 이다.

대상으로서 작품은 부인되고, 배척되고, 예술가는 예술과 동일시된다. 예술가 자신이 예술이다. 오래전에 오스카 와일드는 자신의 삶으로 미학적 작품을 만들겠다고 주장했다. 거기에 이르기 위해서는 사람들은 황당한 길들로 들어서기만 하면 된다. 가벼운 유머로는 충분하지 않다. 방법들은 절망적이게도 술, 아편, 성적 도착, 탐미주의, 사디즘, 결국에는, 미

---

13) 예컨대, 조뜨랑(J.–M Jotterand,)「아메리카의 새로운 연극」(1970).
14) 이 주제에 관하여 구J.–J. Goux의 아름다운 분석『성상 파괴론자』,(1978)을 참고하시오. 이 책에서 구는 시각과 자본주의 그리고 개인주의의 발전 사이의 관계를 설명하고 있다.

술의 살해로 간주하는 살해와 같은 것들이다. 실제로는 '장르적genre 혼동'이 있다. 즉 자신의 삶을 '성공적'인 무엇으로 만들고자 하는 기획은 도덕주의자적 기획이다. 하지만 자신의 삶이 예술작품이 될 수 있다고 주장하는 것은 오류이다. 즉 미학적 기준들을 적용할 수 없다. 자기관조, 자기만족일 따름이다. 그래서 예술작품으로서 삶을 주장하는 것은 나르시시스적 과시욕에 불과하다. 에피쿠로스의 철학을 정확히 적용하는 것은 미학적 창조가 아니다. 미학적 의지로부터 결과한 대상을 버리고 대상으로서 자신에 대한 고려로의 이행은 문제를 피하기 위한 최후의 얼버무림이다. 그것은 잘못된 심화이고, 잘못된 참여이다. 그것을 실제로 행하는 사람은 간단히 말해 예술 창조자이기를 멈춘다. 그는 도덕주의자로서 본보기적인 삶을 전달할 수 있다. 하지만 미래의 세대에게 어떤 '문화적 유산'도 전달하지 못한다. 이러한 주장 앞에서 누군가는 어깨를 으쓱하면서 불만을 표할 것임을 나는 잘 안다. 아무튼, 그것은 예술 자체의 부정일 뿐이다. 비트 제네레이션la génération Beat 15) 시인들, 예컨대 긴즈버그A. Ginsberg, 케루악J. Kerouac, 버로우즈W. Burroughs 등의 모험이 매우 의미심장하다. 이 시인들의 "단어들은 모든 것을, 즉 말과 삶, 그리고 생각의 한계를 깨뜨렸다…." 시는 하나의 배출구에 지나지 않았다. 그들은 삶의 고통을 표현했고, 고통을 살아간다고 주장했다. 그들은 나름대로 꾀를 냈었다. 그들은 도시 빈민가에서 살았다. 그들은 떠돌아다녔고, 줄곧 항의하였다. 그들은 자신들이 성현, 예언가라고 생각했다. 물론 그들의 시는 그들의 삶의 작은 일부였고, 그들의 삶에 긴밀하게 동화되었다. 하지만 그들에 대한 특별한 호감 없이 그들의 작품을 읽어 보면 우리는 그 빈약함, 유치함에 놀라지 않을 수 없다… 아니다, 이것은 랭보의 **술 취한**

---

15) 역주) 1950년대 미국에서 일어난 문학 및 예술 운동이다. 비트 제네레이션이란 표현은 잭 케루악이 자신의 친구들로 구성된 모임을 지칭하기 위해 처음 사용하였다. 앨런 긴즈버그, 잭 케루악, 윌리엄 버로우즈 등이 비트 제네레이션의 선구자들이다.

배가 아니라, 일련의 말 더듬기이고, 자기감상이다. 나는 한 정열적인 인물입니다, 나를 잘 보시기 바랍니다. 나는 나를 설명합니다. 지드의 류머티즘은 내 흥미를 끌지 못했었다. 내가 왜 케루악의 발에 생긴 물집에 흥미를 느껴야 하는지 모르겠다. 지적 방랑자로서 케루악의 삶 자체는 정열적이었으나, 그의 예술적 표현은 낡은 독백일 따름이거나, 행복에 젖은 미세 환경에 대한 간접 묘사일 뿐이다. 하지만 결국 이것은 예술과 삶을 결합한다는 주장의 다른 측면을 표현하고 있다.

삶과 결합하기! 그것은 바로 초현실주의의 '삶을 바꾸자' 의 메아리이고, "부르주아 문화가 만들어 놓은 예술과 존재 사이의 이분법을 부수기"이다. 그러나 곧 이 말을 한 저자는 우리에게 정상적 인지 시스템을 파괴하라고 한다. 아편과 환각의 경험은 발견에 도움이 되며, 전복적인 방법이다… 이러한 것은 실제로 비트 제네레이션과 연결된다. 하지만 이것이 삶이고 존재인가? 라우센버그Rauschenberg 16) 는 이렇게 말한다. "나는 예술을 위해 존재한다. 그러나 예술과 아무런 관계가 없는 예술을 위해서이다. 예술은 삶과 밀접한 관계가 있지만, 예술과는 아무 관계가 없다." 이 모든 열정적인 주장 속에서 답답한 것은 '삶', '존재', 등이 무엇을 말하는지 전혀 알 수 없다는 것이다.

이상하게도 자신들의 삶을 예술 작품으로 만들겠다고 주장한 사람들은 자기 파괴에 이르렀다. LSD 17) 가 우리의 의식을 확장해준다고 수없이 떠들어 댄 와츠A. Watts 18) 는 그 제안을 뒤집기도 한다. '우리는 자연의

---

16) 역주) 로버트 라우첸버그(1925−2008)는 미국의 조형 예술가이다. 네오 다다계열의 추상적 표현주의의 가장 대표적인 예술가이며, 팝 아트의 선구자이다. 그의 작품은 회화로부터 사진, 무용, 음악을 거쳐 조각에 이른다.

17) 역주) 리세르그산 디에틸아미드(lysergic acid diethylamide), 약자로 LSD(엘에스디)는 소량으로도 강력한 환각효과를 가져온다.

18) 역주) 알렌 와츠(1915−1973)는 미국의 반문화 운동의 선구자 중의 한 사람이다. 철학가이고 작가이며 비교 종교의 전문가인 그는 개인의 정체성, 사물의 본질, 의식과 행복의 추구 등을 다루는 수많은 책과 논문들을 썼다.

일부일 뿐이다. 나는 더는 피부 보따리에 제한되지 않는다. 이것은 내가 우주에 흩어져있음을 말한다. 자신이 결정과 의식의 중심이라고 생각하는 것은 단순한 관습, 자의적인 습관에 지나지 않는다.' 물론이다. 그러니 정상적인 출구는 자살이다. 왜냐하면, 아무것도 내가 나머지와 다르다는 것을 보장해주지 않기 때문이다. 나는 다른 원자들 속에 융합된 작은 원자들일 뿐이다. 그리고 실제로 이 모든 이론가의 행위는 자멸이었다. 우리는 이러한 예술의 모순을 다시 발견한다. 공격적이고 과잉 발달한 '자아' 에 대한 열망이 생의 본능을 폐기하는데 이른다.

마찬가지로, 기술 사회와 매우 직접 맺어진 이 예술은 동시에 도피의 예술이다. '원시적' 예술의 흡수, 저개발국의 상상적 보고의 영향은 절대적 도피의 표현으로서, 지금의 모든 예술가가 관계된다. 근원을 향한 도피. 세잔의 "나는 세계의 처녀성을 그리고 싶다"가 서곡을 울렸다. 근원적 행동, 인간의 가장 오래된 행동 속으로 도피. 탈 코아Tal Coat 19) 는 이러한 근원 속으로 잠수 의지로 특징지어지며, 이것은 뒤뷔페Dubuffet 20) 에게서도 발견될 것이다. 이 예술가는 정말로 자신을 원시적 카오스에 질서를 부여하는 조물주로 생각한다. 폴 클레는 "카오스 속에 점 하나를 찍는 것은 우주 발생의 순간을 형성한다"고 했다. 이 점찍기는 "시원적 집중 속에서 회색일 수밖에 없는 그 점에 원초적인 구심적 성격을 부여한다. 그 점으로부터 깨어난 질서는 모든 차원 속으로 퍼져간다." 불행하게도, 이 카오스는 화가에 의해 꿈꿔진 환상일 따름이다. 그는 확실히 교통 혼잡이나 인플레이션과 같은 현실적 카오스를 공격하지는 못한다! 그리고 코스타는 흙으로 선사시대 도구, 뼈, 흔적 등을 만들면서, 원시적인

---

19) 역주) 탈 코아(1905-1985)의 본명은 삐에르 야곱(Pierre Jacob)이다. 파리유파에 속하는 프랑스 비구상적 화가이다.
20) 역주) 장 뒤뷔페(1901-1985)는 프랑스 화가이며, 조각가이고, 조형 예술가이다. 소박파 미술 Art brut의 최초의 이론가이며, 지배적인 문화에 대한 격렬한 비판을 자신의 에세이집 『숨 막히는 문화』*Asphyxiante culture*에서 펼쳤다.

것, 근원, 순수성을 다시 찾고자 한다. 이 모든 경우에, 이 세상이 너무 힘들어서 찾는 도피이다. 탈 코아의 그림이 심연에서 나온다고 할 때나말디네(Maldiney) 21), 작가들이 "심연에 잠기기"를지드의 표현임을 잊지 말자! 원할 때도 마찬가지이다. 그것은 소위 말하는 근원적 카오스 속으로 잠수인데, 실제로는 현실에서 존재하기를 거부하는 것이다. 이것이 아마도 이 예술의 모든 모순적 경향들에 공통된 약수일 것이다. 그것은 그 예술이 메시지와 관련되든, 언제나 이 세상을 거부하고, 세상을 미학적 정치적인 방식으로 변화시키자고 주장한다 추상적 형상화가 관련되든, 이것은 의미와는 아무 할 일이 없다고 주장하는데, 그 이유는 의미는 항상 사회로 되돌아가 버리기 때문이다 아니면 존재에 대한 고귀한 기원이 관련되든, 탈 코트의 회화는 그것이 우리를 존재적 지체 속에 놓는다는 점에서 불가능의 회화이다. 그것은 우리에게 존재의 지체를 펼친다 마찬가지이다. 모든 경우에 그것은 이 시대 밖으로 도피를 추구하는 예술이다. 그리고 사람들이 너무 잘 도피하기 때문에, 결국 그들은 한 가지 일, 즉 비굴하게 이 시대를 반복하는 일 만을 하게 된다!

예술과 삶 사이의 혼동은 예술들 사이의 혼돈을 초래한다. 회화, 음악, 조각, 시 등, 예전의 명확한 분류방식은 더는 성립되지 않는다. 예술들 사이의 경계는 사라지고, 한계는 지워진다. 음악적 기법은 회화적 기법에 따라 영감을 받는다. 기호 표기법에서 그래픽 예술과 유사한 음악도 있다. 계열 기법처럼 특별하게 음악적인 기법이 누보로망의 주된 원칙으로 사용되기도 한다. 이것이 화자의 사라짐을 보충해준다 공간의 환상을 주는 원근법을 배척했던 회화는 그 자체가 공간 속에서 전개되기를 원한다. 베르나르 사비(Bernard Saby 22) 의 회화는 리듬을 통해 불레즈(Boulez 23) 의

---

21) 역주) 앙리 말디네(1912-현재)는 프랑스 철학가이다.
22) 역주) 베르나르 사비(1925-1975)는 프랑스 화가이다.
23) 역주) 삐에르 불레즈(1925-현재)는 프랑스 작곡가이며, 오케스트라 지휘자이다. 올리비에 메시앙에게 작곡을 공부했고, 우연성 음악과 음렬주의 주도자 중의 한 사람이다.

음악과 유사함을 보여주고 있다. 조각은 뒤뷔페의 '벽들Murs' 로부터 건축이 되었다. 조각가 워트르바Wotruba는 객관적 형상화의 사라짐을 통해 건축적인 형태를 만들어낸다. 음악 작곡은 폴 클레에게서 제목을 빌리는데, 아주 의미심장한 일이다. 아도르노는 특히 이러한 예술 사이의 확산에 대해 연구했다.24) 교향악과 같은 전체를 만들어내기 위해 시각적, 청각적 모든 수단을 사용하는 크세나키스Xenakis의 폴리토프polytope도 마찬가지이다. 제라르 셍제Gérard Singer 25) 는 「다른 쪽으로 이동」1965에서 "틀과 관점의 구별도 없고, 시작도 끝도 없는 공간 속의 총체적 회화"를 만든다. 이것은 회화, 건축, 조각 사이 경계를 지우는, 다시 제조된 풍경이다. 마찬가지로, 우리는 타키스Takis의 음악적 조각을 만난다. 조각은 악기처럼 노래하고, 동시에 모빌은 움직임의 세계를 창조한다. 사실, 전자공학과 프로그램화가 관련된다. 게다가 모든 것이 이런 '그림들' 로부터 펼쳐지는 한, 우리는 건축-조각의 세계에 둘러싸인다. 타키스는 "움직임과 궤도, 자기장 속에 정지된 공들", 끊임없이 새로운 펼쳐짐을 조각한다. 여기서는 솜씨 좋은 회화를 통해 움직임을 모방하는 것이 아니다. 그 움직임은 실제 존재한다. 하지만 첨단 기술의 적용만이 이 모든 것을 가능하게 한다. 매체들은 우리 감각들의 새로운 연장선이다. 그리고 이 매체들 사이에 가능한 새로운 관계들이 있기 때문에, 그 사실은, 맥 루한 Mac Luhan 26) 이 말하듯이, 우리 감각들과 우리 사이에 새로운 관계를 창조

---

24) 이러한 혼동의 예는 수도 없이 많다. 한 예를 든다면, 미셸 세르(M. Serres) 의 『카라파쵸에 대한 미학』(1975)은 텍스트를 통해 회화를 해석하기를 시도한다(그러므로 기존의 예술 비평 연구와는 아무런 관계가 없다). 이것은 "공간과 질서에 대한 해석"이며, 선적인 질서, 문장, 담론에 포함될 수 없다. "회화의 해석에 대한 필요성에 답하기 위하여, 글은 음악적으로 바뀐다. 회화적 기호들의 뒤섞임을 파악하기 위해 담론은 푸가, 대위법이 된다… 저자는 다른 항목들을 사용한다."씨레(P. Ciret) 그로부터 책은 합리적으로 배열된 언어를 제외한 우리가 원하는 모든 것, 회화, 음악이 된다.

25) 역주) 제라르 셍제(1929-2007)는 프랑스 화가이며 조각가이다. 그는 또한 정보처리기술을 예술에 적용한 선구자이다.

26) 역주) 마샬 맥 루한(1911-80)은 캐나다 철학자이며 사회학자이고, 캐나다 커뮤니케이션 이론가이다.

한다. 그리고 또 매체들은 전혀 예기치 않은 방식으로 서로에게 영향을 미치며, 그들 사이에도 새로운 관계들을 창조한다. 달리 말하면, 예술은 삶과 결합해야 한다는 거대한 형이상학적 주장은 '삶이 예술이 되었다'는 의미로 해석되는데, "모든 예술이 서로 융합되었다"는 것을 또한 내포한다. 이전의 한계, 분류방식은 순수하게 문화적이고 자의적이었다 새로운 가능성을 품은 단 하나의 방대한 장場만이 있을 뿐인데, 이것은 몇 가지 마약들을 통해 얻어진 감각들의 혼동을 표현할 뿐만 아니라, 가장 잘 발달한 기술적 방식들 덕택으로만 실현될 수 있다. 나는 그 이상이라고도 말할 것이다. 기술적 방식들의 존재가 한계 제거라는 생각27) 을 만들어낸다. 그리고 한계 제거는 기술 수단들의 발달을 가장 잘 특징짓는다. 모든 영역에서 기술 수단들은 단순히 존재하기만 해도, 피할 수 없이, 자동 진보, 한계의 제거, 위배를 유발한다. 예술들의 혼동은 기술의 불가피하고 맹목적인 적용의 한 특별한 경우일 따름이다. 그리고 나는 또한 말할 것이다. 그 예술을 통해 전체 삶과 결합한다는 형이상학적 주장은 삶이 기술에 의해 흡수되고, 동화되고, 표현될 때 실제로 일어나는 것의 표현일 따름이다. 기술은 절대적 지배자이다. 예술들의 중첩 또는 상호침투의 과정은 천재들 세대의 발명품이 아니라, 훌륭한 기계공들에 의해 미학의 영역으로 전이된, 기술들의 기계적 행위이다. 나머지는 이데올로기적 정당화이다.

그런데 지리적 경계선의 위배와 관련된 사실을 고려할 때에도, 우리는 같은 과정을 좇는다. 아메리카 예술, 프랑스 예술 또는 스칸디나비아 예

---

27) 이것은 미니멀리즘과 포스트 미니멀리즘 안에서 명확하다. 우선, 건축, 유리로 싸였고, 어디서나 볼 수 있는 철골 구조물로 축소된 건축이다, 그것은 그것의 발명가인 미즈 반 더 로헤(Mises Van der Rohe)가 말했듯이 less is more 예술이다. 이어서 그로부터 조각으로 넘어간다. 이 조각은 건축물의 시뮬라크르이며, 이따금 거대한 비율을 취하면서 작은 건축물만큼이나 거대한 조각 작품으로 변화할 것이다. 그리고 다시 그것으로부터 회화로 넘어간다. 회화는 단지 구조와 강철의 차가움, 그리고 메마른 색채를 표현한다.

술은 이제는 존재하지 않는다. 어디든지 같은 기술 방식들에 의해 결정된 예술만 존재한다. 예술은 보편적이 되었다. 이것은 「오사카 국제박람회」1970에서 특히 명확해졌다. 기술적으로 유사한 수준에 도달한 여러 사회 안에서 예술은 스타일의 통일성을 지향한다. "영국인 킹King의 절단 조각과 일본인 카즈노 유카라Kazno Yukara의 '미니멀리즘적' 구조 사이, 베이커G. Baker의 분수를 위한 거대한 조각과 이자룬 노구치Isarun Noguchi의 불로 된 광천 사이에 개성, 기질 정도가 아니면 근본적인 차이는 없다." 그리고 미셸J. Michel은 「르 몽드」지에 실린 자신의 보고서 안에서 많은 유사한 예를 들고 있다. 그는 세 가지의 본질적인 지적을 하는데, 우선 이 예술이 합리적이고 객관적인 사고 시스템에 속한다는 것이다. 그런데 우리는 삶조차도 기술에 의해 흡수되었다고 말했었다 이러한 예술은 미학적 목적에 사용된 기술적 방식에 의해 특징지어진다. 다음으로, 그러한 예술은 대중적이기를 원하지만, 애석하게도 "대중들의 머리 위로" 지나가 버린다. 그것은 일종의 슈퍼–예술 작품이다. 마지막으로, 문화적 통합주의는 부유함을 바탕으로 한다. 그것은 성당들과는 비교할 수 없을 만큼 비싼 방법들로 이루어진다. 그런데 기술 시스템을 직접 표현하는 이 예술은, 그리고 이것이 우리가 부딪히게 될 첫 번째 모순인데, 반체제적이고, 반항적이고, 혁명적이다. 비구상적 추상 예술은 자기가 혁명적이라고 주장한다. 좀 뒤에서 우리는 구체적인 예를 볼 것이다. 가장 기술적인 예술이 기술적일 수밖에 없는 사회를 거부한다고 주장하고, 가장 비용이 많이 드는 예술이 대중적이기를 원한다. 비판의 의지는 르벨J.-J. Lebel이 표현하듯이 극단적이다. 파리 비엔날레에 전시하는 예술가들은 스스로 '가치의 파괴자', '도그마의 파괴자'라고 주장한다. 그들은 도시, 기술, 생산품, 소비, 인위적인 것을 거부하며, 극단적이기를 원한다. 그들은 유랑과, '자연적'이라고 선포된 자연에의 낭만적 귀의를 실행한다. 힙Hip 철학. 물론, 거기에는 가공되지 않은 재료와 조약돌, 석탄 조각들, 흙덩어리 등이 발견된다. 분명히 예술 '작품'일 수 없는 이것들은 판매될 수 없고, 박물관에 보존될 수 없는 것들로서, 그 무엇에 대한 저항이고 모든 것에 대한 저항이다. 안타깝게도, 그래서 아무것도 아닌 것에 대한 저항이라고 말해야 한다. 이 예술은 사회, 기술을 전적으로 거부한다. 하지만 사실은 기술에, 다른 기술들에 종속된다! 같은 예술이 우리에게 비(非)예술을 제안하고, 모든 것을 범하기를 주장한다. 즉, 기술적 과정 자체를 좇는 것이다. 사실, 일반화된 이의제기 과정 속에는 예술 특수성의 사라짐이 있다. 누군가 빈약한 예술이 제시하는 근본적으로 무의미한 표현들을 포기한다면, 기술 덕택에 새로운 비의적 창조가 가능하다. 그리고 기술 시스템 속에서 기술들 안으로 예술의 흡수를 통해 예술과 기술의 새로운 화해의 추구가 가능하다. 이렇듯 오늘날 모든 예술은 혁명적 저항의 필요와 모든 조작의 기술화 사이에 꽉 껴 있다. 전통적으로 예술에 속했던 것과 자칭 예술가라는 사람이 예술을 함으로써 이루기를 원하는 것들이 기술화된다. 이제 우리는 묘한 전체와 직면하게 된다. 이 모든 것에서 예술에 속하는 것을 어떻게 구분할 것인가? 비非예술, 안티예술… 하지만 혹자는 그런 식으로 여전히 예술 일부를 한다고 주장한다. 조각을 거부하지만, 전시장에는 녹였거나, 압연시켰거나, 용접기로 구멍 뚫은 금속이나, 망치질 한 시멘트 등을 전시할 것이다. 그리고 관객은 자기가 조각에 대해 아는 것과 관련지어 현대 조각으로 분류할 것이다… 콘서트장에서 들려오는 날카롭고, 바로크적이며, 단속적이고, 요란한 소리, 하지만 시스템적으로 서로 밀접하게 연결된 소리를 들으며, 청취자는 자기가 음악에 대해 아는 것과 관련지어 현대 음악이라고 분류할 것이다… 사전적 지식과 예술로서 수용 가능성 사이의 관계는 끊어질 수 없다. 하지만 그 관계는 주관적일 수 있다. 그래서 누구든지 자기가 화가이거나 음악가라고 스스로 선포할 수 있다. 그는 자신이 그러하다고 확신한다. 이어서 그는 곧 한 그룹을 통해 그러하다고 인정될 것이다. 어떤 의도를 알아본 덕택에 이뤄진 이 상호 간의 인정이, 전시된 철 조각을 철물점 직공이 쓰레기통에 버린 것과 구별하게 해 준다… 그런데, 가장 현대적인 기술 이용자의 주장은 특히 그의 메시지가 혁명적일 때 더 해롭다. 명백히 그는 이 기술들의 사용이야말로 혁명적이라고 확신하기 때문에 지금의 사회를 거부한다. 다시 한 번, 우리는 이 영역에서도 체제 비판자들의 믿기 어려운 후진성을 확인한다. 그들은 기껏 19세기 것으로 추정되는 예술, 미학, 사회를 상대로 싸우고 있다. 그들은 이 현대 기술들을 사용한다는 사실이 그들로 하여금 기술 시스템 안으로 들어서게 하며, 이 시스템을 정당화하도록 하고, 그리하여 그들 자신을 이 사회의 도구로 변화시킨다는 것을 한순간도 깨닫지 못한다. 여기서 사회는 그들이 실질적으로 사는 사회를 말하지, 그들이 상상하여 그에 대항해 투쟁하는 사회가 아니다. 돈키호테보다 더 돈키호테와 같은 모습이다. 돈키호테의 광기나 지혜는 존재하지 않고, 그들의 맹목적인 무지와 비견될 수 있는 억지 주장만이 있을 뿐이다.

현대 예술은 그 계승들 속에서조차 모순적이다. 계승들은 가속화된 리듬으로 이루어진다. 현대 예술은 정확하게 기술들 진화의 모순들을 좇고, 그 리듬을 채택한다. 어떤 이들은 두 큰 시대로 나누었다. 맥 루한에게는 기계의 시대와 전기의 시대가 있다. 기계의 시대1800-1930에 해당하는 예술이 전기 전자의 지배를 표현하는 예술과 아무런 관련이 없다는 것은 사실이다. 한 편으로, 계층들, 지식, 기능들의 폭발과 분열이 있었는데, 모든 것이 분열의 지배 아래 있었다. 다른 한 편으로 현대에는, 응축과 수축이 있는데, 사람들은 분리된 기능들을 자각하여 재통합하는 총체적인 장을 다시 발견한다. 기계의 필요성에 의해 구분되어 쪼개졌던 도시 공간은 전화, TV, 전보, 그리고 원격 조정 장치와 관련해서 더는 아무 의미가 없다. 전기와 관련된 변화는 공간과 시간을 벗어난다. 예술은 정확히 이러한 급변을 좇았다. 기계 시대의 전형인 50여 년 전의 큐비즘과 쿨Cool 28) 의 파동 사이, 그리고 모든 예술이 서로 안에서 통합되는 파동 사이에는 연속이 아니라 전복이 있다. 리히타Richta 29) 는 산업 시대와 발전된 기술 시대에 대해 말하면서 똑같은 단절을 말한다. 인상주의, 표현주의, 세잔은 산업 시대의 전형이다. 그런데 대전환이 생겨난다. 기술 시대를 연속으로서가 아니라 급격한 전환으로 간주해야 한다. 산업 시대의 모든 경향노동력의 소비, 엄격함, 단선화, 중앙집권제, 위계, 업무의 분장은 리히타가 보여주듯이, 완전히 뒤집혔다. 이러한 시각 속에 예술의 모순을 설정해야 한다. 분명 우리는 여전히 피카소나 세잔을 '현대적'이라고 간주한다. 그런데 이것이 우리로 하여금 예술 속에 찢김이, 폭발이 있다는 것을 마지못해 인정하게 한다. 왜냐하면, 우리는 이들의 것과는 완전히 정반대 방향의 창조들을 확인하기 때문이다. 레디메이드는 전적으로 산업화 경향들을 표현한다. 그러나 사비Saby나 셍제Singer의 그림은 그것과는 아무런 관련이 없다. 산업 세계와 첫 충돌이 일어나고, 초기 기술들이 적용되던 시기에, 덱스Daix는 화가들이 사실주의로 향했다는 것을 보여주었다. 그는 또 자연주의의 오해를 설명한다. 하지만 이 모든 것이 분명히 환경의 다소간 직접적인 영향으로부터 기인했다. 오늘날은 불확실성을 찬양하기 위해 사실주의와 자연주의는 격하되었다. 이 불확실성은 전자적인 우발성마저도 언급할 수 있다! 명백히, 주관적이면서 자칭 선두라는 수많은 경향은 그들을 함께 묶는 하나의 큰 조류 가운데 절대로 분류될 수 없다…

---

28) 역주) 쿨재즈(cool jazz)는 1948년경 탄생했다. 명확한 어떤 스타일을 말하기보다 광적인 비밥(bebop)에 대한 반발로 생겨났기 때문에 좀 더 차분하고 부드러운 느낌을 주는 재즈이다.

29) 역주) 라도반 리히타(Radovan Richta, 1924−1983)는 체코의 철학자이며, 육체노동이 정신노동으로 대체되는 사회에 대한 이론인 기술 발전(technological evolution)이라는 단어를 만들었다.

무수한 종합적 시도들이 외양의 분석적 시각을 대체했고, 동시에 표현은 점점 더 추상화되었다. 물론 비구상과 추상을 혼동해서는 안 된다! 오늘날 예술은 추상을 통해 자신의 상징적 기능을 되찾으려 한다. 본의 아니게! 하지만 오늘날 추상은 더는 상징들의 추상이 아니다. 그것은 새로운 기술들의 포착 불가능성의 추상이며, 한층 더 기술 시스템의 추상이다.30) 그리고 물론 구상이나 추상, 현대 예술이나 동시대 예술에 대한 논쟁은 더는 설 자리가 없다. 들르부아가 현대란, 어떤 상황을 위해 존재 속에서 힘을 생산하는 정신 상태라고 주장하지만, 그는 이미 인용된 달리의 가혹한 표현을 견디지 못한다. 사실, 현대는 기술적 상황의 산물이다. 하지만 기술적 상황이 명확하지 않기 때문에, 다른 한 편으로, 어떤 인자가 문화에 미치는 직접적이고 기계적인 영향이란 없으므로 기술 환경과는 다른 시기들로부터 온, 그리고 여전히 지울 수 없는 대립감을 주는 모순적인 퇴적층들이 존재한다.

그렇기는 하지만, 이러한 변화가 모든 것을 설명하는 것은 아니다. 현행의 예술적 생산에 내재적이고, 우리의 현대 역사에서 연속된 기술적 구조들로부터 오지 않은 다른 모순적 인자들이 있다. 그리고 그것은 대전제적인 견해 표명이다. 어떤 사람들에게는 문학이나 예술은 부자들이나 지배계급을 위한 유희가 아니라, 시대와 투쟁하는 창조자의 참여적 내용을 가져야 한다고 생각한다. 그들로서는 모든 작품은 이데올로기의 매개이기 때문에, 모든 것이 정치적이고31), 예술도 참여해야 하므로, 문학과 예술은 이데올로기와 연결된다. 그것과 똑같은 수많은 다른 표현

---

30) 이것은 J. 레마리가 예술에서 말한 두 단계의 대립보다 훨씬 더 중요하다. 전위 예술은 우선 기술 산업과 싸움을 벌였다. 그런데 그것은 오늘날 훨씬 더 위험한 형태인 문화 산업, 그리고 그것의 조절 법칙과 싸우는 중이다. 이것은 정확하지만, 매우 피상적이다. 그리고 우리 시대의 해체된 예술의 심오한 경향을 설명하지 못한다.

31) 이러한 의미로 출판된 수많은 책 가운데, 다니엘(J. Daniel,)『전쟁과 영화』*Guerre et cinéma*, 1972, 프레보(Cl. Prévost,『문학, 정치, 이데올로기』*Littérature, politique, idéologie*, 1973, 상디에(G. Sandier,『연극과 투쟁』*Théâtre et combat*, 1970를 참고 하시오.

들이 있다. 즉 위장된 선전선전이 아닌척하면서 선전인 것을 조심하자, 공동체적 정신들과 경제적 제약들이 결합해 있다, 등. 전체적으로 우리는 메시지를 담은 예술이 있다고 말할 것이다. 그러나 이 예술은 의미가 이제는 존재하지 않는 사회를 상대로, 흔히 마르크스주의적인 설명 뒤에 숨어, 절망적일 만큼 의미를 추구하는 예술일 뿐이다. 여기서 우리는 실제로는 기술 시스템의 결과를 만나고 있는 것이다.

그런데 우리가 직시하는 것은 그와는 반대의 흐름이다. 즉 사회의 기술화는 모든 메시지의 제거를 주도하고, 메시지의 추상화, 부재로 이끌며, 첨단기술적인 진정한 형식주의에 이르게 한다. 게다가 이 흐름 속에는 적어도 두 가지 방향이 있다. 어떤 이들에게는 말로 표현할 수 없는 것을 표현하는 것이고, 다른 이들에게는, 단지 형태의 창조만을 목표로 삼는 것이다. 전자의 경우에, 추상 예술은 "그 목적들과 수단들에서 세상의 가시적인 면을 그려내지 않는" 예술일 것이다. 내적인 인간은 느낀 현실을 자유롭게 재생한다. 예술가는 자신 안에 있는 표현할 수 없는 세계를 표현한다. 후자의 경우에, 예술 창작은 그 자체가 고유의 목적이 된다. 우리는 텍스트나 색채 또는 악보를 만들어내는 것 이외에 다른 것에 관심을 둬서는 안 된다. 사람들은 더는 아무것도 전달하지 않는다. 단지 아직 존재하지 않았던 형태를 창조한다. 그것이 전부이다. 첫 번째 경향의 예술가들은 두 번째 경향의 사람들을 반혁명적이며, 부르주아 체제의 지지자들이라고 매도할 것이다. 두 번째 경향의 예술가들은, 기술 때문에 이제는 어떤 가능한 메시지도 존재하지 않기 때문에, 앞의 예술가들을 지진아 같고, 복고적이며, 강박관념에 사로잡혔다고 비난할 것이다. 여기서 우리는 우리 시대 예술의 커다란 분열을 볼 수 있고, 이것이 실제로 모든 표현들 속에서 현대 예술이 찢겨졌다고 말하게 하는 것이다.32)

---

32) 400여 명의 시인이 참여한 1976년 9월 Knokke에서 열린 국제시(詩)학회에서, 이러한 두 가

하나의 스타일이 아니라 수백 가지의 스타일이 존재한다. 하지만 그것들도 모두 위의 두 가지 경향에 따라 나뉜다. 그리고 앞으로 펼쳐질 장章들의 주제가 바로 이 두 가지 경향에 관한 연구일 것이다. 게다가 이것이 예술 속에서 '합리주의'와 '비합리주의' 사이 논쟁이 될 것이다. 메시지가 있는 예술로서는, 표현할 수 있는, 그러므로 합리적인 내용이 있다. 그리고 이것은 산업 사회가 합리적 가치들을 생산하기에 합리적 작품들 속에서 표현되어야 한다는 경향과 완벽하게 일치한다. 예컨대 메시지 그 자체가 정치적이라면, 작품이 초현실주의적이라 하더라도, 그것은 합리적이다. 그런데 여기서 우리는 겉보기와는 달리 기능주의의 연장선에 있게 된다. 즉 작품이 목적에 들어맞기만 하면 완벽하다는 말이다. 예술과 산업 세계의 관계를 완벽하게 표현했던 이 기능주의는 이미 철이 지났지만, 그 방향만큼은 메시지를 가진 예술에 의해 결국 다시 취해졌다. 다른 쪽에는, 비합리주의자들이 있다. 그들에게는 아무것도 의미와 미美를 갖지 못한다. 그들은 생체론자라 불리는 사람들, 즉 예술 작품이 인체기관과의 통합, 자연에의 회귀를 통해 기술화에서 벗어나야 한다고 생각하는 사람들S. 기디온(Giedion) 33) , L. 멈포드(Mumford) 34) , C. 콩베(Combet)의 뒤를 잇는다. 우리는 여기서 이들의 주장을 전개할 수는 없고, 단지 새롭게 발생한 묘한 전복만을 지적하고 넘어가자. 아마 이것은 지난 30년간의 기술 변화의 결과일 것이다. 즉 기술 사회에 가장 잘 적응했던 기능주의적 합리

지 경향 사이의 분열과 연결할 수 없다는 것을 우리는 명확히 보았다. 학회를 지배했던 분위기는 시인은 무엇보다도 사회의식을 갖고, 시민이어야 한다는 사람들과 시는 '자유로운 언어적 실행'이어야 한다는 사람들 사이의 가장 완벽한 몰이해였다. 두 경향 사이의 타협은 결코 시적이지 않은 절충안을 만들게 했다!

33) 역주) 지그프리트 기디온 (Sigfried Giedion, 1888-1068)는 프라하에서 태어났고, 쮜리히에서 죽었다. 건축사가이며, 비평가이다. 그는 한 사회 건축의 역사를 과학 및 기술의 발달로부터 분리하지 않는다.

34) 역주) 루이즈 멈포드 (Lowis Mumford, 1995-1990)는 미국의 철학가이며, 탁월한 기술 역사학자이다. 산업사회의 탄생과 결과를 기술하려 애썼다. 특히 도시계획의 역사에서 빼어나다.

주의자들이 혁명적 예술가들을 후계자로 삼았다는 것이다.이들에게 예술은 어떤 목적이 있다. 살아있는 유기체로 회귀를 주장했던 비합리주의자들예술은 목적이 없고, 살아 있는 것의 직접적인 표현이다은 '형태의 창조자들', 그러니까 신기술에 가장 완전하게 적응한 사람들을 후계자로 삼았다. 그런데 이 거대한 분열은 그것과 거의 일치하는 다른 분열을 감추고 있다. 한 편으로, 예술은 관객을 위해 만들어져야 하고, 관객은 자신이 창조자가 되기 위해 관객이기를 멈춰야 한다고 주장하는 사람들이 있다. 다른 한 편으로, 창작은 점점 더 난해하고, 비의적이며, 과학적인 모습을 띠어간다. 그런데 이 둘은 서로 보완적이다. 앞으로 보겠지만, 대립적인 두 경향이 항상 갈등만을 일으키는 것은 아니다. 대중적이기를 원하는 예술은 종종 가장 환각적인 연구의 최첨단이다. 형태의 창조자일 뿐인 예술 역시 대중과의 관계에 의해서만 존재한다고 주장할 것이다… 그런데 정말 그 어느 때보다도 두 가지의 문화 창조가 존재한다. 대중전달매체는 대중들을 움직이게 하고, 탁월한 커뮤니케이션 도구이다. 그것들이 정확하게, 극단적으로 예술가들과 대중들을 떼어놓는 순간, "현대 화가, 음악가, 시인들은 카메라, 마이크, 필름과 녹음기에 정복당했다. 이 닫힌 장으로부터 배척된 청중들, 관객들, 대중들은 누구를 통해서 고려되는가? 대중전달매체의 시대는 기술을 통해 창작자를 대중들로부터 멀리 그 기계들 가운데에 격리시키지 않았는가? 매우 거대한 기계가 문제가 된다… 그 기계는 두 그룹의 주역들을 격리시킨다. 한쪽 끝에는 창작자가 기계와 맞서고, 다른 한쪽 끝에는 예컨대 TV 시청자가 다른 기계를 맞서고 있다. 사람들이 생각하는 것과는 반대로 카메라와 수상기들 사이에는 어떤 공통의 단위도 존재하지 않는다"쉐페르 35). "대중전달매체들

---

35) 역주) 삐에르 쉐페르(Pierre Schaeffer, 1910-1995)는 프랑스의 구체음악의 발명가이며, 대중매체의 전문가이다. 음악의 미학적 기술적 측면을 넘어, 현대 문명 가운데 커뮤니케이션의 사회적 정치적 역할에 대한 글을 썼다.

은 자체로부터 그 기구의 양 끝에 집중된 두 가지 문화를 분비한다… 오늘날 우리는 가장 천박하면서도 동시에 가장 비의적인 산물을 만들어낸다. 천박한 것으로부터 새로운 불가사의가 탄생하고팝아트, 우리는 불가사의한 것을 대중화 시킨다옵아트(op'art)"쉐페르. 현대 예술은 관객을 위한 것이라고 끊임없이 천명한다. 관객에게 진실 또는 '소외를 극복하게 하는' 환경을 제공하는 문제라 하고, 특히 그러한 환경은 자연 속에서 회복의 필요성을 다시 느끼게 하고, 관객으로 하여금 그들이 처해 있는 사회적 환경을 반박하게 한다고 한다. 하지만 같은 전시회장에서파리 비엔날레의 경우 우리는 가장 차갑고, 가장 이해할 수 없으며, 가장 추상적인 예술을 만난다. 정치적 담론과 극도로 정밀한 기계류가 동시에 전시된다. 한쪽은 더는 발명하지 않는 사람들에게 다시 창조자가 되라는 때로는 거친 구애이고, 다른 쪽은 기술적 연금술의 첨단 기술성이다. 한 편으로, 문고판 덕택에 대중과의 만남이 이루어졌고, 작가들은 그러한 상황을 이용하기 위해 참여와 인간주의를 동반한 '충분한 사회적인 부를 소유' 해야 한다는 선언이 있다.에스까르삐 36) 다른 한 편으로, 언어, 담론, 메시지 발신자에 대한 극단적인 문제 제기는 '말해야 할 것' 인 모든 내용을 완벽하게 제거하게 한다. 표현주의는 이 두 흐름의 합류점에 있을 수 있었다. 왜냐하면, 한 편으로, 표현주의는 요컨대 담론의 제거를 수단으로 하여 비판적이며, 혁명적이기까지 한 비전을 전달하려 애썼다. 표현주의는 서술이 아닌, 스타일 자체를 통하여 직접 메시지를 표현하려 했다. 그런데 표현주의는 이렇게 하여 두 가지 방향을 만들어냈다. 한 편으로, 난폭하고, 비판적이며, 사회적 요구를 담은 표출로서, 모든 것에 대한, 특히 관객에 대한 비판이다. 그것은 이 세상특히 기술 세계에 대한 저항이다. 다른

---

36) 역주) 로베르 에스까르삐(Robert Escarpit, 1918–2000)는 프랑스 대학교수 겸 기자이고, 사회학자이다.

한편으로, 형태가 지배적인 중요성이 있다. 왜냐하면, 형태 자체가 직접적인 메시지가 되기 때문이다. 불협화음은 그 시대의 불행을 표현하고, 경련들과 우리 상황의 심각함, 형태들의 교묘한 불일치는 우리 삶의 현실 등을 나타낸다. 하지만 관객은 그런 불협화음, 경련, 불일치를 좋게 받아들이지 않는다. 관객은 이 모든 것이 매우 불쾌하다고 생각한다. 게다가 관객이 더 대중적일수록 덜 수용한다. 표현주의는 미학적 사조 중에서 가장 '대중적'이었으며, 가장 혁명적이었을 것이다. 내용과 메시지인 형태의 기술적인 융합이었지만, 불행하게도 표현주의는 가장 전위적인 탐미주의자들만 높이 평가할 수 있었고, 그 시대의 불행을 스스로 분석했던 지식인들만 이해할 수 있었다. 표현주의는 부르주아 예술의 꽃이었다. 이 예술의 한계라면, 동어 반복적 담론이라는 것이다. 거기서는 말하는 자는 자신이 이미 알고 있는 것을 자신에게 말한다. 그렇게 줄기차게 문제가 되는 대중은 결국 예술가, 또는 자신을 개성 없는 대중의 유일한 대변자라고 생각하는 예술가 그룹으로 한정된다.

메시지를 가진 예술 대 형태주의 예술, 뜨거운 경향 대 차가운 경향, 이미 보았듯이 하나가 다른 것으로 뒤집힐 수 있는 모든 가능성과 함께 우리는 이렇게 말할 수 있을 것이다. 이 분열은 한 가지 열쇠를 담고 있다. 앞선 작업에서 우리는 기술 시스템과 기술 사회 사이의 차이에 대해 길게 설명했다.37) 그 둘을 혼동하거나 겹치게 해서는 안 된다. 한 마디로, 기술 시스템은 독립적이고, 자율적이며, 자동생산이 가능한 시스템으로 점진적으로 형성되는 기술이라고 말할 수 있다. 하지만 시스템은 '그 자체로' 독립하여 존재하지는 않는다. 그것은 생각들의 천상 속에 존재하지 않는다. 그것은 어떤 경제적, 정치적, 문화적 형태, 즉 한 사회 속에서, 그 사회와 관련하여 존재한다. 사회는 기술에 의해 예외적으로 영향을

---

37) 자끄 엘륄, 『기술 체계』(대장간, 2013).

받을 수 있다. 그렇다고 사회가 기계가 되거나 기계와 유사한 것이 되지
는 않는다. 나는 로봇과 같은 사회나 거대기계멈포드 또는 사회적 자동주
의나빌38) 등을 결코 믿은 적이 없다. 사회는, 아무리 규격화되더라도 여
전히 많은 문제와 어려움, 그리고 희망과 고통을 안고 사는 사람들로 이
루어진 인간 사회로 남는다. 인간 사회는 전문적이며, 기술화되어 있다.
그 안에서, 기술 시스템은 자신의 논리, 맹목적성과 함께 발달한다. 사
회는 시스템에 피할 수 없는 받침대, 재료 역할을 한다. 하지만 모든 것
이 시스템에 의해 수정되고, 굴절되고, 조건 지워진다 해도, 모든 것이
시스템 속으로 흡수되지는 않는다. 경제는 기술적이 된다. 하지만 경제
활동의 큰 부분은 가변적으로 남아 있고, 정치도 마찬가지다. 달리 말하
면, 기술 시스템과 기술 사회 사이에는 모순과 동시에 공생의 관계가 있
다. 기술 사회는 모든 면에서 기술의 영향을 받는다. 그리고 기술은 곳
곳에 위족僞足을 내밀면서 발달하지만, 사회와 동일화되지는 않는다. 이
것이 지속적 상황인가? 일시적 상황인가? 그것을 말하는 것은 불가능하
다. 어쨌든 갈등들과 불일치들을 만들어냄은 틀림없다. 그런데 분열된
예술이 입증하는 것이 바로 이러한 사실이다. 한 편으로, 기술 시스템에
완벽하게 통합된 예술은 이 기술과 그의 차가운 완벽, 무의미, 부재한 효
용성을 반영하고, 쾌락과 미美와 고통과 참을 수 없음에 관한 기술의 무
관심을 반영한다. 다른 한 편으로, 예술은 기술에 사로잡힌 사회의 무질
서를 표현하는 외침이다. 예술은 누구에 대한 저항인지 알지도 못하면서
발버둥친다. 사람들이 모든 것이 의문시된다고 느끼기 때문에 예술은 모
든 것에 의문을 제기한다. 그리고 예술은 카오스만을 표현하는데, 그 이
유는 사회 자체가 기술들의 충격을 받아 카오스로 환원되었기 때문이다.

---

38) 역주) 삐에르 나빌(Pierre naville, 1904−1993)은 프랑스 작가이며, 정치가이고, 사회학자이
　다. 정치적 참여와 함께 그는 사회학자로서의 경력을 쌓아나갔다.

기술들은, 지금까지 인간과 그의 의미였던 모든 것을 약화시키고, 붕괴시켜버린다. 내가 생각하기에, 그거야말로 현대 예술의 모순적인 두 표현의 두 토대이다. 그리고 바로 그 때문에 그 표현들이 그 모순들 속에서 그토록 서로 내포적이고, 의미심장하며, 극적인 것이다.변증법적이 아니라, 단지 극적이다!

　　메시지를 가진 예술과 비의적인 형식주의 예술로의 대분열은 우리의 현대 예술 안에서 수많은 다른 모순들을 유발하고, 또 이러한 모순들에 비추어 확실해진다. 우리는 이제 부수적이지만, 전체 현대 예술의 깊고, 극단적인 분열의 의미 있는 일련의 모순들을 나열할 것이다. 그리고 거기서 문제가 되는 것은 예술의 비판적 해석이 아니라, 체험된 현실의 표현임을 강조하자. 예술이 무엇이라야 한다는 형이상학은 더욱 아니며, 대신 예술이 현재 나타내고 있는 것에 대한 성찰이다. 한 편으로, 그러한 예술은 이제 소설에서 시작, 중간, 종말을 가진 이야기를 말하거나, 또는 하나의 '주제', 즉 여전히 어떤 이야기를 그리는 것을 거부할 것이다. 그러나 다른 한 편으로, 이 예술은 메시지를, 참여적인 결정적 정보를 전달할 것을 주장한다. 그러므로 그것은 폭발적이며, 주술적이고, 충격적인 방식으로만 가능할 것이다. 그러나 이 예술은 동시에 침착한 '거리두기'를 요구한다.이것은 담론을 통해서만 이루어질 수 있을 것이다 그리고 즉각성에 호소하는 선전을 거부할 것을 주장한다. 그러므로 이 예술은 우리가 쉽게 열거하거나 해결할 수 없는 모순들 가운데 빠져있다. 마찬가지 방식으로, 현대예술은 탐미주의를 거부한다. 그리고 앞선 페이지들에서 내가 '형식주의'에 대해 말했을 때, 독자는 당혹하거나 공감했을 것을 잘 알고 있다. 오늘날 아무도 더는 형식주의자가 아니라는 것은 자명하다.그런데 형태의 창작자 외에는 다른 것도 아니고, 다른 것이기를 원하지도 않는다고 주장하는 사람을 도대체 어떻게 불러야 하나? 탐미주의, 예술을 위한 예술, 그것은 예술에 대한 질문을 피하게 해주는 부르주아적 견해이다. 그리고 현실을 벗어나기와 현실을 고려하기로 대변되는 탐미주의와 리얼리즘 사이의 해묵은 갈등도 완전히 지나갔다. 왜냐하면, 어떤 관점에서 보면, 예컨대, **미국** 누보 로망과 비참여 문학의 탐미주의는 계층 간의 대립이 추방된 듯한 무의미하고, 소비 중심적이며, 풍요로운 사회의 **현실**을 적극 고려한다. 이 탐미주의는 디자인39) , 화장품, 위생, 스포츠 그리고 영양을 통해 미학적이기를 원하는 사회의 리얼리즘이다. 이것은 이 정도로 해두자. 그런데 요란스러운 신－형식주의는 자체적으로 자신의 정당화를 찾는다는 면에서 탐미주의에 불과하다. 사람들은 어휘 차원에서는, '예술을 위한 예술'이라는 표현을 거부한다. 그러나 그것은 '안티예술을 위한 안티예술'이 되었다. 왜냐하면, 거기서는 쉬운 그 어떤 커뮤니케이션도 가능하지 않기 때문이다. 의사擬似상징, 철자 바꾸기, 모순어법, 뫼비우스의 띠, 심연, 은유, 반反모작, 교착어법, 번쩍거림 등의 놀랍도록 현학적이고 복잡한 해석규칙들을 통해서가 아니라면 말이다. 놀라울 정도로 파괴적이다… 똑같은 사람들이 가공되지 않은 솔직성을 표현한다고 선포하고, 극단에 이른 정교한 기술을 이용하여 작품을 생산할 것이다. 하르퉁H. Hartung 40)은 이 주제와 관련하여 특징적이다. 그의 작품들은 역동적이면서, 내용은 없다. 활동적인 공간, 역학의 장으로서, 단순히 형태들뿐인 것이 아니라 리듬들이다. 도리발B. Dorival 41)은 하르퉁의 작품 안내서1969년 전시회 카탈로그에서 그의 그림이 구성주의와 표현주의 사이

---

39) 디자인에 대한 호펜버그(A. Hoffenberg)와 라퍼뒤스 (A. Lapidus)의 저서를 『디자인의 사회』(*La société du design*, 1977) 읽을 필요는 없을 것이다. 반복적 담론으로 쓰인 이 책은 디자인(다른 모든 것처럼)이 자본주의 이데올로기를 담고 있으며, 과장하여 가치 코드 정착의 도구이며, 또한 자본주의 생산의 사회적 규범과 모델을 통한 대상의 투자 수단이라는 것을 보여주고 있다. 강조할 필요 없는….
40) 역주) 한스 하르퉁(Hans Hartung, 1904-1989)는 독일 태생의 프랑스 화가이며, 추상예술의 거장 중의 한 사람이다.
41) 역주) 베르나르 도리발(Bernard Dorival, 1914-2003) 미술사가이며, 미술 비평가이다.

에 있으며, 재현의 거부를 통해 내면세계의 진실을 표현하려 한다고 평한다. 그런데 이 모든 것은 "우리를 사로잡는 완벽함을 제시하면서도 그 자리에서 즉흥적으로 만들어졌다는 인상을 주며" 실현된다. 자발성을 주장하면서도, 완전한 냉정함. 이 점에서 하르퉁의 작품은 소박파 미술 Art brut, 행위주의 회화, 기술적이면서도 아니라고 주장하는 미국 화가들의 '제스처의 야만성' 보다 훨씬 더 의미 있고, 직설적이다. 하르퉁이 드러내고자 하는 것은, 이 세상에서, 자발성이, 뭔가를 '이루고자' 한다면, 절정에 이른 어떤 기술의 표현이어야 한다는 것이다. 마지막으로 겉으로는 모순적으로 보이지만, 삐에르 불레즈도 같은 말을 한다. 그는 음악적 자발성이나 즉흥곡을 거부한다고 하고, 그런 곡은 무의미한 간략주의나 '가벼운 연가' 에 이른다고 한다. 그러면서 그는 테리 릴레(Terry Riley 42) 를 예로 든다. 그렇다면 무엇이란 말인가? 노련한 기술?

결코 그렇지 않다! 전복이라 해야 한다. 결국, 기술에 일치하는, 조직화하고, 계산된 전복이다. 다듬어지지 않은 즉흥적 생각들로는 충분하지 않다. 불레즈는 다음과 같이 말한다. "그렇지 않으면, 우리는 소리 속에서 헤엄을 치게 되고, 팝 음악을 만들게 된다. 그 음악가들은 직접 '소통한다' 고 믿는다. 그러나 팝 음악은 소통이라기보다는 차라리 감정의 토로이다. '진정한' 자발성은 매우 정교한 기술의 지휘자일 수밖에 없다. 즉 연주자들만큼이나 작곡가들에게서도 전문가적인 음악이어야 한다." 불레즈의 눈에는 예술에서 순수한 자발성주의자들은 프랑스 대혁명기의 좌파, 즉 가장 반동적인 이들과 같다. 명백히, "그들은 이 사회의 게임으로 들어가고 사회를 받치는 단순한 안전판이 된다." 그러나 전복은 제도를, 여기서는 오케스트라를 산산이 조각나게 하는데 있다. 그래

---

42) 역주) 테리 릴레(Terry Riley, 1935-현재)는 미국 현대 작곡가이다. 미국 클래식 음악의 가장 영향력이 있는 작곡가 중의 한 사람이며, 현대음악 사조 중의 하나인 미니멀리스트 음악의 창시자 중의 한 사람으로 간주한다.

서 "이 오케스트라가 더 이상 전통적이고, 반동적인 기구가 아니라, 모든 환경 속에서 현대적 삶의 생기가 넘치는 중심이 되어야 한다." 우리는 좀 더 뒤에 이러한 태도 역시 어떤 점에서 완벽하게 보수적인지를 검토해야 할 것이다. 하지만 무엇에 비하여 그런지 아는 것이다! 지금으로서 나는 소위 짝을 이뤘다는 자발성주의와 기술 사이의 모순만을 강조할 것이다.

다른 모순이 있다. 그것은 대상들의 생산자에 불과한 예술을 따르면서 대상을 거부하는 것이다. 하지만 우리는 다음 장에서 대상 문제를 다시 만나게 될 것이기에, 여기서는 그런 모순만 지적하는 것으로 충분하다.

새로운 모순이 있다. 혹자는 아주 격렬하게 공연 사회를 거부한다. 드보르의 생각을 이해하지 못하면서 말이다 하지만 예술은 그 어느 때보다 더 공연처럼 되었다. 그리고 J. 미셸Michel은 오사카 박람회에 관한 탁월한 기사에서 줄기차게 공연이라는 어휘를 사용한다! 사실, 유일한 문제는 관객의 통합에 대한 문제이다. 즉 사람들은 관객이 참여했으면 단순히 수동적인 공연을 끝나게 하였다고 생각한다! 그러나 이것은 선전이 선전 메시지를 자기 속에 아주 완벽하게 통합하여서, 메시지가 선전 자체가 되었기 때문에, 선전이 자기 고유의 확신들에 복종하기 시작하자, 선전이 단순한 선전이기를 그쳤다고 믿는 것이다. 이러한 과정에서는 부정하기가 진정한 자각들을 대체해버린다. 전통적인 미적 활동들과 단절 문제를 해결하기 위해서는 자신이 '비非예술', '비非건축', '비非문학', '비非시詩'를 한다고 외쳤던 것으로 충분하다. 사람들은 옛 생각들과의 단절을 이렇게 간단하게 표현했다. 예술과 기술 사회의 관계는 고려되지 않았고, 그러한 사회 속에서 예술가에 대한 검토는 더더구나 고려되지 않았다. 달리 말하면, 사람들은 미학적 표현들은 바꾸지만, 사회 정치적이거나 '혁명적'인 해석들 중 가장 케케묵은 것은 조심스럽게 간직한다. 사람들은 말은 없애고 육체로만 표현하면, 연극에서 실질적으로 혁명적이라고 생각한다. 말이나 생각의 논리를 통하지 않고 감정이나 충격 등을 전달하는 문제라고 하고, '의미'와 명확한 의식에 의해 더는 제한되거나 마비되지 않기 때문에 그만큼 강렬한 성찰을 만들어내는 문제라고 한다 … 순수한 음향. 순수한 색채. 움직임 등… 더는 말하지 않는 연극이어야 한다. 전혀 말하지 않는 연극이어야 한다. 로르샤흐Rorschach가 그런 모델이다. "제스처와 중얼거림으로 축소된 공연", "목소리 없는 육체, 육체 없는 목소리" 침묵과 제스처. 하지만 이러한 육체적 표현을 위한 언어의 제거 앞에서 이것이 정확하게 기술 세계에서 생산된 것의 복제품이라는 것을 어떻게 깨닫지 않을 수 있겠는가? 기술 세계에서는 모든 것이 움직임이다. 기술은 행동이다. 그래서 사람들은 커뮤니케이션에 대해 그렇게 많이 말하는 것이다… 기술은 어느 정도의 결과들을 전달하는 것이다. 언어에 관한 연구를 최정상에 이르게 하고, 말에 대해 아주 엄밀한 과학적 분석을 하는 그런 순간에조차, 말은 동작적인 것을 위해 느닷없이 삭제되어버린다. 동작은 기계의 인간적 복사체이며, 그 이상은 아니다. 그리고 우리는 의미의 제거 문제를 다루게 될 때, 이 모든 테마를 다시 만나게 될 것이다. 정확히 말해서 기술은 의미가 있지 않기 때문이다. 거기서 우리는 기술이 가져온 충격의 깊이를 측정할 수 있다. 새로운 것을 열정적으로 추구하는 사람들에게는 한 가지 길밖에 없는데, 그것은 인간 속에 기술적 과정을 옮겨 놓는 것이다. 가난, 고통, 자유의지, 사랑을 가장 깊이 표현하고자 하는 사람들은 그 때문에 특별히 인간적인 것을 제거하기에 이르렀다. 즉 말해진 언어가 행위를 위해, 기계의 영향에 의해 직접 만들어진 것을 위해 제거되었다….

하지만 모순은 증가한다. 아도르노는 자신의 **미학 이론**에서 그 상황을 종합하였다. 그는 현대예술이 어느 것도 선택할 수 없는 두 가지 반대되는 방향 사이에 자리 잡고 있음을 보여주었다. 변화하기를 원하는 모든 작품은 혁명적이다. 하지만 그런 작품은 그런 그대로 곧 회수된다. 누군가 공모하기를 거부한다면, 그는 침묵으로 환원된다. 그런데 침묵은 또 다른 공모이다. 우리는 이미 이 이중적 불가능성을 보았다. 마찬가지로, 진정으로 혁신적인 예술은 무질서, 혼란일 것이다. 하지만 사회가 전체적인 한 혼란 역시 전체적이어야 한다. 즉 예술은 간단히 카오스가 된다.이것이 우리가 보는 것이다! 그 예술이 진정한 예술이기 위해서는 악을 행해야 한다.오늘날 생산되는 것이다 하지만 그러면 그 예술은 배척되고, 거부되고, 다른 이들에 의해 이해될 수 없다. 최소한 포스트 부르주아들43) 인사도 마조히스트들에)의해 받아들여지지 않는 한, 그리고, 받아질 경우, 그 예술은 어떠한 예술적 가치도 더는 갖지 못한다! '매음굴' 의 거울이나 장식 그 이상은 아니다. 그 지속하여진 예술은 이 사회를 위해 봉사하고 있는데, 그런 예술의 제거는 한층 더 사회를 위해 봉사할 것이다.그것에 대해서 나는 확신하지 못한다 44)

　　예술은 기술적이기 때문에 전체주의적이며, 절대적인 이 사회와 항구적으로 공모관계에 있다. 그리고 예술이 조롱을 이용하고, 극단주의에 들어서는 그만큼 더 동조적이다. 조롱이란 근본적인 문제가 되길 원하는 것을 받아들여질 수 있게 만드는 수단이기 때문이다. 부르주아들은『파티의 끝』*Fin de partie* 45) 또는 고도Godot에 의해 매료된다. 왜냐하면, 분명히 거기서 재현된 것은 그들과 관계가 없기 때문이다. 조롱은 문제 제기의 비극성을 피할 수 있게 한다. 그래서 예술이 조롱을 통해 고발을 극단으

---

43) 자끄 엘륄,『부르주아의 변신』

44) 나는 지므네(Jemenez)의 책『아도르노, 예술, 이데올로기, 그리고 예술이론』*Adorno, art, idéologie, et théorie de l'art*이 아도르노의 변증법적 사고를 진정으로 이해하지 못했다고 생각한다. 그리고 저자는 자신이 '예술의 역설'(보편적인 것과 결부시키는)로의 환원을 통해 그의 변증법적 사고에서 벗어났다고 주장할 때, 문제의 본질을 파악하지 못했다고 표명한다. 그에 따르면 아도르노의 작품은 회복에 대한 푸념이며, '거절의 의미를 볼 것'을 초대한다. 이 모든 것이 매우 피상적이다.

45) 사무엘 베케트의 작품 이름.

로 밀고 간다고 주장하는 바로 그때, 서커스 같은 연극 또는 '사람들을 비웃는' 회화는 뭔가를 말하기를 멈추는 것이다. **본의 아니게,** 조롱이나 터무니없음잔뜩 쌓아 놓은 담배꽁초를 예술가의 산물로 소개하기은 상처 주기를 멈춘다. 즉 그것은 정확히 예술가가 다음과 같이 말하기 위해 관객에게 본의 아니게 던지는 윙크이다. "절대 나를 심각하게 여기지 마세요." 이렇듯 비극성의 절정에 도달한 현대 예술은 자기가 채택한 형태 자체에 의해 뇌관이 제거된다. 그리고 바로 여기서 아도르노에 의해 인정된 두 극단, 즉 '냉엄한' 예술과 '타협적인' 예술이 만난다. "냉엄한 음악은 사회에 반대하여 사회적 진실을 재현한다. 타협적인 음악은 어쨌든 사회가, 심지어는 잘못된 사회로서라도, 음악에 대한 권리를 갖는다는 것을 인정한다. 왜냐하면, 사회 또한 잘못으로서 재생산되고, 그리하여, 자신의 살아남음을 통해, 자기 고유의 진실의 요소들을 객관적으로 제공하기 때문이다." 진정한 딜레마는 이러한데, 아도르노는 이 해결할 수 없는 모순을 완벽하게 조명하였다. 즉 심각성의 극한까지 밀리게 된 예술에서 심각성이 없어져야만 모순이 해결된다. 이렇듯 기술 사회의 환경은 예술을 그 어느 때보다 더 절망적인 상황에 놓이게 한다. 이때 이 사회의 수단들은 헤아릴 수 없이 많은 수단을 제공하고, 그 결과 예술을 다양한 공상 속으로 인도한다. 프랑카스텔이 현대 건축이 벽의 제거와 함께 '닫힌 양식'과 '개방된 양식'을 동시에 만들어낸다고 강조하는 것은 전적으로 옳다. 우리는 비견할 만한 방법들의 모순적인 적용들을 만나고 있다.

현대 예술은 그러므로 예컨대 대중적이고 형식주의적인 두 개의 커다란 흐름으로 나뉘었을 뿐 아니라, 나아가서 그것은 수많은 모순에 의해 찢긴다. 그것은 모든 방향으로의 폭발이고, '무엇이든지' 득실거리는 것이다. 그리고 여기서 우리는 두 가지 매력적인 해석을 조심해야 한다. 한편으로, 우리는 그러한 다양성이 예술가들의 자유, 그들의 개인주의의 표시라고 말할 수 있을 것이다. 그러나 예술가가 기술 환경, 의미에 대한 기술의 우위, 가능성의 비일관성에 의해 협소하게 조건 지워진다는 사실에서 자유란 결코 존재하지 않는다. 즉 모든 것이 가능하다, 다시 말해 가치 있는 것은 아무것도 없다. 모든 것이 가능하다, 이것만큼이나 저것도 그러하다, 왜냐하면, 아무것도 의미가 없고 아무것도 진정한 관련이 없기 때문이다. 사람들은 그에 대해 관객들이 금방 싫증을 내는 만큼이나 빨리 새로워져야만 하는 방법들을 아주 빨리 사용한다… 메시지의 부재, 그 진부함, 순응주의, 평이함 때문에 사용된 방법들의 놀라운 증대를 고려할 때, 예술가의 자유는 절대 존재하지 않는다. 담론의 모호함은 담론의 무의미를 감춘다. 메시지가 있다고 주장할 때도 거기에 포함된다. 실제로 예술가는 흐름들과 물결들에 따라 부유한다. 그는 단순히 상황들과 이러저러한 방법들에 따라 한 방향으로 또는 다른 방향으로 밀려간다… 다양성과 우글거림이란 단지 하나의 스타일과 일관성 있는 의미의 생산을 찾지 못했다는 것이다. 흐느적거리는 무기력함과 자유를 혼동해서는 안 된다.

다른 오류는 여기에 변증법을 접합시키려는 것이리라. 우리가 거론한 상당히 많은 모순은 변증법적이 아니다. 두 개의 모순이 긍정과 부정으로서 서로 응답할 때, 그리고 모순의 결과가 역사 속에 포함될 때 변증법이 있다. 즉, 둘 사이의 긴장이 역사 속에서 **시간의 흐름**에 의한 변형에 의해서만 해결될 때 변증법이 존재한다. 시간을 통해, 그리고 변증법적 긴장 때문에 예측 못 한 전체 속에서 새로운 상태의 창조… 우리가 말한 모순들 속에서 작용할 수 있는 어떤 변증법도 존재하지 않는다. 왜냐하면, 이 모순들은 단순히 비일관성이기 때문이다. 그것은 '무엇이든지' 이다. 긍정이 아니다. 하나의 긍정에게 매정하게 가해진 부정이 아니다. 그것은 정말 '무엇이든지' 로서, '모든 것이 가능하다' 와 상응한다. 하나의 스타일은 긍정이다.

하지만 그러한 스타일이 없다. 현대 스타일, 또는 동시대 스타일이 없다. 가장 현대적인 기술 방식들의 사용 말고는 다른 공통적 요소가 없는 모든 방향으로 출발하는 백 개의 불꽃이다. 이 예술은 일관성이 없다. 왜냐하면, 이 예술은 본시 훨씬 더 근본적인 현실 위에 부착된 잡다한 마스크들 전부이기 때문이다. 위 현실은 일관성이 있지만, 예술이 그렇게 되는 것을 금지한다. 그것은 기술적 현실이기 때문이다. 기술적 현실은 엄격한 시스템이다. 현대 예술은 이 시스템의 부대현상이 되었다. 예술은 기술 환경 안에 존재하고, 기술들과 **관계하여** 형성된다. 예술은 통일성이 없고, 실재가 없다. 왜냐하면, 예술은 이 기술적 현실의 우연적이고, 불확실하고, 피상적인 표현 양식 중의 하나를 대표하기 때문이다. 예술은 혼자서 자체로 형성되지 않는다. 예술은 이 시스템의 몇 가지 유용성에 응답한다. 예술은 기술의 이러 저러한 표현들 위에 부착되고, 그러한 사실로부터 예술이 맡아야 할 반대의 역할들에 따라 놀랍도록 다양한 방향으로 이끌려간다.

Ⅱ. 기술 시스템 속에 놓인 예술

우리는 예술과 기술을 매우 직접적인 관계 속에 가두었다. 예술을 기술 환경 가운데 놓았고, 기술 시스템에 긴밀하게 종속시켰다. 그렇다고 해서 우리는 뗀느Taine 46) 의 이론 같은 일종의 예술 결정론을 재생산하려는 것은 아니다. 그러한 설명과 내가 여기서 제안하는 것 사이에는 이중적인 차이가 있다. 우선, 나는 예술에 대한 항구적이고 보편적인 설명을 결코 제시하지 않는다. 나는 오늘날 내가 확인할 수 있는 것을 구체적일지라도 보편적인 것으로 일반화시키지 않는다. 나는 예술 창작의 과정 자체나 예술의 영원한 기능을 파악하려 하지 않는다. 그 반대이다, 내가 확인하는 것은 새로운 것이고 다른 것처럼 보인다. 기술 세계와 관련된 우리의 상황은 그 이전의 것들과 비교할 수 없을 만큼 다르다. 지금까지 제시되었던 예술을 주제로 한 모든 설명, 해석, 의미들은 이제는 가치가 없고, 과거 지향적이다. 나의 이론의 두 번째 다른 점은 다음과 같다. 예술가는 어쩌면 상황과 환경 등에 의해 직접 부추김을 받을 수 있다. 하지만 나는 그러한 예술가의 조건화를 결코 제시하지 않는다. 나는 개인의 자율성을 결코 부정하지 않지만, 예술가의 상황 자체가 어떠한지, 새로운 환경 가운데 '예술 창작' 의 조건이 어떠한지 설명하려 한다. 그러므

---

46) 이뽈리뜨 뗀느 (Hippolyte Taine, 1828–1893)는 프랑스 역사가이며 철학가이다. 실증주의와 과학의 영향을 받아 형성된 환경결정론을 역사에 적용한다.

로 직접적인 조건화보다는, 예술이 기술 사회 속에서 맡은 다양한 기능에서 온 혼란, 불안한 상황, 불확실성 등이 문제가 된다.

내가 명확히 하고자 하는 두 번째 것은 기술 사회로부터 유래한다. 나는 무엇이 현대 예술을 결정하는지를 보여주는 것이 아니라, **왜** 현대예술이 지금의 모습을 갖게 되었는지를 설명하려는 것이다. 달리 말하면, 요컨대 작가의 '자유'가 무엇을 바탕으로 행사되는지, 그리고 자유가 **어떻게**어떤 코드, 어떤 구도, 어떤 매체를 통해서 행사되는지를 알아내는 것이다. 그것으로부터 나는 현대예술이 궁극적으로 알려주는 것, 즉 그것이 이 세상에서 밝혀주는 것을 나타나게 할 것이다. 나는 현대 예술을 그 자체로 설명하기보다는, 그것이 갖는 의미를 설명하려 할 것이다. 여기서 문제가 되는 것은 절대적 결정론이 아니라, 드러난 결정들 전체가 다양한 작가들의 작업 속에서 드러나게 하는 의미이다. 그리고 그들의 차이는 틀림없이 공통된 배경만큼, 아니 그보다 더 의미가 있을 것이다. 왜냐하면, 자유의 의미 깊은 차이들이 아니라, 의도하지 않은 차이들이 어쩌면 그것들이 발생한 세상을 가장 잘 표현하기 때문이다.

1.기술 환경과의 관계

예술이 환경의 거울이라는 간단한 생각에서 출발하자. 예술에 어떤 자리가 남았는지 묻지 말고, 예술이 무엇을 알게 해주고, 어느 정도나 이 사회를 반영하는지 질문하자. 이제는 기술 환경이 문제 되기에, 예술품과 환경의 관계가 본질에서 수정되었을까? 프랑카스텔은 현대 예술에 대해 아주 정확하게 지적한다. "현대 예술은 자극적인 형태들의 변덕스러운 유희 위에 세워지지 않는다. 그것은 경험으로부터 멀리 떨어져서 펼쳐지는 것이 아니다. 그것은 오늘날 인간의 총체적 활동 위에 세워진다… 예술가들은 기술자들과 무관하게, 사회 안에서 고립된 사람들이 아니다. 다른 분야들과 다른 인간 활동들로부터 분리된 이야기들이라는 개념 대신에, 표현되면서 모양이 잡혀가는 어떤 사회의 표현 능력들이라는 총체적 개념으로 대체하는 것이 나을 것이다." 우리가 거울, 또는 표현의 개념을 받아들인다면, 중요한 것은 이제 단순히 **무엇에 대한** 반영인지 묻는 것이다. 자연주의, 사실주의가 산업 발달의 시기에 탄생했다는 것을 지적할 필요가 있겠다. 졸라는 외부 현실을 복사한 예술, 과학적이고, 중립적일 어떤 예술을 코드화한다. 그런데 그때까지는 예술은 항상 자연 세계의 반영이었다. 인간은 자연적인 것 속에 잠겨 있었고, 공기와 물, 비와 나무들하고만 협력했었다… 도시에 살 때조차 그랬다. 가장 이상한 발명품 속에서도, 가장 자유분방한 미학적 창작물 속에서도 인간은 항상 이러한 기초적인 현실을 출발점으로 삼았다. 그리고 재현의 테마로 선택된 인간도 자연의 인간, 자연 속에 빠진 인간, 자연에 참여하는 인간이었다. 그런데 우리는 사실주의 선언이 있던 시기에, 화가들이 '자연의 법칙'으로부터 멀어지는 경향을 보이고, 인간을 자연적 현실로 취급하기를 그만둔다는 것을 확인한다. 모네, 피사로, 한층 더 세잔은 여전히 자연을 **테마로** 취하지만, 그들은 더는 자연의 반영도, 거울도 아니다. 그들의 목적은 자연을 표현하거나, 사실주의에 따라 자연을 더 잘 아는 데 있지 않다. 그들의 목적은 그림을 그리는 것이다. 그것이 전부이다. 환경과의 단절이 아니라, 환경이 바뀌었다는 것을 내포하는 것이다. 여전히 출발점으로 삼는 자연은 더는 화가의 환경이 아니다. 그래서 화가는 자연을 빛의 유희, 형태들의 유희의 **핑곗거리로** 삼을 수 있다. 사실, 점차 형성되는 환경은 우선 기계의 세계, 도시의 세계이다. 그러나 이건 아직도 전적으로 피상적이다. 하나의 환경이 되는 것은 기술 자체이다.47) 기술의 가장 강한 의미에서 그렇다. 즉, 그 안에서 살아갈 가능성과 방향들을 발견하는 것으로, 우리를 완벽하게 둘러싸고 있는 것이고, 그리고 다른 무엇을 알기 전에 먼저 알아야만 하는 것이다. 기술은 누에고치처럼 우리를 완벽하고 틈 없이 에워싼다. 이것은 우리의 즉각적 평가에 따라 자연을 쓸모없고, 부차적이며, 무의미하고, 정복된 것48) 으로 만든다. 중요한 것은 기술이다. 현대 예술은 여전히 반영인데, 그렇지만 이미 변해버린 현실의 반영이다. 그리고 소설이나 회학에서 인간을 표현하거나 그린다 하더라도, 그렇게 다르게 그리는 이유는 바로 더는 자연 환경이 아니라, 기술 환경에 따른 인간이 관련되기 때문이다. 누군가 형태들의 근원으로는 자연세계의 시각적 표현밖에는 없다고 여전히 주장한다면스위니(Sweeny), 그런 사람은 아무것도 모른다고 비난받아 마땅하다. 자연은 과학과 기술에 의해 와해되고, 해체되었다. 그러나 중요한 것은 그것이 아니다. 중요한 것은 인간이 살고, 느끼고, 생각하고, 깨닫는 전체 환경을 기술이 형성했다는 것이다. 인간이 받은 모든 강렬한 인상들은 기술로부터 그에게로 온다. 예술은 더는 어느 것에서도 자연을 '재현할' 수 없다. 예술가는 더는 그렇게 할 수 없다. 현대인은 그것에 관심이 없다. 자연을 그린 가장 아름다운 그림은 더는 아무것도 깨워주지 않는다.49)

---

47) 환경으로서 기술에 대해서는 『기술 체계』(대장간, 2013)안의 모든 설명을 참고하시오.

48) 몇몇 사람은 그것을 분명히 깨달았고, 말했다. 칸딘스키도 마찬가지이다. "우리는 자연과의 모든 관계를 단절하고, 주저 없이 그리고 돌이킬 여지없이, 자연으로부터 빠져나오며, 순수한 색채와 자유롭게 발명된 형태를 결합하는 것에 오로지 만족하기 시작해야 한다." (『예술에서 정신적인 것』중에서, 1969). 불행하게도 칸딘스키는 자신을 그렇게 이끄는 것에 대한 최소한의 의식도 없다. 그래서 그는 정신적인 것이 관련된다고 상상한다.

49) 그런데 매우 혼란스럽게도, 우리가 여기서 표현하는 것이 이미 몬드리안에 의해 막연하게 예감되었다. 그의 신조형주의 선언문 : manifeste néo-plasticiste에는 사실은 인간의 새로운 세계, 산업세계에 복종하기 위한 예술의 탈자연화 선언이 있다. 인간에게, 그리고 예술가에게 '자연의 고리타분한 것'과 '촌스럽고 거친 것'을 잊는 문제이다. 자연의 배경은 예술의 배경을 떠나야 한다. "예술가가 모델로 삼아야 하는 자연은 새로운 기계적 공간이다." 산업적 낭만주의라고 불렸던 이것은 하나의 시스템이라기보다는 선언에 가깝다. 하지만 의도는 분명하다. 그리고 모든 현대 예술가들은, 원했든 그렇지 않았든, 생각했든 그렇지

그런데 또 다른 오류는 자연과의 이러한 결별 때문에 예술이 이제는 자기 자신만을 재현하고, 어떤 무의식 속으로 잠수하거나, 또는 예술이 뿌리도 없이, 화폭이나 텍스트의 생산자일 뿐이라고 여기는 것이다. 사실, 이것은 우리가 자연 모델로부터 완전히 결별하지 못하는 데서 오는 환상이다. "화가가 더는 자연을 표현하지 않기 때문에, 그가 하는 것은 회화 '자체'일 뿐이다"라고 어떤 자들은 종종 말한다. 결코 그렇지 않다! 예술은 모든 경향, 해석들, 시각들을 통해 단순히 기술 환경만 표현한다. 물론, 이것은 시인이 기계를 말하고, 화가가 기계를 그린다는 의미는 아니다.50) 하지만 모든 것이 이 환경에 의해 근본적으로 영감을 받고 현대 예술은 이 환경의 번역이다.

또 하나 이 환경과 관련하여 잘못 생각하지 말아야 할 것이 있다. "기술 발달의 사회적 결과, 또는 현대 세계의 비인간화" 문제라고 단순히 말해서는 안된다. 이것은 아직도 기술에 대한 자연과 연결된 자연주의적 해석 속에 남아 있다. 그러면 사람들은 이 예술을 판단하기 위해 '자연'으로부터 온 기준들을 적용할 것이다. 코를 중심으로 같은 쪽에 두 개의 눈을 가진 얼굴은 정상이 아니다, 등등 예술은 계속해서 의미와 가치를 형성하지만… 다른 것의 의미와 가치이다. 예술은 항상 어떤 구조의 은유이고, 거기서는 관계들이 관계 속에 놓인 사물들보다 항상 더 중요하다. 하지만 관계된 사물들이 무관하지는 않다. 즉 이 예술을 특징짓는 것은 바로 그것들이다! 그리고 관계의 양식, 구조의 세공은 엄밀하게 환경에 달려있다. 이러한 조건에서, 만약 사람들이 미리 설정된 도식, 고정관념으로서 자연에 대한 관계를 여전히 간직하고 있다면, 우리는 현대 예술이 현실에 대

못했든, 이 길을 쫓았다.

50) 중요한 것은 직접적 모방이 아니다. 레제(Léger)가 그린 톱니바퀴나 뒤퓌(Dupuy)의 '전기 요정', 그리고 들로네(Delaunay)의 '공기-철-물Air-Fer-Eau'은 오늘날 밀깡(Millecamps의 기계들이나 도구들의 모습보다 더 본질적으로 보이지 않는다. 이러한 모방적 의사(擬 似) 상징화는 기술 영향의 진정한 증인이 아니다.

한 본질적인 문제를 제기한다는 인상을 받을 수 있을 것이다. 사람들은 퀴비즘이 여전히 자연적 형태의 변형 과정이라고 주장할 것이고, 그러나 어떤 과정이고, 왜 그런가? 이 퀴비즘을 더는 '형태들'이 개입하지 않고, 의미의 변질과 보이지 않는 세계가 문제가 되는 초현실주의에 대립시킬 것이다. 하지만 무엇의 의미인가? 누군가는, 추상 예술은 인간의 앞에 있을 현실에 대한 문제 제기라고 한다. 우리는 세계에 대한 우리의 관계가 다양함을 배운다. 예술가들에 의해 창조된 새로운 형태들은 세계에 대한 새로운 경험의 표현이다. 그래서 어떤 자들은 모든 것을, 예를 들어 빛 속에 잠긴 대상들의 움직임 기록으로 데리고 온다. 그런데 이 모든 것은 사람이 언제나 자연환경 속에서 살고 있다는 여전한 확신의 결과이다. 우리는 단지 그 환경을 다르게 보고, 다르게 이해하도록 배웠다고 주장한다. 어떤 사람은 창조 과정에 대해, 예술가의 창조적 상상력에 대해 강변할 것이다. 그 사람은 "그 **어떤 현실**과의 일치는 더는 존재하지 않는다"고 말할 것이다. 하지만 그것 또한 그 현실이 자연이기 때문이다. "현대적 감수성은 현실로부터 자유롭다." 물론 그렇지 않다. 그러나 현실이 바뀌었다. 준거는 이 새로운 환경과 관련하여 이루어진다. 실제는 '우주' 속에 우리에게 그냥 주어진 것이 아니고, 우리가 추상적으로 건설하는 것은 더군다나 아니다. 기술에 의해 생산된 인위적 환경 바로 그것이다. 예술이 일치를 추구하는 그 실제는 우리의 수단들에 의해 건축된 실제이다. 하지만 그것은 기능으로서는 옛 자연환경과 똑같다. 들르부아가 말하는 것처럼, '실제의 탈형상화' 또는 비물질화는 결코 존재하지 않는다. 어떤 자들은 새로운 관찰과 사고의 방식들을 또다시 자연과 관련지으려 한다… 그렇지만 그 방식들은 다른 것과 관련된다. 현대 예술의 철저한 변화는 독창적인 창조가이거나, 새로운 세계를 주도하는 발명가일지 모르는 예술가의 생산물이 아니다. 이 변화는 기술 환경의 생산으로부터 온다. 기술 환경은 인식과 모델의 변화를 일으키고, 그 구조들과 과정들, 형태들, 시간성, 공간성, 외양의 수준들, 합리성 속에서 질적으로 다른 현실이다. 그리고 예술가는 이러한 새로움의 충실한 전달자일 따름이다. 하지만 여전히 자연으로부터 또는 자연주의적 사고방식과 함께 그에게 오는 테마들과 대상들 위에서 예술가가 계속하여 작업하고, 그 때문에 받는 혼란 때문에, 이 예술가가 자신의 새로운 세계에 과감하게 몰입하기는 극히 드물다. 그는 우리 모두처럼 분열되어, 들과 강, 바다와 태양 등을 계속해서 곁눈질 한다… 그러나 그는 그것들을 주변에 있는 강력한 현실의 머나먼 신화적인 테두리로 밖에 보지 않는다. 그리고 주변의 이 강력한 현실은 작은 계곡물이 아닌 거대한 물결 속에서 그를 실어 간다! 그러한 예술은 이런 뒤틀림이 발생하는 그만큼 진리의 전달자라고 할 수 없다. 예술가 안에 항시 웅크리고 있는 믿음들과 의미는 여전히 전통적 사회, 자연환경에 뿌리내리고 있다. 그리고 그것들은 이 새로운 환경에 비하여 완전히 어긋나 있다. 예술가는 여전히 자신의 이미지들과 상징들의 저장고에서 찾는다. 하지만 아무것도 더는 상응하지 않는다. 그는 전통적 의미들과 그에 비하면 무의미인 기술 환경 사이에서 이러지도 저러지도 못하고 있다. 그리고 프랑카스텔이 지적하였듯이, 과학이 예술처럼 여전히 **형태적**이라면, 기술은 그렇지 못하기 때문에 단절은 그만큼 더 크다. 기술 세계는 대상들로 이뤄졌지만, 형태적이지 못한 세계 속에 인간을 놓는다. 기술은 과정이고, 행위의 수단이다. 대상들은 그 증거일 뿐 그 이상은 아니다. 그러나 기술이 무엇보다도 수단이라면, 기술과 예술을 다음과 같이 관련시키는 데는 오류가 있다. 즉 사람들은 기술들이 예술가에게 새로운 수단들을 부여한다고 단순화한다. 그러나 기술은 **하나의** 수단이 아니다. 그것은 서로 연계된 **수단들**의 완전한 시스템이며, 그것들은 힘들의 세계를 형성하고, 옛것을 총체적으로 대체한 환경을 형성한다. 살아 있는 유기체들로 만들어진 환경 대신, 수단들로 이루어진 환경이다. 대상들, 기술의 산물들은 유기적이거나 시스템적인 관계를 통해 서로 연결되어 있지 않다. 반면 기술 세계를 형성하는 것은 수단들의 상호관계이다. 자연환경 안에서 기능들은 균형을 이루었다. 기술 환경 안에서 수단들의 증가는 불균형을 초래하고, 폭발적이다. 우리는 과거에는 통합적 의미를 만들어내기에 이르렀지만, 그러나 지금 이것은 전혀 가치 없는 일이다. 예술들의 폭발의 또 다른 요인이 그로부터 나온다 "사회를 단일학시키는 초월적 원칙이 더는 존재하지 않기 때문에, 예술은 더는 사회를 의미하지 않는다." 레마리(Leymarie) 51) 그러나 예술은 **하나의 다른** 환경을 의미한다. 만약 예술이 무의미하게 보인다면, 그것은 우리가 아직 이 다른 환경이 무엇인지 실제로 모르기 때문이다! 우리는 아직 수단들로 이뤄진 환경의 신호들, 충격들을 살아가는데 익숙하지 않다. 우리는 아직 자연환경 밖에다 우리의 커뮤니케이션을 위치시키지 못했다. 그로부터 상징화하는 어려움이 나온다.

그런데 상징화는 전통 사회에서 인간이 자신의 환경을 이해하고, 단순히 물질적인 것과는 다른 우월성을 단언하는 중대한 방식이었다. 상징화 기능은 행위의 주된 통로 중의 하나가 되었다. 우리가 예술이라고 부르는 것은 그러한 상징화의 본질적인 형태 중의 하나였다. 예컨대, 종교와 함께 그런데 이제 우리는 모든 상징화에 저항하는 환경 가운데 놓여 있다. 기술은 세 가지 주된 이유 때문에 상징화될 수 없다.52) 기술은, 우선, 보편적인 매개가 되었다. 그리고 그 자체가 수단이기 때문에, 기술은 **수단으로서** 상징화의 대상이 아니다. 그보다 기술은 자신의 힘을 통해 모든 다

---

51) 역주) 장 레마리(Jean Leymarie, 1919−2006)는 프랑스 예술사가이다. 프랑스국립박물관들이 20세기 회화를 받아들이게 한 사람 중의 한 사람이다.
52) 이 현상에 대한 폭넓은 연구를 위해서는 자끄 엘륄, 『기술 체계』(대장간, 2013)을 참고하시오.

른 매개 시스템에 대해 배타적이다. 상징화가 본질에서 그랬듯이 기술은, 두 번째로, 공동체 의식의 생산자이다. 집단적 일체감은 오늘날 더는 상징적 매체가 아니라, 기술적 매체를 통해 이루어진다. 예를 들어 매체들의 유희 마지막으로, 기술은 인간과 매개 되지 않는, 거리가 없는 관계를 설정한다. 인간은 자연과 자신 사이에 거리를 두어야 할 강한 필요성을 느꼈었다. 그러나 기술은 그러한 작업을 요구하지 않는 듯하다. 즉 기술은 명백히 육체의 직접적인 연장이다. 도구란 팔의 연장 외 아무것도 아니라고 누구나 반복하지 않았던가! 이렇듯 우리는 상징화가 환경과 일치하는 적합한 기능이었던 **유기적** 세계로부터 상징 창조가 일어나지도 않고, 의미도 없는 기술 시스템으로 옮겨간다.

게다가 기술은 자동 상징화이다. 즉, 기술은 자체적으로, 자신을 위하여 아직 필요할 수도 있는 상징들을 만들어낸다. TV 또는 광고는 풍부한 기술의 상징들을, 하지만 기술의 작동 자체로부터 나오는 상징들을 제공한다. 이렇듯 기술 환경은 상징화가 배제되었기 때문에 인간에 의해 결코 다시 장악되지 않는다. 그리고 이러한 사실로 인해 상징화의 탁월한 수단인 예술은 자신의 '소명'과 자신이 적용될 수 없는 것 사이에서 혼란에 빠지고, 분열된다. 온갖 조각들로 제작된 환경은 구조주의에 적합하지만, 상징화에는 그렇지 못하다.

다른 어려운 요인은 기술 시스템의 아노미 현상이라고 할 수 있는 것에서 기인한다. 그런데 이해를 잘해야 한다. 내가 말하고자 하는 것은 비일관성이나, 무관한 상황의 생산이 있다는 것이 아니다. 시스템이란 자기 고유의 발전과 조직의 법칙을 따르기 때문이다. 그런데 아노미 현상은, 한 편으로, 이런 시스템의 자율성과 개인의 도덕적 **규칙**nomos 사이의 충돌과 부조화로부터 생겨나고, 다른 한 편으로, 시스템의 자율성과 사회의 전통적 의미화 시스템 사이의 충돌과 부조화로부터 생겨난다. 이러

한 아노미 현상의 전형적인 것으로는, 사랑이나 성관계에서, 이것들을
단순히 미학적 차원에서 확보하기 위해 도덕과 사회질서에서 벗어나게
하려는 경향이다. 애정 또는 성적 탐미주의는 기술 시대의 특징이다.53)
그리고 이것은 모든 영역에서 작용한다. 우리는 이러한 아노미 현상이,
예술이 참여적이든 아니든, 어떻게 형식주의와 탐미주의를 만들어내는
지 보게 될 것이다. 우리는 물론 편의상 스타일들을 대립시키거나, 분류
하고, 예컨대, 입체파와 비구상파를 '구분하려고' 할 수 있다. 그러나 실
제로 한 가지 공통된 여건이 있는데, 그것은 예술과 기술 환경 사이의 관
계이다. 명백히 비구상은 '자연'과 비교하여, 인간이 '명확히' '보고',
'듣고' 하는 것과 비교하여 비구상적이다. 하지만 인간이 새나 매미의 노
래를 듣거나, 천둥소리나 밀려오는 파도소리를 듣는다는 사실은 더는 정
확하지 않다. 그 대신 그는 경적 소리를 듣고, 모터의 부르릉거리는 소리
를 듣는다. 단지 예술을 위해서 그는 여전히 예전의 상투적 표현들에 따
라 평가한다. '비구상'은 사실 이 기술 환경의 구상이다. 그리고 메시지
가 있는 예술, 이데올로기 예술조차도 추상과 비구상의 길로 들어갈 수
밖에 없다. 이 예술도 더는 합리적으로 구성된 언어를 통한 직접적 전달
을 할 수 없다. 즉 이런 예술도 담론을 무시하고, 기호, 충격, 또는 형상/
이미지를 수단으로, 달리 말하면 전형적으로 기술 과정을 통해 감정과
참여를 만들어내야 한다. 현대 회화가 구상으로부터 멀어질 때, 그것은
부조리극이나 무조 음악과 똑같은 단절을 실행한다. 하지만 이것은 새로
운 환경과 연결된 음악이다.54) 이런 추상 예술은 "유토피아와 역사적 조

---

53) 물론 키르케고르(Kierkegaard)는 이미 미적 단계에 대한 분석 속에 이것을 훌륭하게 위치시
   켰다. 하지만 이것은 지나치게 일반화되었고, 강조되었다. 이것을 탁월하게 보여주는 좋
   은 소설이 예컨대 존 혹 (J. Hawkes)의 『피의 오렌지』(Les oranges de sang, 1973)이다.
54) 룩메이커는 이 주제에 대해 매우 의미 있는 지적을 했다. "미니멀리즘 예술에서 우리는 공
   장의 금속관이나 건물의 작은 들보로부터 영감을 받은 형태들을 사용한다. 자신의 고유한
   환경 안에서 매우 특별한 기능을 수행하고, 대부분은 매혹적인 아름다움을 가졌던 것이 우
   리가 그것에서 의미를 제거하고, 그것을 상황으로부터 격리시킬 때 낯설고, 거의 환각적인

건들에 의해 만들어진 소외 사이의 변증법에 따라 제기되었다"레마리는
것은 옳은 지적이다. 그러나 이것은 전혀 낯선 환경 어딘가에 다시 뿌리
를 내려야 하는 예술이 겪는 극단적인 어려움을 통해서만 설명된다. 철
학적으로 자주 주장되었던 예술과 기술 사이의 유사성은 우리가 기술적
작업들의 시대를 벗어나, 기술 현상의 시대, 이어서 기술 시스템의 시대
로 들어선 순간으로부터 아무것도 의미하지 못한다.

그로부터 우리는 앵포르멜, 추상 또는 비구상 예술에 대한 습관적인
평가가 얼마나 부정확한지 이해할 수 있다. 게다가 이 비정확성은 자기
들이 실제로 무엇에 복종하고 있는지도 의식하지 못하는 예술가 자신들
에 의해 계속 유지되고 있다. 그러면서 그들은 마르크스가 허위의식으로
분석했던 것의 특별한 예를 제공한다. 이러한 습관적 판단에 따르면 "앵
포르멜 미학은 우발적이고 주관적인 가치들 위에 세워진다. 마티에르,
제스처, 글쓰기, 우연, 속도, 손의 흔적들을 보여주기… 작품에 실체와
의미를 부여하는 유동적이며 무한한 장이다. 앵포르멜 예술은 그 어떤
요소도 미리 결정되지 않는 최초의 복합적 스타일이다. 거기서는 기호가
그 의미에 선행하고, 그래서 그 의미의 모호성을 전제한다."레마리 물론,
이 모든 것은 형식적으로 정확하다. 그러나 이 예술은 기술 환경에 의해
직접 야기되기 때문에 깊이 들어가 보면 결코 우발적이지 않다. 파리에
서 볼 수 있었던1968 팝아트의 아버지 로버트 라우첸버그R. Rauschenberg의
작품은, 이 점에서 매우 의미심장하다. '전체적으로 문제시되는' 이 사회
가 버린 폐품들로 만들어진 사회의 거울로서 작품,아무것도 없이, 백색 화폭
들만 전시하기 소비 사회와의 '극단적인' 대립, 그리고 시사적인 직접적 이
미지들헬리콥터, 케네디의 사진 등로 작품 안에 '현실'을 도입하면서, 점차 기
술적 작품들로 넘어가기, 감춰졌건 드러났건, 유리 위에 실크스크린으로

것이 된다."

된 이미지들, 실제 사용된 기계장치, 의미를 상실한 대상들의 가치화. 매일 일간 신문들에 실린 이미지들은 그의 눈에 가장 흥미로운 데생이다. 그러므로 그의 작품은 기술 환경 속으로 삽입이며, 그 산물들의 사용이고, 방대한 연속체로서 한 '세계'에 대한 시각이다. 기술 시스템으로부터 그에게 현실로서 오는 것이다! 그는 실제로 도시는 시작도 끝도 없는 환경이라고 말한다. 회화는 이 환경의 거대한 환상, 구성하지 않은 이미지들의 장, 시작도 끝도 없는, 부단한 물결이 되어야 한다… 그리고 관객은 거기서는 '그 안에' 존재해야 한다… 거리에서처럼… 그리고 모든 것이 끊임없이 변해야 하는데, 특히 매체를 바꿔야 한다, 이것은 작품의 언어 자체를 새롭게 하도록 허용한다. 기술에 대한 특별한 견해 표명! 진정한 문제들은 물리적으로 대상들을 조작하는 데에서 나오는 것들이다…! 그런데 앵포르멜 예술이 '칸토르55)와 로에브56)의 수학으로부터 유래한 집합 구조'를 표현한다고 주장할 때, 이 팝은 기술의 영역 위에서 정확히 현학적인 앵포르멜과 만난다. 여기에 쓰레기 문화는 더는 존재하지 않는다. 우리는 그 반대편에 있게 되는데, 그것은 실험을 위한 실험의 거부이고, 팝의 규탄이다. 특히 누군가 '모든 가능성의 초월'과 '일반적인 범신론자를 넘어서기'가 같은 말이라고 할 때는, 기술 환경의 흐름에 똑같이 복종하는 것이다. 즉 이것은 정확히 기술이 그렇다고 주장하는 바에 대한 훌륭한 설명이다. 이어서 신사실주의자들néo-réalistes이 있는데, 그들은 직접 기술적인 것을 생산한다 : 광고 기술과 전기 빛의 효과, 미래주의 공연을 위한 빛 간판, '기술적인 저 너머의 소리', 어떤 표면의 구성, 전자기계 앞에서 느끼는 감정들을 나타내기, 자기장의 사용, 등. 그리고 바자를리57)는 우

---

55) 역주) 칸토르(Gerog Ferdinand Ludwig Philip Cantor, 1845-1918)은 독일 수학자이며, 집합론의 창시자로 유명하다.
56) 역주) 미셸 로에브(Michel Loève, 1907-1979)는 유대계 프랑스·미국 수학자이다. KL(Karhunen-Loève)변환으로 유명하다.
57) 역주) 빅토르 바자를리(Victor Vasarely, 1906-1997)는 헝가리 출신의 프랑스 조형 예술가이

리에게 기술 환경의 형상적인 것에 대한 놀라운 교훈을 제시한다. 즉 그의 모든 작품은 '질서와 미립자' 사이의 결합으로부터 출발한다. 그로부터 파동, 절단된 선, 망, 일탈한 표면, 팽창되거나 수축한 공간을 통해 관객의 끊임없는 찢고 싶은 의지매우 기술적인!가 나온다. 이 예술가에 의해 해석된 기하학과 과학적 법칙은 그의 예술의 기초이다… 우리 시대의 실제적 현실은 이 예술가에 의해 실질적으로 수용되고, 정말 새로운 형상으로 투사된다. 그는 이렇게 **자신도 모르는 사이**에 자신이 사는 환경을 표현한다. 나는 분명히 자신도 모르는 사이라고 말했다. 왜냐하면, 그는 사실 다른 것을 만들어낸다고 믿고 있기 때문이다. 그는 이 사회를 문제삼는다고 생각하고 있고, **과학**으로부터 영감을 받는다고 생각한다. 그는 모터, 빛, 자기장의 창조자라고 생각하고, 본질적인 문제는 정치적이라고 믿고 있다. 그는 결정적 요소인 시스템으로서 **기술 환경**을 전혀 이해하지 못하며, 고발이라고 하는 무의식적이며 남을 속이는 작업을 계속한다. 그리고 물론 상호적으로 기술 환경을 그보다 더 의식하지 못하고 있는 관객은 이 예술을 전적으로 받아들이지 않는다.소위 대중 예술도 거기에 포함된다 회화처럼 음악도 습관적 필요들과 갈등관계에 들어갔다. 하지만 여기서 팝 음악은 참을 수 없는 세계로부터 도피, 비이성과 꿈으로 들어가기, 엄청난 저항으로 보이는 한 놀라운 성공을 창출했다. 그러나 이것은 오해였다! 반대로 실제를 인식하게 하려고 했던 엄격한 음악은 대중이 가진 습관적 음악 이미지들과 충돌하였고, 사람들이 잊고 싶었을 것을 의식하게 하는 면에서 고통스러운 음악임이 드러났다. 이 귀족주의 음악예컨대, 쇤베르크 58) 은 기술 효과의 전형이다. "그것은 좋건 나쁘건 간

다. 옵 아트 (op'art), 즉 광학 예술의 창시자로 유명하다.
58) 역주) 아르놀트 쇤베르크(Arnold Schönberg, 1874-1951)는 오스트리아 작곡가이며, 화가이며, 음악이론가이다. 음렬을 사용한 12음 기법과 무조음악을 정립한 최초의 작곡가로 알려졌다.

에 역사를 모르는 세계의 한 이미지를 그린다." 12음의 수학적 음악은 모든 기술 제품처럼 엄밀하고, 외양들과 여분들, 장식들을 거부한다. 반면에 아도르노가 놀랍도록 강조하는 그 실천자들의 태도는 미신, 마력, 점성술에 가깝다. 기술적 합리성이 실천가에게서 종교적 형태의 비합리적 행동을 만들어내는 대조를 이룬다.[59] 새로운 확인이다.

그런데 도처에서 사람들은 더는 직접 재현할 수 없다는 강박관념에 사로잡힌다. 왜냐하면, 움직이는 기계의 직접적 재현은 기계들의 시대에나 유효했기 때문이다. 그런데 이제 더는 그런 시대가 아니다. 그리고 기술 세계를 이루는 것이 **제시될** 수 있다 해도, 직접 **재현 가능하지는** 않다. 그리고 우리는 여기서 러시아 구성주의1920년대의 유산을 발견한다. 예술은 더는 재생산하는 것이 아니라, 구성적이어야 한다. 옛 회화는 외부 대상의 회화적 형태를 창조했다. 새로운 회화는 대상 자체를 창조한다.타라부킨Taraboukin [60] , 「마지막 그림」, 1972 미학적 연구는 더는 존재론적이 아닌, 의미론적 가치를 가지며, 변화와 발전에 대한 지속적인 요구를 표현한다. 하지만 이것은 완벽한 인공성의 생산 속에서만 실행될 수 있다. 아도르노는 바그너에 대해 "자연에 대한 예술가의 지배는 그 자체가 자연처럼 보여야 한다"고 멋지게 표현했다. 바그너는 "내용의 비합리주의를 수단들의 의식적인 통제라는 합리주의"와 결합했다.이것은 기술 시스템의 전형이다)그리고 이것은, 현대의 기술 세계에 비추어 보아, '잘된 것'을 만들고자 하는 과거의 염려를 '잘못된 것'이 대체하는 음악으로 인도해야 한다. "그런 음악의 계산된 오류는 구성의 통일성을 깨뜨리는 어떤 현대 회화의 개방된 윤곽선들과 유사하다… 음악에 따른 음악의 기본적인 형태로서 패러디는 무엇인가를 모방한다는 것을 의미하며, 모방하면서 그것

---

59) 자끄 엘륄, 『현대의 귀신들린 자들』.

60) 역주) 니콜라이 타라부킨(Nikolaï Taraboukine, 1899-1956)는 러시아 예술사가이며, 특히 러시아 구성주의 전문가이다.

을 조롱한다." 즉 우리는 자연환경, 말하자면 우리가 과거에 그 속에서 살았던 세계에 속하는 모든 것을 조롱할 수밖에 없다. 왜냐하면, 이 세계 는자연적이라고 하는 감정들의 세계도 포함하여 기술의 침범으로 끝나버렸고, 정리되었다. 그래서 자연 세계를 환기할 수도 있는 모든 것은 낡고, 동시에 고통스럽다. 예술은 기술을 제외하고는 더는 심각하게 표현할 수 없다. 그리고 예술가는 기술자로밖에 행동할 수 없다. 하지만 다시 한 번, 나는 그 말을 통해 예술가가 회화적이거나 음악적인 특별한 기술들을 소유하고, 사용해야 한다는 것을 말하려는 것이 아니다. 중요한 것은 기술적 사고방식과 그런 세계의 반영이다. 그래서 결국 예술가는 자연을 조롱하고, 인위적인 것을 생산할 수밖에 없다. 이것은 종종 비극적 '모조품'이라는 인상을 불러오는데, 그것은 또 실제 우리 세계와 거의 완벽하게 일치한다. 앤디 워홀은 기술들의 침입을 통한 '미국식 죽음'을 매정하게 보여주고 있다. 그는 조건 없는 성공에 대한 냉소와 함께 날카로운 의식을 가지고 이 세계를 직접 비난한다. 냉소는 아주 특징적이다! 그래서 이 예술가의 존재 자체가 공명상자이고, 기술 세계의 **산물**이다. 그는 자기 자신을 통해 우리가 살기를 거부하는 이 현실에 대한 레이더적인 기호, 반영, 울림을 제공한다. 음악의 불협화음들은 이러한 환경에 처한 우리 고유의 조건을 우리에게 말한다. 쇤베르크는 음악을 가지고, 참을 수 없는 새로운 환경과 싸우는 실제적이고 직접적인 무의식의 움직임들을 기록한다. 우리는 기술 세계가 우리에게 가한 충격들을 보고, 듣는다. 기계적 과정들에 의한 우리의 사고와 감성에 대한 침입은 결정적인 사실이다. 이것이, 한 편으로, 우리가 기계적이라고 특징지을 수 있는 예술, 그리고 결합을 통제하고, 독창적인 가능성을 탐구할 수 있는 예술에 이르게 한다.몰(A.Moles) 61) 다른 한 편으로, 이것은 자신이 지배한다고 여기는

---

61) 역주) 아브라함 몰(Abraham Moles, 1920-1992)은 엔지니어이며, 물리학, 철학 박사이다. 대

기술에 의해 마비되고, 노예화된 인간의 불행을 표현하는 폭발과 분해의 예술에 이르게 한다. 여기서 예술의 분열은 그에 대한 설명을 얻게 되고, 동시에 현대 예술은 이러한 근거를 통해 통일성을 획득한다.62)

그런데 우리는 전혀 다른 해석을 언급할 필요가 있다. 우리 사회 속의 성상 파괴운동에 관해 연구한 구Goux 63) 는 추상 화가들의 주장과 함께 분석을 시작한다. 이 화가들은 자신들의 작품이 영화靈化라고 한다. 구 Goux는 한 편으로 이러한 영적 해방을 받아들이지만, 다른 한 편으로, 그것을 부르주아 개인주의 사회에서 집단적이고 사회적인 '기계조작' 사회로의 이행을 나타낸다고 분석한다. 자연과의 단절을 통해 성상 파괴운동이 있고, 우상의 파괴가 있으며, 정신의 자유화가 있다. 이것은 영혼에 직접 다가가는 형태와 색채의 언어를 통하여, 예컨대, 회화로부터 소리로의 이행을 동반하는 것이다. 그리고 이것은 정신 지배의 도래를 알리는 커다란 정신적 전환점이다. 그리고 구Goux는 이러한 탈형상화를 수학에서 공리적 경향들, 언어학에서 '언어를 사물들 속에 뿌리내리지 않

학에서 사회학, 심리학, 커뮤니케이션, 디자인 등을 강의했다.

62) 위의 내용은 로제 까이와(Roger Caillois)가 1975년 11월 「르 몽드」지에 "해결사 피카소 Picasso le Liquidateur"란 제목의 아름다운 연구를 실었을 때 쓰인 것이다. 로제 까이와의 글은 스캔들을 일으켰는데, 피카소에 대한 조건 없는 찬사로, 바보 같은 소리만 하는 담론들과 다행히도 결별하고 있다. 나도 그의 연구에 전적으로 동의한다. 중요한 내용을 간추리면 다음과 같다. 피카소에게는 새로운 종류의 무례함, 자신이 속해 있는 사회에 대한 무례함이 있다. 그는 무책임하다. 그리고 그의 성공은 그의 그림이 전례가 되지 않는다는 사실에 기인한다. 피카소가 하는 것은 자의적이고, 불확실하다(까이와가 「흑요석 두상」 Tête d'obsidienne에서 말로 A. Malraux로부터 취한 표현들). 이 점에서 피카소의 작품은 매우 의미심장하다. 왜냐하면, 우리가 이미 보여주었듯이 지금의 예술은 매우 자의적(절대적으로 필요한 기술을 제외하고)이고, 조소적(모든 것에 대해, 새로운 성스러운 것을 제외하고)이다. 그리고 까이와가 자연 속에서 창조된 형태들이 무한히 느리게 이루어진다면, 기술의 그것들은 지속해서 새로워진다고 우연히 말할 때, 그는 정확하게 겨냥하고 있다. 사람들이 피카소에게서 항상 새로운 발명이라고 부르는 것은 기술의 리듬을 좇는 것 그 이상은 아니다. 어쩌면 그래서 피카소는 후계자가 없는지도 모른다. "나는 그를 미래의 씨앗을 뿌리는 파종 꾼으로서 보다는, 몇백 년이 넘게 지속하여 온 기업의 빈틈없고, 냉소적인 해결사로 생각한다. 그는 배를 떠나는 쥐새끼들처럼 기업의 임박한 붕괴를 느끼고, 명확한 계산을 통해 파산 신고를 서둘렀다." 내가 여기에 싣지 못하는 까이와의 모든 주장은 이 놀라운 연구를 읽고, 다시 읽어야만 할 만큼 적확하고, 엄밀하며, 섬세하다.

63) 장 조셉 구(Jean-Joseph Goux), 『성상 파괴주의자들』(1978).

은 순수한 가치들의 시스템으로 보는’ 소쉬르 언어학, 그리고 추상적 공
간들의 발견과 관계시킨다. 신비주의를 향한 행진에 대해 강조하지 않
았다면 이 모든 것은, 어떤 회화를 과학적 흐름과 관계 맺기 외에는 아무
것도 아닐 것이다. “예술은 영혼이 다른 영혼들에 영향을 미치기 위해 사
용하는 것”이다. “예술은 수동적으로 실제를 반영하는 것으로 충분하지
않다. 그것은 또 영혼의 구성적이고, 조직적인 내적 힘들을 표명한다…
.” “추상 예술은 한계적 순간을, 즉 자연과 물질로부터 떨어져 나오는 이
상적인 절정을 표시한다… 추상 예술은 아직도 ‘정신’ 이라 불리는 조직
하는 힘들을 직접적으로 연장한다…” 그리고 구Goux는 칸딘스키의 정신
주의, 몬드리안의 신지학, 말레비취의 ‘벗겨진 허무Rien dévoilé’ 를 잘 보여
준다. 물론 나는 구Goux가 이러한 관점을 채택하고 있다고 말하지는 않
는다. 그는 이런 탈물질화 운동이 심령주의적 지평 속에서 해석되어서
는 안 된다고 설명하려 한다. 즉 이러한 전복은 물질에 대한 감각론적 개
념을 변화시키는데, 구Goux는 이 전복을 마르크스의 노선에 위치시킨다.
그가 말한 바로는, 이 노선 속에서는 물질의 개념이 감각적, 실질적 활동
과 상응한다. 추상 회화는 현대 음악처럼 활기찬 힘들의 조직화이다. 그
리고 외적 모습으로부터 내적 성찰로 이동인데, 이것은 의미의 원천에,
혹은 ‘원천과 의미 생산의 결과’ 에 도달할 수 있게 해준다. 이 모든 것은
아주 흥미진진하다. 그러나 구Goux는 재현이 조작 때문에 밀려날 때, 그
것은 화가의 자유에 의해서가 아니라, 기술에 의한 상징의 대체임을 전
혀 생각하지 못하는 것 같다. 물론 그도 기술에 대해 언급하지만, 매우
불충분한 방식으로 이루어진다. 새로운 생산이 가능하다는 확신을 가져
다준 기술, 또는, “변화와 생산의 직접적인 힘으로 과학적이고 기계적인
활동, 이것이 추상 예술이 전달하는 새로운 구도이다. 그리고 추상 예술
은 그러한 구도의 결과이며, 또한 중요한 조작자이다.” 나는 그의 견해에

대해 전적으로 동의한다. 그러나 그는 그로부터 어떤 결과도 이끌어내지 않는다. 그리고 그는 기술 사회의 현실에 대해 어떤 지식도 분명히 갖고 있지 않다. 기술은 그에게 사회화하는 요소로 남아 있고, 추상 회화는 한 사회적 관계와 상관적인데, 그 관계 속에서 창조적 요인들이 사회적 실천들의 상호작용을 통하여 작품화된다. "사회적 관계인데, 거기서는 더는 자기중심적인 개인적 결정들이 아니라, 조직들과 기구들의 변환 행위가 대량으로 지배한다… 그것은 사회적−상징적인 시스템으로, 거기서는 설립자와 생성자의 문제가 설립된 것과 반영된 것의 문제를 지배한다. 더는 상업적 합리성이 아니라 기술학적 합리성이기에, 등가, 가치, 반영, 재생산, 존재, 본질의 합리성이 아니라, 선행적인 조작의 합리성이다…." 내가 감탄하면서 동시에 동의하지 않는 문장이다. 왜냐하면, 여기서 파악된 것은 저자의 말처럼 성상 파괴운동을 통해 인간 자유화를 향한 전진이 아니라, 반대로 인간에게 외적인 과정들 속으로 극단적인 갇힘이기 때문이다. 그 과정들에 대해 인간은 더는 어떤 통제도 할 수 없고, 단지 의사소통 불능과 무의미를 생산하고, 자신 고유의 부재를 드러낼 수 있을 뿐이다. 인간을 대체한 것은 그 자신 가장 깊은 곳에서 작동하는 기술 과정이다.

그러나 조건들이 이러한데, 기술의 영향을 그렇게 심하게 받은 예술 자신이 오히려 완벽한 환경, 구조, 대안 환경, 상황이 되겠다고 턱없이 주장한다. 달리 말하면, 예술은, 환경에 대한 모든 의존을 거부하면서, 기술이 실제 속에서 행했던 것을 자기 책임으로 재생산할 것을 주장한다. 음악은 소리 환경의 인위적 구성이기를 원한다. 정말 형상적이지 않으면서, 무한한 소비를 위하여 기계들에 의해 대량으로 생산되기를 원한다. 루이즈 네벨슨64) 의 조각은 완벽한 환경이기를 원한다. 작품은 보려

---

64) 역주) 루이즈 네벨슨 Louise Nevelson(1899−1988)은 우크라이나 태생의 미국 조각가이다.

고 있는 것이 아니라, 살기 위해 있는 것이다! 조각들은 그 다양성과 현학적인 비일관성이 감각과 묘사의 능력들을 초월해버린 벽들이다. 더는 상징적이지 않은, 공포감을 주는, 구조화된 세계. 예술은 장식이 아니라, 환경이다. 그럴듯한 주장이기는 하다… 불행히도 이 환경, 이 세계는 명확히 결정된 장소 안에 있고, 누가 그걸 원하든 말든, 전시회와 펼쳐놓은 작품들과 관련된다. 그리고 보러 가기 위해서는 돈을 내야 한다. 그러므로 우리는 대체 환경의 창조와는 별 관련이 없다! 물론 건축가는 이 분야에서 더 유리한 위치에 있다. 사람들은 퐁피두 센터라는 도시적 기계와 함께 신환경néo-milieu, 대안 환경contre-milieu을 시도할 것이다. 그것은 커뮤니케이션 기계로서, 거기서는 창작자, 관객, 그리고 J. 미셸「르 몽드」(1974년 2월)이 표현했듯이, 일군의 중재자들 사이에 생각들이 교환된다. 퐁피두 센터라는 기계는 "박물관과 문화센터의 기능을 해야 하고, 정보를 받고, 처리하고, 방출해야 한다. 이것은 박물관이 아니라, 매일 변하는 문화를 재해석하는 일종의 고막이다. 커뮤니케이션 기계로서 퐁피두센터는 또한 도시 기계적 모델을 따른 순환 가능한 기계일 것이다 : 개방된 층들, 광장들, 포럼들로서 그 자체가 공연으로 제시된 건축/기계이다…."65) 그

그녀는 폐품 상자들을 모아 색을 칠한, 추상적 표현주의 상자들로 유명하다.

65) 단순히 문화 기술화의 표현으로서 퐁피두센터를 비용(설립 비용으로 1천5백억, 유지비용으로 200억, 5개 이상의 대학 비용)과 함께 특별한 연구를 해야 할 것이다. 에너지 소비량은 1만 명의 도시의 그것과 비슷하다. 다른 문화적 형태들의 축소(거대한 비용 때문에 모든 다른 기관 보조금들을 감소시켜야 했다)와 한 곳으로 모든 가능성의 집중 등도 연구할 가치가 있다. 엄청난 오류가 그것에서 발생하기 때문이다. 파리 중심가에 거대한 문화 기계를 건설한 것은 상대적으로 다른 지역들을 소홀하게 만들었다. 물론 커뮤니케이션 기계로서 그것은 잘 작동한다. 즉, 잘 팔리고, 달리 말하면 많은 사람들이 이곳을 찾는다. 그런데 누가 찾는가? 때로 눈속임에 지나지 않는 표현처럼 만들어진 것이 노동자와 프랑스 중산층의 문화 발달을 정말 가능하게 할 것이라고 믿는가? 그러므로 퐁피두센터가 '예술 창작 센터'가 될 것이라고 주장하는 공식적인 담론은 완전히 헛소리에 지나지 않는다. 지방 사람이나 노동하는 사람들이 이 화려한 서커스단으로 무엇인가를 창조하러 오지는 않을 것이다. 한 번 더, 우리는, 한 편으로, 문화, 집단적 열정, 디자인, 음향학, 전위주의 전문가들의 결합을 보게 되고, 다른 한 편으로, 자신들을 알리고, 전시하고, 출판하고, 체험하게 될 수단들을 얻고, 목록, 컴퓨터, 비디오, 마이크로필름 등으로 모든 결핍을 대체할 보잘 것 없는 예술가들, 노점 지식인들 무리를 보게 될 것이다. 이것은 정치가와 정보 제공 문화 전문가들 사이의 거대한 자기만족의 기계이다. 그리고 명성과 엄청난 돈이 이것의 본질적인 동기

러나 우리는 같은 장애에 부딪힌다. 방문객들, 관객들, 호기심을 가진 사람들이나 찾아올 한정된 공간이다… 루브르를 거닐거나, 퐁피두센터를 거닐거나 구경꾼은 변하지 않으나, 예술은 가식적인 자신의 역할을 정확히 계속하는데, 그 가식은 예술이 스스로 진실하다고 주장하는 만큼 더 심각하다. 우리는 예술이 기술 세계의 대안 문화일 수 있으며, 대안 환경을 만들어낼 수 있다고 생각하는 끔찍한 착각을 범할 수 있다. 그것이 맥루한의 견해이라는 것을 우리는 안다. 그러나 이것은 두 가지 측면을 지니고 있다. 한 편으로, 기술 환경에 반대한 비판으로서, 인식과 판단을 형성하는 해독제인 대안 환경일 것이다. 그러나 이것은 내 생각으로는 불가능해 보인다. 왜냐하면, 맥 루한이 TV에 의해 형성되었다고 평가한 대안 환경은 기술에 의해 만들어지고, 실제로는 기술들의 능력을 전달하기 때문이다. 그것은 인간의 기술화 과정 속으로 삽입을 확인해 줄 따름이다. 다른 한 편으로, 이것 또한 맥 루한에게서 볼 수 있는데, 예술은 우리로 하여금 기술이 일으킨 심리적 사회적 결과들을 의식하게 한다. 그

부여이다. 그러므로 이 기계의 제작을 주관했던 바탕이 되는 원칙들을 열거해야 한다.

1. 국가는 문화에 관한 책임이 있다.
2. 돈이 많을수록 더 문화적이다. 문화는 비용이 많이 든다. 그리고 수단에 대해 인색하게 굴어서는 안 된다. 1천500억으로 사람들은 훨씬 더 문화적으로 풍요로워질 수 있다.(돈과 문화의 관계는 사치 문화의 이미지와 잘 일치한다.)
3. 문화는 필수적으로 순응적이 아니다. 오히려 거의 혁명적이다. (그러므로 퐁피두 센터의 공무원들은 정부에 대해 자신들의 정치적, 문화적 반대 견해를 표현해야만 한다.)
4. 그럼에도 문화는 현실 세계에 강하게 통합되어야 한다. 거기에서 기술의 중요성이 나온다.(이것에, 한 편으로, 산업창작센터, 제품 디자인, 소비 정보은행이 응답하고, 다른 한 편으로, 최대로 동원된 모든 의사(擬似) 문화적 묘책이 응답한다.)
5. 우리가 알고 있듯이, 예술 창작이 시민 가운데서 고갈된 이래, 문화는 밑으로부터만 창작될 수 있다. 그로부터 시민은 누구든지 자신의 문화를 창작할 수 있는 도서관, 박물관, 극장, 아뜰리에 등을 이용할 수 있게 되었다. 여기서 담론은 현실을 대신한다.
6. 더 많은 기술 도구가 있을 때, 더 많은 상상의 가능성이 있다.(근본적인 오해가 있다. 우리는 모두 예컨대 어린이가 극단적으로 완벽한 제품보다는 병뚜껑으로 더 강렬한 상상을 할 수 있다는 것을 안다.) 퐁피두 센터는 고갈된 기술사회의 문화적 경구이다.

참고도서 : 몰라르(C. Mollard), 『퐁피두 센터의 쟁점』(*L'enjeu du Centre Pompidou*, 1976)(매우 순응적이다), 훨씬 더 흥미로운 것으로, 아필팽G. Affeulpin, 『퐁피두 센터의 자칭 유토피아』(*La soi-disant utopie du Centre beaubourg*, 1976), 보드리아르(J. Baudrillard), 『보부르 효과』(*L'effet Beaubourg*, 1977), 꼬끄랭A. Cauquelin, "빈 공간 보부르 *Le vide Beaubourg*" in 프로젝트 *Projet*, 1977.

리고 이 주장은 위에서 우리가 말했던 것과 일치한다. 그러나 진정한 의미의 대안 환경 문제는 아니다. 대안 환경은 인간, 전 인간이 항구적으로 그 안에서 사는 것을 전제하기 때문이다. 어떤 관점에서 TV는 대안 환경을 잘 형성한다. 그러나 TV는 현대 예술의 특성이 아니다. 그것은 예술들에 영향을 미치는 매체들의 한 모습일 뿐이다… 물론, TV는 우리들의 세계관에 영향을 미친다. 모든 예술도 그렇게 한다고 주장하지만, 그러나 그것은 기술 세계가 우리에게 준 세계관을 확인하기 위해서일 따름이다!

결론적으로, 우리는 기술 환경의 직접적 표현이라는 예술의 개념에 이른다. 그것의 다양성들, 모순들은, 한편으로, 변화가 극단적으로 어렵다는 것을 나타낸다. 사실 하나의 환경에서 다른 것으로 옮기는 것이 쉬운 일은 아니다. 그것은 각 개인의 어려움을 표현한다. 다른 한편으로, 그 다양성들과 모순들은 기술 환경의 여러 측면이 갖는 극단적인 다양성을 표현한다. 기술 환경은 자신의 힘들과 수단들을 격렬하고, 일관성 없게 작동한다. 마지막으로, 이 다양성들과 모순들은 이 환경의 빠른 변화를 좇는 것이 불가능하다는 것을 표현한다. 그러하더라도 현대 예술은 과학을 표현하거나 과학 위에 기초한다기보다는 훨씬 더 이런 것들을 나타낸다. 현대 예술은 '우리의 과학적 신조의 구현'이라거나, 현대 예술에서 번역되는 것은 물질이나 빛의 과학적 발견이라거나, 과학은 우리에게 외양들의 뒤를 연구해야 한다고 가르쳐 주었다는 확신, 이 모든 것은 지식인들이 만들어낸, 단순한 **귀납적인** 결론들이다. 사람들은 화가 또는 음악가들이 어떤 방향에서 작업했고, 그것이 이러저러한 과학적 이론과 일치할 수 있다는 것을 알게 된다… 하지만 그것은 재구성에 의한 것이고, 인위적인 연결들 위에서나 가능할 수 있다. 현대 예술의 진정한 뿌리 내리기는 정말 실제적이고, 조건인 이 새로운 환경 속에서 이루어졌다. 그리고 전통적인 옛 환경에서 기술 환경으로의 이동은 현대 예술의 모든 특성을 설명하기에 충분하다.

2. 대상

우리는 기술에 의해 생산된 대상들의 세계에 살고 있다. 대량의 제품들은 기술의 힘에 의해서만 그렇게 될 수 있는데, 그래서 우리는 침략당하고 있다는 인상을 받을 정도이다. 그리고 이러한 대상들은 모두 기술에 의해 생산된 것이다. 우리들의 생활 환경의 특성들의 하나를 주는 것은 바로 대상들이다. 우리는 이미 디자인이 이러한 대상들의 세계를 미학적인 관점에서 포착하려한다고 말했다. 그러나 예술가가 기술자를 지배할 수 있다고 생각하면 우리는 아마도 꿈을 꾸는 것이리라. 그런 꿈은 어떤 유형의 장식적 대상들에게만 가능한 것이다. 예컨대, 사치품들이나, 뒤뽕Dupont 라이터, 등. '삶과 거주의 예술'은 대중적 예술이 아니다. 그런 것은 완전히 귀족 예술이다. 그리고 산업제품, 플라스틱 및 대량생산 제품은 그것이 무엇이든 미학적 이미지와는 거리가 멀다. 미셸J. Michel 이 지적하였듯이, "갤러리의 반짝거리는 전등불 아래 걸린 '문화적 대상들'과 의자, 테이블, 스탠드와 같은 '일상적 대상들' 사이의 한계는 아주 불명확하다. 그것들은 모두 똑같은 미학적 근원을 가지고서, 스타일적인 일치에 이른 것 같다…." 그것은 정말 정확하다. 그러나 우리는 바로, 한 편으로, 사치품들 속에66), 다른 한 편으로, 기술 수단들의 적절하지

---

66) 1977년 7월 「르 몽드」에 실린 사설 "사치와 발전은 마침내 모두에게 가능하다"에 이러한 오해와 관련된 아주 작은 사항이 있다. 모든 가능한, 그리고 미학적인 발전을 포함하고 있는 아름다운 신형 차가 그것이다. 사설은 그러한 차의 제조가 가능하게 하는 민주화를 주장하고 있다. 아주 잘 된 일이다. 하지만 1천만 원에 달하는 결코 가볍지 않은 가격은 최저임금의 3년 치에 해당한다는 것을 지적하고 넘어가지 않을 수 없다. 민주화?

않은 이용 속에 있다. 달리 말하면, 완전히 기만적인 만남 속에 있는 것이다. 사실, 대상들의 범람은 일상과 예술의 만남과는 전혀 다른 곳으로 이르게 하였다! 사람들은 우선 전통적으로 '예술적 대상'이라고 불렀던 것에 대한 의문을 제기하게 되었다. 모스67)는 몇몇 작품들은 오로지 미학적인 목적만을 위해 특별히 제작되었지만, 다른 것들은 다른 목적사냥, 거주, 마술, 등을 하고 있었고, 미학적 가치가 추가되었다고 생각했다. 이것은 고전적인 고찰인데, 지금은 문제시되고 있다. 프랑카스텔에 의한 문제 제기가 있었는데, 그는 미美를 고립시키거나 부가할 수 있는 대상 밖의 어떤 힘으로 정의할 수 없다고 생각하였다.그러나 프랑카스텔은 여전히 미를 예술의 척도로 채택하고 있음을 주목하자… 한 대상에 예술이라는 요소를 부가하는 것은 불가능하다. 그리고 한 대상이 미학적 표현에 불과하다는 것도 불가능하다. 대상은 총체적 인간의 생산품이다. 미의 절대적인 가치들의 척도 자체는 존재하지 않는다. 하지만 예술은 숙고적이고 작업적인, 뗄 수 없는 이중적 성격을 가진다. 예술 작품은 복합적인 하나의 전체인데, 이것이 예술 작품의 절대적인 특수성에 대한 가설을 배제한다. 예술의 생산물들은 단순히 그것만은 아니다. 아니 오히려 예술의 생산물들은 존재하지 않는다. 우리는 생산의 일반적 기술들로부터, 그리고 주변의 모든 실용적이거나 형상적인 대상들로부터 미학적 기능을 분리할 수 없다. 또한, 실용적인 대상들의 합리적 생산 속에 내재적 미가 있다는 생각도 배척해야 한다. 기계주의의 창조적 발전들과 살아 있는 예술 사이에는 대립이 없었다. 충분한 근거를 갖는, 그리고 어떤 면에서 기능주의를 상기시키는 그러한 주장은 기술적 생산을 열광적으로 받아들였던 시기의 특징이다. 기술은 자유주의적이고 진보주의적이었다. 그리고 기술에 의해 생산된 대상들의 세계는 예술적 대상들의 세계와 분리될 수

---

67) 역주) 마르셀 모스Marcel Mauss(1872-1950)는 프랑스 민속학의 아버지로 간주한다.

없었다. 기술의 대상들의 세계 속으로 재통합과 둘의 관계를 확인해야 했다. 그런데 인간이 대상들의 이런 침입에 대해 갑자기 혐오감을 느끼게 되었다. 그는 넘쳐나는 대상에 의해 자신이 사물화되는 것을 보았고, 느꼈다. 소비 사회에 대한 격렬한 반발이 있었다. 그러자 대상들의 세계에 연결된 예술적 대상이 이번에는 거부와 반발의 대상이 되었다. 더는 바라는 대상에 예술성을 삽입하거나, 둘 사이의 일관성을 확인하는 문제가 아니었다. 즉 플라스틱 제품들의 범람과 소비 사회에 대한 투쟁이었다!… 대상은 걸림돌이 된다. 그리고 어떤 이들은 예전의 유파들, 인상파, 입체파, 추상파 등에 대해 새롭게 해석하고 거기에서 대상에 대한 거절, 거부를 보고자 한다. "대상은 한 세기 전부터 투우장의 황소처럼 예술 안에 있었다"로제 보르디에68) , "예술에 대항하는 대상. 현대 예술의 전체 역사는 대상의 부침 역사이다", 1972 예술은 대상을 정복하려 했고, 그것을 제거하려 했었다. 극단적으로는, 사람들은 녹아버리거나, 저절로 파괴되는 생산물들을 제시한다. 그럼으로써 예술가의 행위가 대상으로 회수되지 않을 것임을 확인하고자 한다. 즉 대상들이 아닌 예술가들이 '개입한다'. 그들은 '성찰의 대상'을 제안한다.오염에 대해 '생각하게' 하기 위한 '순수한' 공기의 투명 컨테이너 모든 것이 이의제기 된다. 거기에는 누가 현장에서 제시하는 바로 그것의 생산도 포함된다. 그런데 대상에 대한 비판, 대상들 생산의 거부는 현대 예술이 기술적 사고방식에 완전히 종속된 것과 정확히 동시에 일어난다. 최근 몇 년 동안 사람들은 대상들의 넘쳐남을 무척 강조했고, 대상들의 시스템을 만들었다. 그러나 실제로는 이것은 그와 동시에 **행위적 수단들**, 즉 기술들을 위한 대상의 완전한 평가절하이다. 그런데 이러한 일반적인 지적이 예술의 경향에 의해 정확히 확인되었다. 예술은 다시 한 번, 기술적 현실의 모범적 예가 된 것이다.

---

68) 로제 보르디에(Roger Bordier, 1923-현재)는 프랑스 작가이며, 예술 비평가이다.

현대 예술은 완성된 생산물을 추구하지 않고, 오히려 **그러한 대상을 생산하는 수단을 가치화하려** 한다. 예술은 방법들을 위해 대상을 지워버린다. 사람들은 소설을 쓰는 것이 아니라, 소설을 쓴다는 사실에 관한 텍스트를 쓴다. 사람들은 그림을 그리는 것이 아니라, 그러한 기법과 관련된 기술을 조명한다. 그리고 예전에는 준비적인 데생이라고나 불렸을 것처럼, 작품의 부분적 요소들이 '예술 작품'이 된다. 그런데 이것은 수단의 우월성을 표현하고, 음악가나 건축가의 정신을 온통 차지하고 있는 방법들에 대한 강박관념을 표현하는 것뿐만 아니라, 더 나아가서는, 생산된 것은 결국 아무 중요성이 없음을 표현한다. 왜냐하면, 기술이 이 모든 것을 하게 해 주기 때문이다. 기술이 이 모든 것을 하게 해주기 때문에, 기술이 바로 미학의 대상이지, 아무거나와 그 창고에 불과한 이 모든 것은 미학의 대상이 아니다.

　사람들은 예술로부터 대상을 쉽게 몰아내지는 못한다! 게다가 나는 보르디에가 딜레마 중의 하나, 즉 대상의 거부 말고 다른 것을 할 수 없음을 이해했다고 생각한다! "대상이 이긴다. 대상은 자신의 유령, 자신의 몸, 자신의 현실, 그리고 자신의 은유가 모두 될 수 있다. 대상은 그런 식으로 남아 있다…" 누가 모델로서 그것을 무시해버려도, 그것은 저자의 의지에 반하여 은밀하게 나타난다. 하나의 얼룩은 항상 뭔가를 표현할 수 있다! 그림은 대상적인 자신의 현실로 되돌려지고, 음악은 음향적 대상들로 만들어진다. 누가 화폭에서 대상을 극단적으로 제거해버린다면, 대상은 이러한 결핍에 사로잡힌 관객의 정신 속에서 새로운 힘을 얻어 자기를 주장한다… 예술가는 항상 결국은 항복하게 된다. "그것은 사물들의 복수이다." 대상은 그 자체로 예술적임을 자처한다. 그것은 그 생경한 현재함 가운데서 생기를 띠게 될 것이고, 강제되게 될 것이다. 어떤 갤러리는 명칭이 '생경한 대상'objet brut' 이다. 대상 자체가 팝 아트가 그렇듯이 예술이 될 것이다. 팝은 기술적 대상들의 침략에 두 손을 든 것이다. 예술 작품은 포스터, 재활용된 일상용품, 쓰레기를 활용한 풍경의 흉내, 컴퓨터 계기판이 된다. 거기에는 우리 주변 환경의 시각적 청각적 요소들을 예술 속에 통합시키는 물신숭배가 있다. 일상적 신화에 속하는 모든 것이 예술 속으로 옮겨진다. 이런 팝 아트는 산업 생산물들처럼 자신의 작품들을 급증시킬 수 있었다. 사람들은 거기서 고전적인 문화를 거부하는 하부문화를 보았다. 아마도, 하지만 그것은 기술화된 대상들의 생산에 전적으로 동화하기 위한 것이다. 그러므로 우리는 여기서 대상의 승리를 직면한다. 팝 아트는 정확히 비너스 여신의 승리 전환이다. 그런데 비너스 여신은 산업 플라스틱이 되었다. 이것은 동시에 예술가의 창조적 태도의 극단적인 패배이다. 통조림통에다 서명하기, 또는 코카콜라 병에다 칠을 더하기, 그것은 예술 세계에 이 대상들을 들어가게 하는 것이 아니다. 그것은 예술이 세상의 상징적 포착으로서 완전히 무기력하게 되었다는 것과 예술이 현대인의 관심과 숭배를 받을 유일한 대상으로서 플라스틱 라이터나 일회용 접시를 지정하면서 자신의 책무에서 손을 뗀다는 것을 증명한다. 그런데 그러한 견해 표명 역시 극단적으로 반박을 받았다. 대상의 홍수 앞에서 문제가 되는 것은 인상파나 추상파 화가들이 그랬듯이 더는 정복해야 할 대상이 아니다. 경험은 대상들의 승리로 끝난다. 사람들은 그에게서 벗어날 수 없다. 생산된 모든 것은 곧바로 회수되어, 곧바로 소비 세계와 대상들의 집요한 현재함 속으로 도입된다. 생산된 예술 작품은 그의 차례로 다른 대상들 사이에 분류된 하나의 대상이 되어, 냉장고와 안락의자 사이에서 자신의 역할을 하게 된다. 그러므로 간단히 타협을 파기해야 한다. 그리고 이것은 두 가지 방식으로 이루어진다. 하나는 조롱, 비웃음을 통해서이다. 사람들은 수많은 조롱의 표출들을 보게 될 것이다. 조각가는 마욜69) 이 조각한 님프상의 두 팔 안에 모자를 놓거나, 또는 까르뽀70) 의 「춤」La Danse에 카니발에 쓰는 모자를 덧붙일 것이다. 그런데 모든 조롱은 어떤 관객 앞에서는 의미가 없는 절망적인 저항으로 남는다. 조롱의 예술은 다른 모든 예술보다 더 귀족적이고, 결국 어떤 효과도 낳지 못한다. 게다가 그것은 조롱 예술이 추구하는 것이다.

엠마누엘 자까르Emmanuel Jacquart 71) 는 아르또, 베케트, 이오네스코와 아다모프로부터 출발하여, 좀더 구체적으로 이오네스코의 선언문으로부터 출발하여, 조롱극théâtre de la dérision에 대해 옳은 말을 한다. 그러나 이때의 조롱은 비판적 메시지와 더불어, 유일한 사건과 '순수한' 드라마의 추구를 포함한다. "순수성의 개념은 핵심적 개념이다. 그리고 우리는 그것을 음악과 추상 회화에서 다시 발견한다.72) 순수성은 **추상**에 의해, **유일한** 사건에 의해, **특수성**에 의해 도달될 것이다. 그러나 순수성은 메시지가 있다면 존재할 수 없다! 그것은 우리가 의미가 없기에 모호성이 없는 순수한 형태에 접근할 때만 생겨날 것이다. 베케트와 이오네스코는 이 두 방향이 폭발하고 찢어지는 합류점에 있다.

다른 흐름은 계속하여 대상들을 생산하는 것을 단순 무식하게 거부하는 것이다. 그래서 해프닝이 등장할 것이다. 그 자체가 대상이기에 텍스트도 더는 존재하지 않고, 연습도, 무대 장치도, 전제 조건도, 장식도 더

---

69) 역주) 아리스띠드 마욜Aristide Maillol(1861-1944)은 카탈로니아 출신의 프랑스 조각가이며, 화가이다.

70) 역주) 장 밥띠스뜨 까르뽀Jean-Baptiste Carpeaux(1827-1975)는 프랑스 조각가이며, 화가이다. 가르니에 오페라 하우스 정면 우측 장식 〈춤〉으로 유명하다.

71) 역주) 엠마누엘 자까르Emmanuel Jacquart는 스트라스부르 대학교수이며, 부조리극의 대가이다.

72) 자까르가 그랬듯이, 부조리극과 조롱 극을 잘 구분해야 한다. 사르트르와 까뮈는 우리로 하여금 세상의 모순에 대한 개념을 생각하게 하려고 부조리에 대해 견해를 개진했고, 고전, 전통극작품을 만들었다. 아다모프와 이오네스코 이래 사람들은 조롱을 통해 우리를 모순 속으로 빠져들게 하고, 모순에 대한 육체적인 느낌을 경험하게 하며, 모순을 직접 살게 한다.

는 존재하지 않는다. 만들어질 것이 만들어질 것이다. 그리고 더는 악보도 필름도 없을 것이며, 녹음도 없으며, 대상들인 카메라와 녹음기도 존재하지 않을 것이다. 그리고 음향 테이프 또는 영화 필름 또한 대상이다. 그리고 악보 또한 대상이다. 극단적으로, 의식 있는 예술가는 그러한 홍수와 투쟁하기를 원하고, 사물화를 거부하며, 모든 것이 '사회'에 의해서 보다는 훨씬 더 대상들의 세계에 의해 회수된다는 것을 이해했기 때문에, 자신에게 침묵을 강요하고, 순간적인 제스처 말고는 엄격하게 아무것도 만들지 않을 것을 강요한다. 그는 사물들의 세계 가운데 삶의 섬광 이외에는 어떤 객관화된 흔적도 뒤에 남기기를 원하지 않는다.73) 하지만 이 섬광은 창조적 섬광이 아니다. 왜냐하면, 이 섬광은 그렇게 하면 자신이 발생했었다는 증거로서 어떤 새로운 것을 남길 것이기 때문이다. 완성된 작품이라는 개념 자체를 파기해야 한다. 인간 마네킹이 콘서트 무대 위에서 피아노에 앉아 있는 「4′ 33″」란 제목의 케이지74) 의 유명한 '작품'이 그렇다. 4분 33초 동안 어떤 소리도 나지 않고, 그것으로 끝이다. '작곡dé-composition'은 완결되었다. 그러나 이것은 유명한 창작가이어야만 하고, 작품들이 그 창작 날짜들이 있고, 보존되어야 하며, 반복되어야만 받아들여질 수 있음을 지적하자. 침묵은 그 역시도 절망적인 포기이다. 즉 침묵은 모든 자리를 대상들에게 내어준다. 대상에 대한 격렬한 공격을 한 후에, 우리는 다시 승리하게 되었다. 하지만 가장 현대적인 예술의 가장 진지하고, 깊이 있는 이론가들과 함께한, 승리치고는…!

우리는, 마르셀 뒤샹처럼 놀라운 재능을 가진 화가가 자신이 위치한 환경이 불러온 조롱과 부정의 필연성에 의해 고갈된 것을 볼 때, 불안 속

---

73) 게다가 이런 거부는 아주 잘 다듬어진 기술적 표현을 취할 수 있다. 뉴욕에서 땡글리(Tinguely)에게 바친 그 유명한 찬사(1960)가 그랬다. "스스로 구성되고 파괴되는 예술품." "작품은 페인트와 소리의 효과를 내는 부품들의 결합이었고, 스스로 타버릴 것이다…"

74) 역주) 존 케이지(John Cage, 1912-1992)는 미국의 작곡가이며, 시인이고, 조형 예술가이다. 쇤베르크의 제자이기도 하다.

에 빠져든다. 완벽하게 기계적이고, 순응적인 세상에서 예술, 사회, 관객, 전문가를 향한 조롱 말고는 어떤 다른 출구가 있겠는가. 상자들, 평범한 대상들, 몽타주들 속에서 표현된 빈정거림, 모욕. 기술에 의해 건립되고 있는 세계의 한 조각이 되지 않고, 그 세계에 의해 회수되지 않으려는 의지 때문인 상상력의 고갈. 동시에 아무리 작게라도 그것을 문제 삼고자 할 때의 극단적인 무력감. 또는 케이지의 「아틀라스 에클립티칼리스」L'Atlas Eclipticalis. "98명의 오케스트라 음악가로 구성된 하나 : 2시간 40분 동안 자유로운 25,000개의 소리." 나는 이것을 15세기 이후부터 내려온 서양 전통 음악에 따라서 판단하지 않고, 모든 사회에서 음악이 가졌을 것 같은 기능으로부터 판단한다. 그렇다면 여기서 우리는 '조직되고-해체된' 소리의 자격을 박탈해버리고, 사회와의 모든 관계를 단절시킴으로써 그 작품이 표명한 대원칙으로부터 벗어나 버린다. 불행하게도 조롱을 통한 이런 단절의 노력은 결국 아무것도 문제 삼지 못하고, 예술가의 의도를 어중간하게 만들며, '무엇으로든지'로 이루어진 바다속에 머물게 한다.

사실 모든 것이 우리에게 끝없이 말하길, 예술은 단순히 대상의 생산자이다. 나아가서, 예술은 대상들의 창조자일 뿐이다. 당신은 예술이 뭔가를 전달할 권한을 부여받았다고 믿었는가? 결코 그렇지 않다! 의미, 주제, 이야기, 테마, 어법, '말할 것'도 없고, 의미 작용, 기의도 없다, 단순히 '거기에 있는 대상'만이 있을 뿐이다. 그것이 전부다. 소설, 그것은 대상이다. "텍스트의 존재 이유는 텍스트 안에 있지, 텍스트 밖의 흐름 속에 있지 않다. 이 흐름이 다양한 사회 통념들의 특혜를 누릴지라도 말이다. 그러므로 우리는 삶의 책에만 주어진 관심이 책의 삶을 은폐하지 않나 자문할 수 있다."리카르두75) 소비 사회와 대상들의 세계에 대한 더

---

75) 장 리카르두(Jean Ricardou, 1932-현재)는 프랑스 누보로망 작가이며, 문학이론가이다.

큰 찬사는 없다. 예술은 오로지 대상들을 만들기 위해서 존재한다. 타라부 킨 즉, 예술은 존재하는 것, 특히 자연 세계의 사물들을 재생산하는 것이 아니라, 생산자이다. 그것은 결국 산업과 같은 기능을 수행한다. 새로운 것들을 창조하는 것과 관련된다. 거기서 우리는 '구성주의' 보다는 '생산 주의' 를 보고 있다. 그리고 우리는 이 유파와 타라부킨이 왜 소비에트연방공화국에서 비난을 받았는지 이해할 수 없다! 표리부동함이라니! 이것은 기술적인 사물들이 아 니라, 기술적 사고방식 자체의 단순한 반영이다. 그러나 동시에, 여기서 는 예술이 대상의 침입 가운데 평가절하되었다는 것을 또한 의식해야 한 다. 한 '예술' 대상은 수천의 다른 대상들 가운데 자리하고, 더는 매력적 인 감상의 정점이 아님이 명백히 드러난다. 예술가는 날마다 기술 활동 으로 던져지는, 제품, 물질, 유용성, 필요, 기호의 놀라운 창조 앞에서 더 는 창작가가 아니다. 모든 창의력은 기술 가운데 집중된다. 기술로 생산 된 수백만 대상들은 화가나 음악가가 생산할 수 있었던 모든 것보다 기 술이 얼마나 더 놀라운 창의력을 갖는지를 보여준다. 그로부터 가끔 기계처 럼 빨리 생산하기를 추구하는, 예술가의 광기가 생겨난다. 하루에 한 개, 열 개의 작품을… 예술가는 여유를 창조할 수 없는 상황에 부닥쳐있고, 거대한 기술 사조 의 벼랑 끝에 서 있는 듯하다… 사회 전체 속에서 이것은 지적 활동들로 부터 다음 단계인 기계적 반사성의 단계로 이동으로 해석될 것이다. 처 음에는 설명적인 관조가 문제 될 것이고, 결국엔 무한한 복제가 문제 될 것이다. 이것이 우리가 현대 해석학의 문제들, 그리고 구조주의와 함께 확인하는 것이다. 그런데 과도한 기술적 창의력 때문에 수동적이 되어버 린 반사성의 우세는 지식인들과 예술가들의 더욱 완벽한 창의력 상실을 초래한다. 비창조성으로 **사실상** 축소된 이들은 이러한 상황에 대한 정당 화를 반사적 축소를 통해 찾는다. 악순환의 고리는 완결되었다. 그들은 그렇게 해서 기술 시스템이 그들에게 마련한 자리에 정확하게 배치된다.

기술적 현상의 압력 아래 대상만이 유일하게 중요한 모든 것이 된다. 의미, 아름다움, 표현, 커뮤니케이션, 가치, '도덕적 이상', 형이상학적 질문에 대한 추구는 회화를 보거나 음악을 듣는 것을 방해한다. 중요한 것은 회화 '그 자체', 음악 '그 자체'이기 때문이다. 채색된 대상일 따름이고, 그 뒤에서 찾아야 할 다른 것이 없다. 누군가는 마네가 그린 얼굴들에 대해 다음과 같이 쓸 수 있었다. "그 얼굴들에게 감정이나 생각을 묻지 마세요. 그것들은 정물의 고요함을 공유합니다. 그것들은 자기들이 제기하는 기술적 질문들에만 관심이 있는 회화적 조각들입니다." 앙리 루소, 일명 두아니에 루소76)의 나무로 된 인물상은 더욱 심하다. 원시주의? 그럴 수 있다! 그러나 인간이 다른 대상들과 더는 구별되지 않는 기술 시대, 대상 세계의 원시주의일 것이다. 그것은 회화적 조각이다. 그 이상은 아니다. 다른 사물들 가운데 대상으로 축소된 인간의 얼굴로서, 그것이 현대 회화의 위대한 작품 중의 하나이다. 단지 기술사회의 현실을 확인하고, 표현할 따름이다. 「르 몽드」지에 실린 프랑카스텔의 예외적인 선언이 그것을 명확히 해준다. "많은 지적이고, 교양 있는 사람들이 예술품 앞에서 '시각장애인이 된다.' 그들이 박물관에 가면, 그들은 무엇을 보는가? 그들은 제목을 담고 있는 작은 표지들을 본다. 그들은 주제들을 본다. 그들은 그림들을 보지 않는다. 반면 예술가나 예민한 사람이라면 사물들이 재현하고 있는 것이 아니라, 그림들 그 자체에 의해 충격을 받는다. 나는 그림의 주제를 보지 않는다. 전혀! 그것은 나의 관심을 끌지 못한다. 나는 바로 그림을 보기 시작한다. 그러나 화가에게 있어서 이것은 한층 더 강하다. 화가는 그림이 재현하는 것이 무엇인지 아는 것을 완전히 비웃는다. 그에게는 일관성 있는 전체적 관찰들을 표현하는 좋은,

---

76) 역주) 앙리 루소 Henri Rousseau(1844-1910)는 프랑스 화가이며, 소박파 화가들의 대표자이다. 예전의 직업이 세관원이었기에, 프랑스어로 세관원을 뜻하는 단어 두아니에(douanier)를 붙여 두아니에 루소로 불린다.

또는 나쁜 그림이 있을 뿐이다.「시대의 그물」Les grilles du Temps, 1977년 3월.

회화는 더는 다른 곳, 저 너머로의 탈출이 아니다. 화폭의 표면에서 멈춰야 한다. 게다가 사람들은 원근법이라는 인위마저도 거부한다. 모든 것이 회화적 지주물의 얇음으로 환원된다. 회화는 더는 생각의 출발점이나 무한의 상징이 아니라, '회화 자체인 회화', 대상인 회화이다. 앙드레 말로가 필사적으로 통합시키려 한 이 현대 예술은, 그가 바자를리 앞에서 회화는 끝났다고 비극적인 어조로 말했다 하더라도… 그가 예술에 대해 생각했던 것과 너무나 모순된다. 아마도 말로는 더 이상 의미는 존재하지 않고, 단지 대상들만이 존재한다는 바로 그러한 '관점'으로부터 의미가 있는 예술을 발견했고, 선포했을 것이다. 절망적인 회고일 따름이다. 마찬가지로 **텍스트**는 자체로 대상이 되고, 그러한 그대로 '성스럽게' 된다. 텍스트는 반복되는 독서와 분석의 그물 속에서 취해져야 한다. 그것은 성스러운 텍스트에 대한 히브리 신비 철학자의 관심, 또는 연구 대상에 대한 과학자의 관심을 받아야 한다. 대상으로 취해진 텍스트. 자신을 대상으로 여기는 작가. 모든 것을 대상으로 취급하는 대상적 소설. 그것에게서 벗어나는 것이 결코 쉽지 않다. 이 모든 것이 오직 창조의 완벽한 주체인 예술가의 창의력의 산물일 뿐이라고 믿기 또한 어렵다! 이 모든 일이 바로 사물화의 과정 가운데서 일어난다는 것은 결코 우연이 아니다! 그리고 우리는 음악이 같은 길을 간다는 것을 알고 있다. 음악은 소리적 대상들을 생산한다. 그것은 '다량의 소리'에 의해서만 구성될 수 있다. 아브라함 몰은 워너 메이어 에플러77) 가 주변 세계나 전자기기로부터 추출된 **모든 소리적 대상들**을 자기 마음대로 주워 모으는 음악가의 태도를 순수한 작곡이라 불렀다고 말한다. "소리적 대상은 물리적으로 세 가지 영

---

77) 역주) 워너 메이어 에플러 (Werner Meyer–Eppler, 1913–1960)는 독일 물리학자이다. 음성학자이며, 실험 음향 전문가이다. 순수하게 전자 수단만을 사용하여 음악을 제작하는 아이디어를 처음으로 제시했다.

억시간, 빈도수, 강도에서 정의되고, 몇 가지 수식어홈이 피인, 구멍이 많은, 조화를 이루는, 커지는 소리, 등에 의해 정의되는 다소간 길고, 복잡한 소리이다.” 그러나 중요한 것은 대상으로 여긴다는 것이다. 모든 경우에서 그러하다. 예술이 무엇이든지, 중요한 것은 결국 생산된 대상이다. 몇 년 전에 샤르보노가 협박하듯이 다음과 같이 썼다. “예술은 다시 현실에 대한 환상의 길로 들어서는 것 같다. 그러나 그건 아니다. 더는 신이 관련되지 않는다면, 회화가 관련되는 것이지 현실이 관련되는 것은 아니다….” 그렇게 되었다. 하지만 현대 예술가는 대답할 것이다. “물론, **유일한** 현실은 나의 그림 또는 나의 작곡이다.” 그리고 이러한 대상의 지배는 텍스트를 명확한 의미, 그리고 글을 쓰는 사람으로부터 분리하려는 의지와 일치한다. 언어는, 예술과 마찬가지로, 모든 의도적 의미 작용으로부터 분리된다. 대상은 단지 대상이기 때문이다. 프랑카스텔은 같은 인터뷰에서 의미 작용은 예술품을 설명하지 못하고, 작품은 모든 의미작용을 넘어서며, 예술가들은 사물들이 재현하는 것에 흥미를 갖지 않는다고 선언했다. “그들은 말을 통과하지 않는 외부 세계를 직접 지각한다. 그리고 그들은 지각한 것을 그대로 표현한다.” 그리고 프랑카스텔은 이것을 설명하기 위해 레제, 마티스, 들로네 등을 인용한다. 그리고 그것은 매우 정확하다. 그러나 이것이 현대적 사실이라는 것을 이해해야 한다. 항상 그랬던 것은 아니다. 렘브란트는 무엇인가 말하기를, 메시지를 전달하기를, 자신의 믿음을 보여주기를 숨김없이 그대로 추구했다. 그 나머지는 하나의 수단이었고, 다소간 적합하고, 다소간 진실한 도구였다… 그런데 누가 대상을 그 자체로 만들었다면, 왜 그는 그것이 개념적이거나 감정적 의미를 조금이나마 갖기를 바랄 것인가. 그리고 이 대상은 저절로 혼자서 말할 수는 있다. 그러나 현대 예술이 요구하듯이, 그것이 자신의 화자로부터 분리되었다면, 자기 자신에 대해서만 말할 수 있다. 롤랑 바르트78)는 이것을 강하게 환기했다. 특히, 『사드, 푸리에, 로욜라』1971에서 대상으로서 글쓰기는 텍스트의 내용보다 더 의미 있다. 그러므로 위에서처럼 **어떤** 의미 작용도 없다고 말하는 것은 정확하지 않고, 명확한 메시지, 화자가 말하기를 원했던 것, 그리고 '내용'과는 독립적인 의미 작용이 있다. 한 편으로, 예술 작품은 저자가 거기에 담기를 **원했던** (그가 원했다면) 의미나 메시지를 넘어서는 것은 분명하다. 그러나 다른 한 편으로 넘쳐나는 그것에만 매달리는 것이 합법적인가! 장광설이나 에피소드, 작품의 핑계 같은 의도적이거나 개념적인 의미를 경멸스럽게 취급하면서 말이다. 이것이 바로 오직 대상에게만 돌아가게 하는 것이다. 즉 누가 그렸는지, 작곡했는지, 썼는지 알 필요가 없다는 것이다. 그의 의도 또는 확신이 어땠는지도 알 필요가 없다. 대상은 지금 여기에 있다. 더는 에피소드도 없고, 의미도 없다. 대상에게만 몰두해야 한다. 그것이 전부다. 그런데 놀라운 것은, 우리 사회의 이러한 격렬한 충동에 사로잡힌 예술가는 그 자신도 무엇인가 말하기를 포기한다는 사실이다. 그래서 위에서 (그가 원했다면)을 괄호 안에 넣은 것이다. 이제 창작가는 대상을 제작한다. 그는 더는 아무것도 표현하기를 원하지 않는다. 그것이 상황을 단순화시킨다. 번역가와 창작가가 같아진다. 그런데 왜 이렇게 되었는가?

우리가 방금 언급한 모든 것들이 기술 과정에 완벽하게 일치한다는 것을 이해해야 한다. 예술 작품이 대상으로 환원되는 것은, 정확히 옛날 장인에 의한 수공적 창조가 대상들의 대량 생산으로 환원되는 과정이다. 제조자와 제품 사이의 단절, 생산자의 개인적 표시의 사라짐, 그리고 그 모든 것보다도 의미의 상실, 이 모든 것은 기술의 직접적인 산물이다. 거

---

78) 역주) 롤랑 바르트(Roland Barthes, 1915–1980)는 프랑스 작가이며 기호학자이다. 프랑스 구조주의와 기호학의 발달에 커다란 영향을 미쳤다. 대표적인 저서로 『현대의 신화』(*Mythologies*, 1957), *S/Z*(1970), 『사드, 푸리에, 로욜라』(*Sade, Fourier, Loyola*, 1971), 『텍스트의 즐거움』(*Le plaisir du texte*, 1973) 등이 있다.

대한 산업 과정을 통해 다량으로 제조된 대상이 어떻게 자체 이외에 다르게 생각될 수 있을까? 기술이 이러한 대상들을 제공하는 것은 명확하다. 그것이 전부다. 근원, 의도, 이 모든 것은 존재하지 않는다. 의미도 마찬가지로 존재하지 않는다. 왜냐하면, 기술은 그 자체가 의미를 배척하기 때문이다. 기술은 대상들을 생산하거나, 추상적 절차를 설립하는 **조작**으로 이르게 된다. 단지 만들기와 만들어진 것만이 있다. 의도나 목적은 결코 존재하지 않는다. 기능하기, 그것이 전부다. 그리고 예술 작품도 이제는 완전히 동화되었다. 한편으로는, 누가 작품이라고 제시한 것이 아주 신속히 낙후된다고 해서, 다른 한편으로는 그 제시된 것이 기술로 생산된 것과 정확히 일치하지 않는다 해서, 그 때문에 예술 작품의 부정이나 거부까지는 아니다. 코닐 라코스트79) 는 당연히 다음과 같이 자문할 수 있었다. 「르 몽드」(1967년 10월)

"이미 몇 해 전부터 사람들은 아방가르드의 기발한 작업들고철로 된 모빌, 콜라주, 쓰레기통, 타버린 나일론, 등이 50년 후, 우리 손자들의 다락방이나 지하실에서 발견될 때, 그리고 그것들이 훼손되지 않았다고 전제할 때, 예술품으로 인정될까 하고 자문할 수 있었다." "탱글리Tinguely가 손질한 펌프와 수세장치, 비죄Viseux 80) 의 쇠와 청동으로 된 구동축, 세자르César 81) 의 '압축' 또는 유명한 이브 클라인82) 의 파란 스펀지에 우리는 얼마만큼의 수명, 얼마만큼의 문화적 수명을 부여할 수 있겠는가? 그것은 주

---

79) 미셸 코닐 라코스뜨 Michel Conil-Lacoste(1923-2004)는 작가이며 기자이다. 오랫동안 「르 몽드」지 현대예술 평론가로 활동했다.

80) 역주) 끌로드 비죄(Claude Viesux, 1927-2008)는 프랑스 화가이며, 조각가이다.

81) 역주) 세자르 발다치니(Cézar Baldaccini, 1921-1998), 일명 세자르는 프랑스 조각가이며, 엄지손가락을 형상화한 대형 조각 작품과 자동차를 압축한 조각 작품으로 유명하다. 이브 클라인, 아르망, 탱글리, 니키 드 생 팔 등과 함께 누보 리얼리즘의 대표적 작가이다.

82) 역주) 이브 클라인(Yves Klein, 1928-1962)은 프랑스의 예술가이다. 그리 길지 않은 예술 활동에도, 전후 프랑스 전위예술의 가장 중요한 인물 중의 한 사람이다. 누보 리얼리즘의 작가이며, 화가이고, 퍼포먼스 창작가이고, 개념 조각가이다. 다양한 작품에 적용한 파란색으로 특히 유명하다.

어진 상황 속에서 그 작품들이 정당화되고, 문제 된 재료들이 놀랍도록 미적으로 승화되어, 우리의 지지가 합법적일 지라도 마찬가지다. 그리고 그러한 극단적인 작품들 가운데 어느 정도나 트럭 운전사의 부주의와 세관원의 잘못된 판단으로 망각의 쓰레기장에 던져지지 않겠는가? 흥미 있는 예들이 적지 않다.”

그런데 이것은 우리가 한 번 사용한 후에포장지들!, 또는 조금만 퇴색해도 버려버리는 기술사회의 수백만 제품들과 완전히 일치한다. 대상의 기승이란, 대상이 빠르게 낡아 버리는 것이다. 예술도 다른 제품들과 정확하게 똑같다. 예술은 시작부터 영원성, 지속성을 목표로 했다. 그것은 완전히 탈바꿈했다. 이제 그것은 대상화되었다. 즉, 예술은 의미, 영원과 존재의 영역을 벗어난다. 그리고 이것은 ‘메시지의 전달자’ 로서 예술도 마찬가지이다. 그것이 말하는 것은 항상 시사성인데, 이런 시사성은 최근 라디오 뉴스만큼이나 빨리 사라져버린다. 화가는 자신의 화폭 위에 알제리 전쟁에 대한 일간지 제목을 섬세하게 재생한다. 드라마 작가는 베트남 전쟁에서 받은 강한 충격을 표현한다. 그러나 이러한 사건들이 지나고 나면 아무것도 남지 않는다. 이렇듯 표현주의 자체도 기술사회로부터 만들어진 것이다. 아도르노가 보여주듯이, 표현주의 역시, 우리가 생각하는 것과는 반대로, 객관성이다. 표현주의의 내용인 절대적 주체는 절대적이 아니다. 즉 그의 고립 속에서조차 사회는 나타난다. 다시 한 번, 모든 현대 예술에서는 기술 사회의 알레고리의 문제이다. 그러나 이 알레고리는 기술 사회의 성격들과 방향들을 완벽하게 채택하였다. 연구를 더 깊이 해 보자. 어떤 생산 수준에서는, 항상 새로운 대상들을 생산하는 보편적 기술이 전혀 불필요하고, 헛된 것을 생산하는 것과 마찬가지로, 가장 효율적이고 합리적인 시스템이 어리석은 것과 일관성 없는 것을 창조하기에 이른다면, 마찬가지로, 새로운 객관성은 그것이 가장 혐오하는 것, 예컨대 장식, 바로크 양식 속에 떨어진다… 예술품 안에서 정해진 기능을 갖지 못한 모든 것은그리고 각각의 텍스트 안에서 기능들을 찾으려는 것이 바로 구조주의자들의 계획이다 작품으로부터 제거되어야 한다. 수사법, 채색장식, 바로크 양식, 이 모든 것은 제거되어 마땅하다. 그러자 완벽하게 합리적인 것이 비합리적인 것으로 귀착해버리고83), 완벽하게 기능적인 예술작품이 기능을 완전히 상실해버린다! 그러면, 우리는 **키치**84)라는 가장 기괴한 것 속으로 다시 떨어진다. 예술품 안에서 기능적이지 않은 것, 대상으로 환원시킬 수 없는 것을 부정한 바로 그 때문에 그렇게 된다. 왜냐하면, 대상이 거기 존재한다는 단순한 실존을 초월했던 것은 비기능적이었기 때문이다! 그리고 "예술 작품은, 아도르노가 말하듯이, 어떻든 현실일 수 없으므로, 모든 외양적 특성의 제거는 작품 실존의 외양적 특성을 더 숨김없이 그대로 두드러지게 할 뿐이다." 그런데 여기서 우리는 한 발자국 더 나갔다. 분명, 우리가 보았듯이, 예술 작품은 자기가 정말 현실이라고 주장한다. 기술적 산물로서 말이다. 즉 새로운 환경이다.

뒤뷔페의 여정이 여기에서 좋은 예가 된다.85) 수많은 방식을 사용한 이 예외적인 화가는 자신이 사용한 방식들에 근본적인 문제를 제기한다. 중요한 것은 문제 제기 방식 그 자체이다. 그의 생각과 추구는 기술 환경 속에 파묻힌 인간의 가장 진솔한 경험과 일치하고, 그의 방식은 자연적

---

83) 기술에서 합리적인 것과 비합리적인 것에 대해서는 샤르보노의 「시스템과 혼돈」 *Système et chaos*을 참고하시오.

84) 질로 도르플레스Gillo Dorfles, 「키치 Ⅱ」*Kitsch Ⅱ* (이태리판, 1968), 키치는 프랑스어로 번역할 수 없는 독일어이며, 재생산에 바탕을 둔, 대중에게 다가갈 수 있는 어떤 예술 유형을 가리킨다. 키치는 광고와 유행을 동반한다. 공동묘지의 조각상, 지하철 창살, 성 쉴피스 성당 근처 상점의 물건들뿐만 아니라, 라틴가를 채우고 있는 동양, 중국, 인도, 베트남, 에스키모 예술품을 또한 키치라 한다. 키치는 '아무런 생각이 없는 광고와 동일시되는 안 좋은 취향의 유행'과 일치한다. 키치는 어떤 창의력도 없이 예술의 외형적 형태를 지닌다. 컴퓨터는 키치만을 생산할 수 있다. 그것은 키치가 대량으로, 예전의 독창적인 형태의 반복으로만 이루어지기 때문이다.

85) 로로(Loreau), 『장 뒤뷔페, 창조의 전략』(*Jean Dubuffet, Stratégie de la création*, 1977).

환경에 관한 기술의 방식 그 자체이다. 그는 회화의 모든 전통에서 벗어나고자 할 뿐 아니라, 문화 전체, '문화적 정신', 그리고 인간이 항상 살아온 환경에 문제를 제기하고자 한다. 뒤뷔페는 외양들을 '분해할' 것이다. 생경한 예술. 더는 대상의 부정이 아니라, 물질 자체의 부정이다. 모든 것이 사용된다. 물감, 석고, 진흙, 찢긴 종이, 홈, 도려내기, '칼날 자국, 못과 바늘 자국'. 한 번의 동작으로 생산이면서 해체, 형상화이면서 탈형상화이어야 한다. 물질과 대상들을 거부하고, 해체하기 위해 그것들의 내부로 잠수하기. 외부를 통한 모든 건축은 사라진다. 그는 '이름 붙일 수 없는 것' 속으로 잠수한다. 페인트나 역청의 흘러 내림들은 더러운 것, 혼란스러운 것, 다시 만들 수 없는 것이다… 그는 분해한다, 물질 자체가 분해되는 것 같다. 그는 형태로부터 떨어지고, 가공되지 않은 물질은 그의 표현의 장소이다. 그러나 쓰레기들, 폐기물들, 광석 찌꺼기들, 쓰레기통의 내용물들 같은 물질의 가장 낮은 단계에서, 그는 인간을 대상으로, 대상을 물질로 파기하고, 물질 자체를 붕괴시킨다. 이것이 기술적인 내적 붕괴를 통한 옛 세계의 해체이다. 하지만, 곧 "왜 재료가 스스로 자기의 형상들을 만들게 내버려두지 않는가?"라는 질문을 한다. 그러면 용해나 분해에 이은 두 번째 시기에 '물질들의 발명'이 어김없이 찾아온다. 즉, 자신으로부터 추방당한 화가는 주문하고, 만들어내는 물질, 재료들에 복종한다. 그래서 가장 인위적이고 합성적인 재료들, 가장 첨단 기술의 화학적 산물들을 가지고 화가는 물질을, 가공되지 않은 물질을 다시 만든다. "그것들은 착각을 일으킬 만큼 자갈, 흙, 자연 물질들을 모방한다. 그런데 거기에는 인위적이지 않은, 화학적 공작의 대상이 아닌 것은 결코 존재하지 않는다." 물질의 회귀, 그러나 그것은, 화가에 의해 제조된 **외양으로서** 이다, 그래서 대상의 거역할 수 없는 회귀이다! 그리고 뒤뷔페의 모든 여정우리는 세 번째, 네 번째 단계는 보지 않을 것이다. 86) 은 전형적으로 창조주인 기술의 주장을 완벽하게 표현한다. 자연과 물질의 모방과 재생 과정 자체 속에서 그러하고, 이 물질을 기본적인 구성 인자들로 분해하고, 자연적 대상을 제거한 후에, 새로운 세계의 무수한 대상을 만들어 내는 그 인위적 방식들을 통해서 그러하다. 그래서 뒤뷔페는 하루에 하나, 때로는 단 하루 만에 몇 개씩, 대량으로 이 부정형의 대상들을 광적으로 생산할 것이다.

따라서 우리는 여러 면에서 현대 예술과 기술 시스템의 동일화를 보았다. 이 기술 시스템은 우리가 예전에 상투적으로 생각했던 것과는 다른 차원에 위치한다. 기술과 마찬가지로, 예술가는 자신이 포착한 것을 사물들로 환원시킨다. 뷔또르87) 는 「산 마르코 성당 묘사」또는 「초당 6,810,000리터의 물」에서 그것을 명확하게 설명한다. 즉 단어들은 자갈들이고, 그것들의 적당한 구성은 독자들에게 베네치아의 산 마르코 성당을 복원시킬 것이다. 그러니까 묘사를 통해서가 아니다. 또는 단어들은 떨어지는 물방울들인데, 그것들의 충돌이 나이아가라 폭포의 움직임을 만들어낸다. 단어들은 무엇이건 될 수 있는데, 의미를 담는 단어들은 제외한다. 그리고 우리는 이런 뷔또르의 글 속에서 놀랍게도 거대한 기술 과정에 상응하는 것을 찾아낸다. 즉 그러한 마술 같은 작업 덕택에 우리는 수천 년 전부터 존재하고, 만들어진 것, 예컨대 북극광 같은 것을 인위적으로 만들어내고야 말 것이다. 정말 감탄스럽다. 뷔또르는 똑같이 단어들을 가지고 산 마르코 성당을 다시 만들어 줄 것이다. 그가 성당으로부터 받은 인상이나, 성당이 불러일으키는 생각들을 주는 것이 아니다. 그런 것들은 새롭지 못하다. 아니다. 산 마르코 성당 그 자체이다. 그

---

86) 이 모든 것은 다음에 출판될 자세한 연구 속에서 설명될 것이다.

87) 역주) 미셸 뷔또르 Michel Butor(1926−현재)는 프랑스 시인이며, 소설가이고, 수필가이다. 누보로망 계열의 작품들을 쓴다.

런데 성당은 이미 존재한다… 그것을 다시 만드는 것이 무슨 소용인가? 유일한 의미는 마술적이고 기술적인 작업의 매력이며, 주체의 사라짐이다. 뷔또르는 전적으로 기술 시스템에 속한 탁월한 기술자이다. 엄격히 그 이상은 아니다. 여기서도 우리는 기술의 직접적인 영향을 크게 넘어섰다. 키리코[88], 레제는 기술 위에서 기술에 대해 그렸다. 나아가서 그들은 인간과 기술의 충돌을 번역했다. 우리는 그 너머에 있다. 즉 인간도 없고, 비극적인 사건도 없고, '미래의 충격'도 없다. 예술가는 유희 속으로 들어가, 자신의 작품 속에서 기술의 본질을 표현한다. 그는 **기술에 대해서**가 아니라, 자신이 그렇게 하지 않으려고 하는 그만큼, 기술의 심오한 성격을 그리거나 쓴다. 그는 그런 기술을 **알지** 못한다. 기압계는 주변의 압력에 관해 이야기하지 않는다. 그것은 무엇이 문제인지 알지 못한다. 기압계는 압력을 번역한다. 그것이 전부이다. 정말 현대적인 예술가는 그렇다. 그리고 그것이 실질적으로 그가 사는 세계이기 때문에 그는 다르게 할 수가 없다. 따라서 마지막으로, 르네 퀴링은 전 세계에서 오는 단파 방송들의 기록들 위에서 작업한다. 그것은 소음, 삐삐거리는 소리, 불분명한 말소리, 잡음, 꺼져가는 소리, 폭발음, 날카로운 소리, 욕하는 소리를 결합한 것이다. 즉 우리가 단파 지역에서 라디오 채널을 맞출 때 들을 수 있는 것을 재생하는 것이다. '예술 작품'의 유일한 특징이란, 누가 그것을 **생산하려는**, 정리하고, 질서를 부여하려는 의지를 갖는 것이리라… 그런데 규칙들에 따라? 음악의 법칙들에 따라? 규범에 따라? 알 수 없다… 따라서 기본적 소리는 새 소리나 바닷소리가 아니다… 그것은 기계에 의해 녹음되고, 생산된 기계 소리이다. 인간은 환경을 표현하지만, 기계 소리 외에는 다른 것을 만들어내지 않는다. 그는 작동 중인 기

---

88) 역주) 지오르지오 드 키리코(Giorgio De chirico, 1888-1978)는 이탈리아 화가이며 조각가이다. 현대성의 상징으로 '형이상학적' 작품들을 그렸고, 초현실주의자들의 찬사를 받았었다.

계를 표현한다. 그 자신이 기술을 옮기는 기술자이다. 기술과의 관계에 의하여 그의 존재나 마음이 동요되는 것은 아니다. 그는 오로지 자신의 기술 시스템에 대한 적응의 수준에 위치한다. 그리고 그가 매력적이고, '아름답고', 상쾌하고, 감각적인 그 무엇도 전달하지 않는다면, 그것은 대상들의 세계와 기술 구조에 대한 혐오를 인식하게 하려는 **목적 때문이** 아니다. 결코 그렇지 않다. 이것도 예전의 것이다. 그것은 오로지 이제부터 획득된 이 세계, 우리들의 세계에 대한 충실한 해석자로서이다. 문제제기와는 아무 관계가 없다. 사실은 그것이다. 예술은 이제 대상과 사물의 힘을 깨닫는다.

이렇듯 이 예술은 기술 현실의 반영이다. 그러나 이미지를 돌려주는 거울처럼 예술은 기술 현실을 알지 못하고, 식별하지 못한다. 예술은 기술 현실의 지표에 지나지 않는다. 화가, 영화감독, 음악가, 조각가는 이 기술 시스템에 대해 정말 아무것도 이해하지 못한다. 담론을 펼칠 때 그들은 엉뚱한 말을 한다. 하지만 그들은 그럼에도 기술 시스템의 탁월한 증인들이다. 동시에 예술은 현실 밖으로 벗어나는 거대한 탈출구이다. 탈출 과정의 메커니즘은 이중적이다. 그리고 이것은 앞에서 연구된 모순과 일치한다 때로 예술은 우리에게 또 다른 현실을, 즉 본질적으로 정치나 마르크스 개념을 말하고, 우리의 관심을 실질적인 현실로부터 돌려, 붉은 풍선들에 고정하게 한다. 정치적이거나 혁명적인 문제들을 유일한 결정적 요인처럼 지적하면서, 이 예술은 이 시대의 구체적인 상황 속에 존재하는 문제들로부터 우리를 돌려세운다. 이럴 때 예술은 망상과 환상의 창조자이다. 때로, 이 예술은 우리를 순수함, 차가운 이론, 초현실성, 형태 가운데 세우기를 주장한다. 그리고 이것은 우리를 '절대' 로 인도하는데, 이 절대란 사실은 단순한 돌려세우기에 불과하다. 그렇지만 한 가지가 남아 있다. 때때로, 우리가 보았듯이, 이 창작가들은 산업 세계, 구체적 음악,

예언적 영화 등을 설명한다고 주장한다. 그럴 때 그들은 이 세계의 의미를 모두의 눈에 불현듯 드러나게 하는 사람들이 아닐까? 실제로는 아니다, 왜냐하면 어떤 이중적 반응이 발생하기 때문이다. 전문가의 경우, 그는 이 작품들의 기술을 고려하고, 그 외에 다른 것들은 신경 쓰지 않을 것이다. 관객의 경우, 그는 불편함, 불쾌감을 느낄 것이다. 즉 그런 음악은 불쾌하고, 몬도가네[89]는 흉측하다… 그의 반응은 다음과 같을 것이다. "내가 사는 세상은 이렇지 않다! 나는 내가 사는 세상을 이런 이미지나 이런 소리보다 더 좋게 수용할 수 있다. 세상이 이처럼 끔찍하다는 것은 사실이 아니다." 결국, 말은 않지만, 관객이나 방청객은 그들이 배척하는 이미지보다는 그나마 나은 이미지에 의해 만들어진 삶을 수용하게 된다. 기술 세계는 지옥이 아니다. 그것은 더 치밀하다. 그래서 지옥의 이미지는 우리로 하여금 기술 세계를 감사히 받아들이게 한다. 이렇게 예술은 때로는 참을 수 없는 기술을 보상해주는 메시지를 담기도 하고, 때로는 그 기술 자체를 정확히 반복한다. 하지만 예술은 언제나 기술과 관련하여 위치 정해지고, 모든 유파와 모든 표현 속에서 순응하게 하는 역할을 정확히 수행한다.

---

89) 역주) 「몬도가네」*Mondo Cane*는 1962년 이탈리아에서 제작된 다큐멘터리 영화이다. '개 같은 세상'이라는 의미의 이 영화는 파올로 카바라(Paolo Cavara), 괄티에로 야코베티(Gualtiero Jacopetti), 프랑코 프로스페리(Franco Prosperi)가 감독했다. 서구 관객들에게 충격을 줄 목적으로, 기이하고, 끔찍한 전혀 다른 다양한 세계 문화들을 모은 것이다.

Ⅲ. 메시지와 보상

우리는 여기서 두 얼굴의 미학 야누스의 첫 번째 얼굴에 접근한다. 그리고 이 첫 번째 얼굴도 두 얼굴을 가진다. 즉 현대 예술은 행위 수단, 지렛대, 메시지의 전달자로서, 자아 긍정이고, 이데올로기의 천명이다. 그러나 동시에 그것은 환경, 유희, 도피와 관련하여 보상이기도 하다. 그리고 이 두 길은 아주 밀접하게 연결되어 있다. 도피는 스스로 혁명적이라고 주장하고, 반면에 메시지는 보상적이다.

1. 기술은 이데올로기적 예술을 낳는다

오해하지 말자. 이 말과 함께 우리는 수없이 반복된 과학적 진실처럼 간주하던 도식으로 들어가지는 않을 것이다. 즉, "모든 것이 정치적이다. 모든 것은 계급투쟁이다. 모든 것은 이데올로기를 표현한다. 지배계급의 이데올로기를 표현한다. 지배적 사상은 지배계급의 사상이다," 등의 도식 말이다. 그런 유사 마르크스주의는 어디에서건 아무 가치도 없다. 다음과 같은 사실을 생각해보자. 1925년부터 1960년까지의 소비에트 예술이 어떻게 19세기 서구의 공식적 예술과 같았을까? 1955년 이후 미국을 포함한 서구 예술의 이데올로기가 어떻게 오로지 혁명적이고, 반체제적이었을까? 그것은 소비에트 연방에는 사회주의 혁명이 없었다거나, 부르주아 이데올로기가 1955년 이래 서구에서 더는 지배적이지 않았다는 말인가? 정말 골치 아프다. 그리고 1960년 이래 소련의 예술 이데올로기의 변화가 1890년 이래 서구에서 일어났던 변화를 어느 정도 정확히 따르는 것은 어떻게 가능한가? 사실, 마르크스에 의한 이데올로기 해석을 다시 취해야 한다. 반영, 베일, 정당화로서 이데올로기 말이다. 그러나 '계급' 지배라는 단순논리적 상황에 대해서가 아니라, 차라리 사회적 실재에 대해서이다. 이 새로운 현실은 기술 사회이고, 마찬가지로 지배 관계들을 내포하지만, 더는 19세기의 관계들은 아니다 이데올로기는 이 현실을 베일로 가리면서, 동시에 정당화하는데 공헌한다. 특히 예술이 담고 있는 이데올로기가 그러하다. 우리는 여기서 서구 19세기의 이데올로기는 어떠했는지 보는 것으로 제한할 것이다. 그러나 마르크스에 의해 분석된 세 가지 역할에 보상의 역할을 덧붙일 것이다. 예술은 실제 사정의 현실과 관련된 보상 현상이다. 우리는 이것에 대해 다시 말할 것이다. 그런데 해야 할 첫 번째 지적은 예술에서 이데올로기적 사실의 증가이다. 내가 보기에 우리는 중대한 변화의 와중에 있다. 하지만 역사상 유일한 것은 아닐 것이다 예술은 항상 상징화 기능의 산물 중의 하나였다. 그런데 우리는, 앞 장에서, 기술 환경이 상징화에 호의적이지 않고, 상징화가 축소됨에 따라 이데올로기화는 증가한다는 것을 보았다. 사람은 의식적, 의지적으로 이데올로기적인 내용을 삽입하고, 이렇게 삽입된 내용은 비의지적인 이데올로기 내용 위로 겹쳐지며, 예술에 의미를 준다. 예술은 상징화로부터 오는 의미를 상실하였기 때문이다. 따라서 한편으로, 예술가가 표현하기를 원하는 의지적 이데올로기예컨대 혁명적 메시지가 있을 것이고, 다른 한편으로, 같은 예술적 활동이 비의지적 이데올로기 역할을 할 것이다. 예컨대, 기술 현실을 베일로 가린다든가, 또는 그것을 정당화한다든가, 또는 관객에게 '긴장을 풀고', '발산할' 기회를 주면서, 기술 환경에 존재하는 참을 수 없는 것을 보상해주는 것이다. 그런데 상징화와 이데올로기화, 이 두 현상은 똑같은 수준에서 작동하지 않는다. 상징화는 확실히 최후의 문제들, 즉 세상과 삶의 의미, 영원과의 관계또는 부재, 근원 또는 죽음과의 대면, 등과 관련된다. 반면에 이데올로기화는 훨씬 즉각적이고, 가까운 문제와 관련된다. 이데올로기화에 의한 상징화의 대체는, 수많은 연속적인 코페르니쿠스적 혁명 중의 하나이다. 즉 모든 것을 인간의 수준에 맞추고, 모든 것을 현재의, 그리고 정치적 삶에 집중한다. '다른 곳'은 존재하지 않고, 의미도, 저 너머도, 영원도 존재하지 않는다. 인간은 그의 즉각적인 삶 가운데, 그의 시간적 차원 가운데, 외적 존재가 아닌 내적 존재 가운데, 사회성 가운데 존재한다. 이제부터 사람들이 고려해야 할 모든 것은 정치적 현실이다. 그런데 '코페르니쿠스적 혁명'은 상당 부분 기술의 작품, 혹은 사회 전체의 기술화의 작품이다. 인간 세계가 오로지, 모든 것의 주인이고 척도인 인간에게만 귀착되기 때문에, 상징화가 작용할 가능성은 점점 더 작아진다. 물론 이것도 기술화의 결과 자체이다. 역으로 기술화는 이데올로기화를 포함한다. 이데올로기가 없다면 기술의 모험과 같이 거대한 모험 속으로 뛰어드는 것은 불가능하다. 인간에게 이데올로기적 동기 없이 그렇게 엄청난 노력을 요구하는 것은 불가능하다. 결국, 시스템의 현실을 베일로 가리면서, 동시에 그 시스템을 결과들 속에서 받아들이도록 하는 이데올로기가 없다면, 그렇게 엄격하고, 살기 어려운 시스템을 만드는 것은 불가능하다. 그러므로 시스템이 엄격하고, 경직되고, 전제적일수록, 그리고 어떤 의미로 비인간적일수록, 시스템은 자신이 어떤 것인지 인식하지 못하게 하고, 인간에게 상황을 참을 수 있게 하는 보상들을 제공하는 이데올로기를 퍼뜨려야 한다. 자동차의 경우, 가격, 교통체증, 모든 종류의 불쾌감, **분명한** 오염, 도시의 격변 등을 속도에 대한 열정이나 사회적 특권의 과시 등으로 가리거나, 보상한다 그런데 이러한 이데올로기는 동시에 이러한 현실에 대한 인간의 본질적인 거부를 표현한다. 인간은 자신 고유의 삶이나, 예전 삶의 양식, 정치, 또는 기술 시스템의 한 측면조차도 거부한다. 근본적인 거부가 있다. 하지만 그것은 바로 이데올로기적 통로를 통해 표현되면서 **그 수준에서 고갈된다.** 보상은 거기에서 이루어진다. 즉 사람들은 문제가 되는 시스템을 이데올로기적으로 공격한다. 그리고 이것이 이루어지면, 사람들은 매우 만족해서 그 이상으로 나가지 않는다. 이데올로기는 반체제적이라는 바로 그러한 면에서 현실을 정당화시킨다. 그러나 그것은 비인간적인 것에 반대하는 인간의 공격적 역량들을 제거하고, 고갈시킨다는 점에서 두 번째 단계의 정당화이다. 이렇듯, **이러한 방향에서, 그리고 시스템에 대하여,** 이데올로기는 필연적으로 반체제적이다. 나는 항상, 그리고 모든 경우에서라고 말하지는 않았다 그런데 이러한 거부, 반박은 인간에게 시스템에 참여하면서, 그리고 결과적으로 그것을 받아들이면서, 자신을 달래게 해주는 바로 그것이다. 인간이 찾는 것은 이러한 방향, 기술의 모험, 기술의 작업 속으로 뛰어드는 것이 잘한 일임을 증명하는 것이다. 그리고 인간은 자신이 자유롭다는 것을 증명하면서 그것을 증명할 수 있다. 따라서 그는 자신의 세계를 비난하고, 거부와 반발의 태도를 보이는 것보다, 어떻게 그 증명을 더 잘할 수 있겠는가? 그것은 인간의 작은 자존심 또는 명예이다. "내가 기술 시스템에 굴복하지 않았다는 증거는, 내가 윤리와 금기의 파괴자이고, 내가 꼴통 혁명가라는 것이며, 내가 부모나 대통령에게 욕을 하는 것이다." 그러나 외적인 스캔들은 단순히 성공의 한 요인일 뿐이다. 모든 것이 아주 빨리 마모해버리고, 사회의 반응은 진정한 스캔들을 일으킬 사람들에게 결코 효과가 없다. 두 가지 가정이 가능하다. 하나는, 스캔들이 아무런 중요한 것도 담고 있지 않기 때문에 허구적인 경우이고,

다른 하나는, 사회가 완전히 해체되는 경우이다. 롤링 스톤즈[90] 가 대표적인 예이다. 즉 그들은 관객을 모욕하는 건달들이고, 수많은 경범죄를 저지르며, 지옥 같은 소리를 위해 음악은 부재하고, 마약을 복용한다. 영국에서 약간의 애매한 반응들이 있었고, 위배를 생각하는 젊은이들의 열광적인 환영, 엄청난 수입, 계산된 폭력과 모욕들, 돈의 승리 말고는 메시지의 완벽한 부재가 있었다. 그리고 물론 상류층으로의 진입도 있었다. 1975년의 롤링 스톤즈는 교양 있고, 첨단을 달리고 싶은 사람들에게는 하나의 스펙터클이었다. 그들은 관객에게 거짓 폭력, 거짓 불복종, 거짓 에로티시즘을 제공하여, 이 기술 세계 안에서 사는 어려움을 보상하도록 해준다. 적절하게 사용된 기술 도구들 덕택에, 사람들은 상상적인 머나먼 서부의 원시적 모험을 경험하고, 태풍과 같은 엄청난 소리, 약탈 등을 실제로 체험하는 인상을 받는다. 그리고 우리는 현존하는 세계에 반대한 그런 공격적인 외양을 경험하기 위해 돈을 낸다… 하지만 우리는 기술 시스템을 문제 삼기를 극도로 조심한다! 기술 시스템이 두려운 것은 그것이 돌이킬 수 없을 만큼 결정적이기 때문인데, 거꾸로 비판적 이데올로기는 우리가 사회에 의해 어떤 점에서도 결정되지 않는다고 말해준다. 물론, 기술은 전혀 문제시되지 않는다. 이데올로기는 인간의 불행을 모든 것, 아무것에나개발, 계급투쟁, 도덕, 교육의 부재, 오이디푸스 콤플렉스, 등 떠넘기면서 자신의 역할을 충실히 해낸다. 오직 기술에만은 전가하지 않는다. 그것은 기술이 결코 건드릴 수 없어서가 아니라, 단순히 가려져 잊혔기 때문이다. 그리고 누가 기술을 문제 삼으면, 그것은 곧바로 격렬한 반응을 불러일으킨다. 비판적 이데올로기는 누가 기술을 비난하는 것을 참지 못한다. 그럴 땐 그 이데올로기는 베일의 역할을 끝내고 폭로가 될 것이다. 하지만 그때는 이 이데올로기는 이데올로기이기를 멈출 것이다.

---

90) 역주) 롤링 스톤즈 (Rolling Stones)는 1963년에 데뷔한 영국 런던 출신의 록 밴드이다.

그리고 인간은 이데올로기에 집착한다. 인간은 필사적으로 자신의 이데 올로기들에 집착한다. 이데올로기는, 현실을 공격하면서가 아니라, 현 실이 아닌 것을 현실 자체로 간주하게 하면서, 인간에게 현실적 차원에 서 존재하지 않는 자신의 능력, 자율성, 통찰력, 행위에 대한 감정과 확 신을 준다는 면에서 현실에 대한 보상이다. 그런데 우리가 지금까지 서 술한 모든 도식은 현대 예술의 특징이기도 하다. 현대 예술은 이러한 이 데올로기의 특별한 도구라는 점에서 이데올로기적이다. 현대 예술은 비 판적이고, 보상적이다. 그것은 방광들을 등불들로 생각하게 하고, 즉, 인간 의 관심을 거짓 문제들에 잡아 놓고 예술 자신을 실제로 받아들이게 한다. 그러나 그것은 거짓된 실제이다 현대 예술은 인간의 자위 과정이다. 인간은 예술에 의해서가 아니면 자신을 더는 문제 삼지 않는다. 즉, 인간은 본질적인 것 만 빼고 모든 것을 문제 삼는다. 본질적인 것은 더는 신이나 윤리가 아니라, 기술이 나 권력이다 그리고 예술은 베일과 보상의 표현으로 이데올로기의 전달자 일 뿐 아니라, 그 자신이 베일이고 보상이며, 그 자체가 이데올로기이다. 그런데 이것은 예술 자체가 기술 시스템의 필수적인 한 부품이기 때문에 그만큼 주목할 만한 것이고, 예술이 현대 이데올로기 과정에서 선택받은 자리를 차지하는 것도 그 때문이다. 실제 사정은, 우리가 보여주었듯이, 예술은 모든 면에서, 예컨대, 재료들, 방식들뿐만 아니라, 정신상태에서 도 오직 현대 기술 덕택에 존재한다. 예술은 그 자체가 기술들을 사용하 는 기술이고, 기술 시스템의 가장 중요한 형태이며, 그것은 예컨대 대중 전달매체로부터 형성되고, 동시에 이데올로기, 베일, 그리고 보상이다. 예술은 극단적인 환상의 생산자인데, 이 환상은 자신이 가리는 것을 전 파하는 그만큼 더 절묘하다. 그리고 예술이 점점 더 기술화됨에 따라 속 임수는 더욱 교묘하게 행해지고, 예술은 더 비판적이고, 더 터무니없어 지며, 모든 것을 주저하지 않고 비난하는 저주받은 예술가들, 대단한 파렴치한들의 작품이 된다. 그러면 사람들은 예술가가 사회적 기능을 하고 있다고 선언할 것이다. 선언된 이데올로기 속에서 예술가는 위대한 혁명가이다. 그는 "그를 찬양하고, 그리며, 사랑하고, 그를 이해하려고 애쓰며, 그에게 말하고, 그에 대해서 말하고, 그를 가리키는, 투쟁하는 시민과 좋은 사이를 유지해야 한다"_{알레호 카르펜티에르,} 91) 이것이 베일이다. 하지만 예술의 효과적이고, 실질적인 사회적 기능은 폭력 자체 또는 기발함을 통해 현실에서 벗어나게 하거나, 인간이 처한 끔찍한 조건을 계속 참아내도록 기술 자체를 가지고 환상적 세계를 가공하는 것이다. 좀 뒤에, 자유로운 인간의 원형으로서 예술가를 다루게 될 때, 우리는 이러한 측면을 다시 보게 될 것이다. 그런데 예술가는 우리가 훨씬 앞에서 강조한 모순들 속에 갇히게 된다. 게다가 지금까지 예술은 항상 상징화하는 기능을 표현했는데, 이것이 더는 불가능하다. 이것은 가혹한 압박인데, 그것이 바로크적이고, 괴상하고, 절망적이고, 헛소리하는 예술적 표현을 이끌어 낼 것이다. 게다가 상상적 박물관을 가능하게 하거나, 대중 전달매체를 사용하는 기술 시스템은 지금까지의 **모든 것**, 즉 예술의 의미나 조건과 비교하면 매우 새로운 상황 속에 예술가가 자리하게 한다. 더는 가능하지 않은 과거로부터 탈출은 불가피하다. 그러나 정말 참을 수 없는 이 상황을 피하는 것도 불가피하다. 그것들에서 벗어나기 위해 현대 예술가는 그를 둘러싼 이데올로기_{사회적, 형이상학적, 정치적 이데올로기}에 빠져들 것이고, 그것들을 표현하기 시작할 것이다. 예술가 자신의 발명, 창조는 존재하지 않는다. 비판적 이데올로기 공동체가 기술 시스템 안에서 유일한 가능성이기 때문에, 그는 그 안으로 들어간다. 그는 가장

---

91) 역주) 알레호 카르펜티에르 Alejo Carpentier(1904-1980)는 쿠바의 소설가이며 수필가이다. 라틴 아메리카 문학에 지대한 영향을 끼쳤다. 혁명에 참가하였으며, 외교관으로도 활약하였다. 대표작으로는 『에쿠에 얌바 오』 *Ecué-Yamba-O*(1933), 『이 세상의 왕국』 *El Reino de Este Mundo*(1949), 『잃어버린 길』 *Los Pasos Perdidos*(1953) 등이 있다.

잘 보상하는 것, 즉 현대 인간의 세상살이를 가장 잘 허용해줄 것을 찾을 것이다. 작은 예를 들자면, 자연 풍경이 매연으로 덮이고, 도시의 공기는 더러워지고, 분위기는 더는 밝지 못하고, 사람들이 훗날 오염이라고 부르는 길에 들어서는 순간에, 사람들은 회화를 통해 빛, 진정한 태양을 찬양한다. 모든 것이 공기처럼 가벼워진 이 순간에, 회화가 좀 더 밝고, 좀 더 강렬한 바로 이 순간에, 사람들은 아스팔트로부터 눈을 돌린다. 사람들은 산업화 과정에 의해 점차 제거되는 빛, 역설적이지만 그 빛의 보상이 되는 빛에 대해 말하기를 멈추지 않는다. 빛은 1880년대의 커다란 테마인데, 미묘하고, 모호하며, 수많은 뉘앙스로 분해된다. 그리고 사람들이 그림이 '창'이라는 것을 부인하는 바로 그 때에, 그림은 창처럼 거기에 존재하지 않는 그 현실을 당신에게 가져다준다. 우리는 이러한 예들을 무한히 계속할 수 있다. 우리가 실용주의를 거부하는 예술을 만날 때에, 어떤 건축가는 가우디92) 나 필립 존슨93) 처럼 하기 시작할 것이며, 기능주의를 극단적으로 거부할 것이다. 국제적 스타일의 원칙을 옹호하는 필립 존슨은 순수한 형태의 건축 영역을 탐구하고, 구조적 건축을 끝내며, 키리코의 그림에서 나온 것 같은 건물들을 짓는다. 그리고 실용성을 거부하는 예술, 무상의 예술과, 정치적으로 참여한 이데올로기적 예술 사이에 모순이 있는 듯하다. 그런데 전혀 그렇지가 않다. 갈등은 극히 형식적이고, 외형적이며, 표명된 확신들이라는 피상적 수준에서 발생한다. 사실, 예술의 두 이데올로기의 기능은 똑같다. 두 경우에서 문제는 기술 시스템의 실제를 부인하고, 관객의 주의, 관심을 다른 것에 고정하는 일이다. 단지 길이 다를 뿐이다. 예술이 정확히 반기술적인 일시적 폭발로

---

92) 역주) 안토니오 가우디(Antoni Gaudí, 1852-1926)는 카탈루냐 아르 누보를 대표하는 스페인 건축가이다. 그의 일곱 작품은 '가우디 작품'이라는 이름으로 유네스코 세계문화유산으로 지정되었다.
93) 역주) 필립 코텔유 존슨(Philip Cortelyou Johnson, 2906-2005)는 현대건축과 포스트모더니즘의 가장 영향력 있는 미국의 건축가이다.

귀착할 때도 마찬가지다. 그것은 오로지 세척제로서 끝나기 때문이다. 하지만 **정신적** 세척제가 아니라 **덧없이 사라지는** 세척제이다. 해프닝은 자위적이고 보상적인, 다음날이면 기술적 기능을 다시 취하도록 해주는, 위장된 비판의 탁월한 형태이다. 이것이 70년대 초 미국에 창궐했던 '오프', '오프-오프', '오프-오프-오프'94) 의 모든 현상이다. 끔찍한 상업성에 대한 거부, 순화된 예술로의 열림, 입소문으로 퍼지는 전시와 공연, 광고를 거부하기 위한 은밀한 존재, 작업 중의 아틀리에 공개, 작품의 미완성, 스캔들과 도발의 추구… 사랑이 기술 세계로부터 추방되었기 때문에 포르노보다 더한 공연들, 철과 전기가 한창인 시기이기 때문에 깨끗한 나체성… 하지만 이 모든 것은 보상 그 이상은 아니다… 절망적으로, 예술의 이러한 충동은 예술 자신과 인간이 갇힌 모순으로부터 빠져나오기를 원한다. 예술은 다시 실제와 진실을 표현하고자 하며, 이렇게 하면서 실질적인 실제를 감춘다. 명백히 예술은 자연의 진실나체성, 사랑과 어떤 실제빛, 등를 표현하고자 하는데, 이것들은 과거와 관계되며, 자연적 환경의 진실이고 실제이다. 그래서 이것들은 기술적 환경과는 아무 관련이 없으므로 회고적이고 자연예찬 주의에 불과하다.

그러나 거기에는 자연적인 것은 더는 아무것도 없다. 전원적 자연도 없고, 완벽하게 조작된 인간적 자연도 없다. 그것은 아르카디아 목동들의 순박한 동성연애로, 생 미셸 거리 위의 에스키모 장비로, 가공되지 않은 예술 자체에서 근원의 추구인 아프리카 머리장식으로의 감동적인 회귀이다. 하지만 이 모든 것은 시스템의 엄밀성 위에 불필요하게 덧붙여진 조잡한 장식에 지나지 않는다. 사람들은 어떤 실제를 표현하기를 원한다. 그러나 기술적 실제에서 벗어나기 위하여 사람들이 발견한 것은

---

94) 역주) 너무 상업적인 브로드웨이 연극과 구별된 연극, 뮤지컬을 Off-Broadway라 불렀고, 이것들보다 작은 100석 미만의 작품들을 Off-Off-Broadway, 더 작은 것은 Off-Off-Off-Broadway라 불렀다.

제3세계 민족들이나 옛날 자연의 실제 외에 다른 것이 아니다. **키치도 다**르지 않다. 그러므로 이러한 모든 활동과 희망은 또 다른 실제, 받아들일 수 없는 결과에 부딪힌다. 그리고 우리는 현대 예술 이데올로기의 혁명적 측면은 이러한 갈등 자체로부터 나온다고 말할 수 있다. 기술 시스템을 생경한 상태에서 설명하는 것은 불가능하다. 그렇지만 우리는 그 실제와 진실을 설명하고자 한다. 그러나 그 실제와 그 진실은 거리 곳곳에서 우리에게 제시되는 것들과는 다른 것이다. 그러므로 그 실제를 거부해야 한다. 그러나 동시에 기술 자체를 문제 삼는 것이 불가능하므로, 우리는 제3세계나 근원적인 자연으로의 회귀 속에서 만족스러운 표현을 발견하게 될 혁명적인 비판적 이데올로기를 전파시킨다. 따라서 사람들의 결론은 이러하다. 그리고 우리는 그런 결론을 길게 전개하기만 하면 될 것이다. 그래서 정치 사회를 바꾸면서 인간과 동시에 예술의 조건을 바꿀 것이라고 믿으면 될 것이다. 그렇지만 서로, 사람들은 예술을 바꾸면서 이미 사회를 바꾼다. 사람들은 단지 그 사회를 조직하고, 구성하는 기술에 대해서만 잘못 알고 있다. 그리고 이런 멍한 혼동은 현대 예술에 대한 해설가들에 의해 그 절정에 달하게 되는데, 그들은 이 예술의 정확한 해설자로서, 기술의 열렬한 옹호자들인 셈이다. 이것은 매우 의미심장하다. 그들은 현대 예술이 기계에 적대적이라고 주장할 때조차그러나 이 분야에서 비판은 '기계' 보다 멀리 간 적이 없었다! 그것이 어느 정도까지 기술의 표현인지, 그것이 어느 정도나 기술의 산물인지 파악한다. 그런데 현대 예술이 놀랍듯이 그것에 영감을 불어넣는 기술도 그러하다. 그래서 들르부아는 '어떤 문학 전체를 뒤틀린 것' 으로 쓸어버릴 것인데, 그 문학은 기계에 대한 유치한 열등의식을 표현하기 때문이다. 칼라일95), 러스킨96), 또

---

95) 역주) 토마스 칼라일 Thomas Carlyle(1795-1881)은 영국의 비평가이며, 역사가이다. 『프랑스 혁명』의 저자이며, 혁명을 지지했다.
96) 역주) 존 러스킨 John Ruskin(1819-1900)은 영국의 비평가이며, 사회 사상가이다. 예술미의

는 베르나노스97) 그리고 프랑카스텔은 마찬가지로 멈포드, 기디온, 게데스 98) 가 감히 기술적 합리성을 문제시하기 때문에, 그들을 똑같이 멸시하는 태도로 몰아낸다. 그들은 현대 예술의 혁명적 사고가 경이로운 발전인 기술을 제외하고는 모든 것과 무엇이든지에 관계된다는 사실에 대해 매우 명확하다. 그러므로 극단적으로 미묘한 게임이 만들어지는데, 거기서는 예술이 모호한 것, 상징적인 것, 애석하게 유사 상징적인 것! 비합리적인 것, 충동 등을 장려하기 위해, 기술의 피상적인 면, 예컨대, 삶의 기계화, 또는 합리성, 산업 문화, 거짓 명증성을 반박한다. 그러면서 사실상 이 똑같은 예술은 자신과 겉으로 피상적으로 대립하는 것의 본질적 구조에 접근하고, 자신의 메시지, 자신의 의도와 모순되게 된다. 현대 예술가는 다른 누구보다도 인간성 상실의 고뇌를 느끼지만, 그는 분노와 함께 즐기면서 그 고뇌를 벗기고 자기를 표현한다. 죽음의 본능? 그는 인간 개념의 부인 자체를 과시하며, 그러한 경험을 가장 직접적이고, 있는 그대로 표현한다고 주장한다. 모든 현대 회화와 연극이 그것을 증명한다 결과적으로 그는 자신이 비난할 것을 주장하는 인간성 상실 시스템의 훌륭한 거울이다. 사실, 더는 상징적이지 않은 예술은 일반적 기술화를 미화시키고, 강화시키는 일종의 의례이다. 예술은 합리성에 빠진 인간의 거부와 망상 충동을 '풀어준다'. 그러나, 이 사실로 인해 예술은 그러한 망상을 보상하고, 그것을 이 사회를 조직하는 이성에 복종시킨다. 표준화와 일치하는 비인간화는 충격이기를 멈추고, 비인간화 속에 비극적인 뭐가 있다고 여기는 자는 현대 예술을 전혀 이해 못하고, 사고의 폭도 좁을 것이다! 모든 것이 허락된

순수 감상을 주장하였다.

97) 역주) 조르주 베르나노스 Georges bernanos(1888–1948)는 프랑스 소설가이다. 작품으로 『사탄의 태양 아래서』 *Sous le soleil de satan*(1926)과 『시골 사제의 일기』 *Le journal d'un cur de campagne*(1936) 등이 있다.

98) 역주) 패트릭 게데스 Patrick Geddes(1854–1932)는 스코틀랜드 식물학자이며, 생물학자이다. 도시화와 교육 분야의 혁신적 사상가로 유명하다.

예술의 망상 자체, 과도함에 의해 길들여진 공연이 된다. 이렇게 하면서 예술은 **메시지**를 전달하고, 동시에 기술에서 벗어날 것을 주장한다. 중요한 것은 더는 이야기를 하거나 생각들을 제시하는 것이 아니라, 이 '메시지' 자체를 구성할 반응들을 자극하는 것이다. 강렬한 색채, 독립적인 시퀀스, 현실의 왜곡, 지겨운 음악의 갑작스러운 변화, 언더그라운드 영화의 특성들, 동적인 디자인, 등. 예술가들은 시민과 하나가 될 것을 주장하고, 각 유파는—예컨대 그룹 '체인지(Change)' 나 그룹 '시적 활동(Action poétique)'— 다른 유파들을 테러리스트라고 비난한다. 시민에게로 회귀만이 기술과 출구 없는 상황을 넘어서게 할 것이다. 그러나 시민에게로 회귀는 혁명적 담론 속에 묻힌 단순한 이론이거나, 매우 난해한 극도로 기술화된 예술을 생산한다. 이러한 논쟁은 오늘날의 것이 아니라, 기술 사회의 특징이다. 극도의 전문가인 레닌은 이미 프롤레트쿨트[99] 의 경향을 비난했었다. 그런데 이 프롤레트쿨트 또한 거짓으로 스스로 참여하였다. 그리고 프란시스 장송[100] 이 집착한 '비-관객'[101] 은 접근할 수 있고, 비전문적인 예술에 대해서만 형성될 수 있을 것이다. 그러나 이런 예술은 더는 존재하지 않는다. 대중극으로 하여금 전혀 대중적이지 않은 **관객**을 노동자는 4~5%에 지나지 않는다. [102] 끌어들이게 하는 것은 부르주아의 무서운 음모

---

99) 역주) 프롤레트쿨트(Proletkult)는 1912년부터 1925년 사이에 소비에트 연합에서 활동한 예술 및 문학 단체이다. 부르주아의 영향에서 벗어난 진정한 프롤레타리아 예술의 토대를 마련하고자 하였다. 프롤레트쿨트는 프롤레타르스카이아 쿨투라(Proletarskaïa koultoura(프롤레타리아 문화))를 줄여서 만든 용어이다. 알렉산드르 보그다노프(Alexandre Bogdanov)가 주된 이론가이다.

100) 역주) 프란시스 장송(Francis Jeanson, 1922-2009)은 현실 참여적 프랑스 철학자이다. 쇠이유(Seuil) 출판사의 '영원한 작가'들 시리즈를 처음 만들었다. 알제리 전쟁 당시 반식민주의 편에서 적극 참여했고, 보스니아 민족을 지지하는 단체를 만들고, 이끌었다.

101) 역주) 프란시스 장송은 비-관객non-public은 재정적 이유든 여타의 이유로 문화 공간을 출입하지 않는 사람들을 가리킨다. 그는 이 개념을 통해 민주화된 사회 속의 문화적 소외를 강조했다. 장송은 관객을 고객, 잠재적 관객, 비-관객으로 분류하기도 했다.

102) 1971년 10월「르 몽드」지에는 1950년과 1970년의 대중극의 두 가지 개념을 탁월하게 비교한 기사가 실렸다. 그것은 예술의 모든 개념의 발달과 예술이 처한, 그리고 극단적으로 벗어나려 하는 난관을 완벽하게 보여주고 있다. 그 난관은 또한 인간에게 미학적 망상이 있은 후, 안심되는 합리적 기술 세계 속으로 어려움 없이 돌아오는 것을 가능하게 한다. 훌륭

한 기술, 용감한 짐승, 안락한 자동차, 모든 것이 그래야만 하듯이 존재하는 기쁨, 우리는
악몽에서 벗어났다… 그것은 연극, 회화 또는 음악일 뿐이었으며, 진짜 영화일 뿐이었다.
여기에서 그 비교를 다시 적어보자.

하나의 꿈에서 다른 꿈으로

대중극의 두 세대는 '이탈한 부르주아'라는 공통된 기원에 의해서만 일지라도, 서로 원하
는 것 이상으로 아주 유사하다. 그리고 물론 미래는 그 둘을 피할 수 없는 보충과 경쟁의
결과로 가깝게 할 것이다. 그러나 새로운 꿈은 대부분은 옛것과의 대립으로 정의되는 것
또한 사실이다. 그래서 우리는 적어도 이론적으로 그 둘을 나누는 두 개의 축을 만들 수 있
을 것이다.

50년대	70년대
장소	
새로운 극장	거리, 노동 공간…
이태리풍의(이탈리아풍의) 테두리 없는	고정된 구조가 없는
관객을 향한	관객 가운데
관객	
다수	소그룹
관객을 끌다	관객을 향해 가다
모든 계층	우선 노동자 계급
관객을 키우다	관객을 따르다
지속적 가입을 부추기다	순간적 가입을 부추기다
행위자	
관객을 구하는 예술가들	관객을 섬기는 예술가들
정당한 상속자	자발적 사생아
장인	아마추어
표현 전문가	일시적 활동가
감독	선동가
목적	
모두를 위한 예술	정치적 투쟁
문화적 민주주의	지속적 혁명
더 나은 질서	무질서
방법	
자체로 훌륭한 연극	연극 자체는 존재하지 않는다
명예로운 고전	고전의 처형
유산의 부르주아적 근성을 없앤다	유산을 거절한다
단합하는 것을 찬양한다	분해해야 할 것을 보여준다
보편적인 것을 추구한다	계층적 내용을 고발한다
서정적 환상	현실주의적 교훈
주인공과 세상을 화해시킨다	투쟁에 초대한다
작품과 무대의 관계를 변화시킨다	작품과 관객의 관계를 변화시킨다
수동적 찬양	적극적 참여
영웅 숭배	단체의 열광
의식	축제
도덕 교육	육체적 폭발
엄격함	충만함
필요한 유토피아	가능한 승리
너그러운 이론	격렬한 실천

가 아니다. 이렇듯 기술 사회는 선동과 비판을 사용하여 그 사회를 정당
화시키는 이데올로기적 예술을 생산한다. 그리고 이 예술은 인간이 비인
간적으로 사는 것에 대한 보상적 표현일 수밖에 없다.

2. 메시지와 혁명

현대 예술은 우리로 하여금 반응하고 생각하게 한다고 주장한다. 1969
년 11월, 뉴욕에서 20명의 화가에 의해 개최된 '거리 이벤트Street Events' 라
불린 '전시회'는 행인들에게 그들 주변을 좀 더 잘 보도록 하고, 도시가
실제로 어떠한지 인식하게 하려고 맨해튼에 있는 20개의 집단 가옥을 작
품으로 덮을 것이다. 파리 비엔날레는 우리 모두의 부서진 삶을 인식하
게 하려는, 생각을 깨우는, 가치를 부수는, 도그마를 깨뜨리는 사람들의
모임처럼 소개된다. 멕시코의 화가 호세 클레멘테 오로즈코103) 는 아카
데미Académie에서 대학이 어떻게 되었는지를 명확하게 보여준다. 그리고
프란시스 베이컨104) 의 「회화Peinture 1946」는 그 속에서 우리가 살고 있고,
또 우리 안에 사는 괴물을 난폭하게 드러낸다. 그런데 이 그림에서 흥미
로운 것은 그림의 출발점이 새의 그림이었다는 것이다. 새 그림은 연속

박수 사고	슬로건 행위
빌라르 : "좋은 사회를 만들어라. 그 후에 할 수 있는 우리는 좋은 연극을 만들 것이다."	베네데토 : "학자가 자신의 연극을 사회를 창조할 목적으로 연극을 실천한다."

103) 역주) 호세 클레멘테 오로즈코(Joé Clemente Orozco, 1883-1949)는 멕시코 사회적·사실
　　　주의 벽면 화가이다. 그가 선호하는 주제 중의 하나는 '기계에 대항하는 인간'이고, 대형
　　　프레스코로 유명하다.

104) 역주) 프란시스 베이컨(Francis Bacon, 1909-1992)은 영국의 표현주의 화가이다. 폐쇄된
　　　기하학적 공간 속에 변형된 유기적 형태를 위치시키며, 현대인의 불안, 공포, 폭력 등을 강
　　　하게 표현하였다.

적인 변형을 거쳐, 유명한 「게르니카Guernica」에 의해 훨씬 더 강하게 표현된, 이 세상에 대한 공포를 낳았다. 그런데 예술가들에 의해 전달된 메시지, 비전은 항상 거의 비관적이다. 현대 문학은 근본적으로 비관적이다.105) 주네106) 의 것이든 또는 아라발107) 의 것이든, 뒤렌마트108) 의 것이든 또는 베케트의 것이든, 연극은 절망적이고, 회화 또는 음악은 무한한 폭력을 동반한 공격이다. 하지만 대부분은 작품들 속에 담긴 담론은 사실은 사회에 관한 것보다는 정치적 담론이다. 에슬렝109) 의 「부조리극과 부조리를 넘어서」1970은 제목이 철학적임에도 브레히트 이래 모든 연극에서 무엇보다도 정치가 문제임을 보여준다. 예컨대 막스 프리쉬110) 가 그러하고, 귄터 그라스111) 나 하벨112) 이 그러하다. 때로 환상 또는 에

---

105) 뽈 파브라(Paul fabra)는 탁월하고 아이러니한 작은 글(「르 몽드」, 1965년 11월)에서 매우 흥미롭게도 문학은 거의 같게 비관적이며, 반면에 경제학자들의 작업은 놀랍게도 긍정적이라는 것을 강조했다. 그는 무엇보다도 오웰Orwell의 1984를 그룹 '1985년 지평'의 보고서 또는 소머즈Sommers의 유명한 보고서와 대립시켰다. 나는 거기에 대부분의 사회학자를 마구 덧붙일 수 있을 것이다.

106) 역주) 장 주네(Jean Genet, 1010-1986)는 프랑스 소설가이며, 시인이고, 극작가이다. 작품으로 『도둑일기』*Journal du voleur*, 『발코니』*Le balcon* 등이 있다.

107) 역주) 페르난도 아라발(Fernando Arrabal, 1932-현재)은 스페인 작가이며, 영화감독이다. 1955년 이후 프랑스에 거주하며, 프랑스어로 작품을 쓴다. 영화로는 「죽음 만세」*Viva la muerte*외에 많은 장·단편이 있고, 소설로는 『겨울 정원의 살인자』*La tueuse dans le jardin d'hiver*외에 대수가 있고, 『전쟁터의 산책』*Pique-nique en campagne*을 포함한 백여 편의 극작품이 있다.

108) 역주) 프리드리히 뒤렌마트(Friedrich Durrenmatt, 1921-1990)는 스위스의 극작가로 부조리극으로 출발하였다. 전통적 비극을 부정하고, 과장, 풍자, 진실 폭로로, 비뚤어진 사회와 정신을 역설적으로 제시하였다. 대표작으로 「로물루스 대제」*Romulus le Grand*, 「노부인의 방문」*La visite de la vieille dame* 등이 있다.

109) 역주) 마틴 에슬린(Martin Esslin, 1918-2002)은 헝가리 출신의 영국 작가이며 비평가이다. 제2차 세계대전을 계기로 영국으로 와서, BBC 방송의 시나리오 작가, 제작자로 일한다. 오늘날 우리가 사용하는 '「부조리극」*théâtre de l'absurde*'이란 용어를 자신의 글 속에서 처음 정의하였다.

110) 막스 프리쉬(Max frisch, 1911-1991)는 독일계 스위스 작가이며 건축가이다. 스위스 작가 단체인 '올텐 그룹Groupe d'Olten'의 일원이며, 전후 독일 문학의 가장 중요한 작가 중의 한 사람이다. 프리쉬는 개인의 정체성, 윤리, 정치적 참여 문제에 특히 관심을 기울였다. 아이러니는 전후 그의 작품의 가장 큰 특징 중의 하나이다.

111) 귄터 그라스(Güter Grass, 1927-현재)는 독일의 소설가이고 극작가이다. 『양철북』(*Die Blechtrommel*, 1959), 『고양이와 쥐』(*Kats und Maus*, 1961), 『개들의 시절』(*Hundejahre*, 1963)의 저자이며, 많은 부조리극의 작품을 남겼다. 독일의 노벨문학상 수상자이기도 하다.

112) 역주) 바츨라프 하벨(Václav Havel, 1936-현재)은 체코의 극작가로, 77헌장의 발기인 가운

로티시즘으로 가려지기는 하지만 정치적이다… 리빙 씨어터113) 나 테네시 윌리엄즈114) (겉으로 나타나는 내면주의에도), 알비115) 또는 엘리아 카잔116) 과 관련된 조떠랑117) 의 분석「미국의 새로운 연극」(1970)도 마찬가지이다. 그것은 **아메리카** 사회로서 사회에 대한 비난이며, 그러므로 정치적 비난이다. 이러한 연극은 새로운 힘, '젊은 대학생들과 흑인'에게 메시지를 전한다. 상디에의 경우, 그의 「**연극과 투쟁**」1971은 한 가지만을 제시하고자 한다. 그것은 혁명적 의도를 가진 작가들만이 어떤 가치를 갖는다는 것이다.118) 이런 전투적 태도에서 이오네스코는 패배했다. 반대로 보띠에는 최전선에 자리 잡았다. 피터 부룩119) 은 그에 대한 아주 명

데 한 사람이다. 1989년 벨벳혁명을 성공적으로 이끌었고, 체코슬로바키아의 대통령이 된다. 체코와 슬로바키아로 나뉜 다음 체코의 초대 대통령으로 10년간 재직했다. 「정원파티」(*Zahradní slavnost*, 1964), 「비망록」(*Vyrozumění*, 1965)등의 부조리극 작품이 있다.

113) 역주) 리빙 씨어터 The Living Theater는 미국 극단 이름이다. 줄리안 베커(Julian Beck)와 그의 부인이며 여배우인 주디스 마리너(Judith Malina)에 의해 1947년 오프 브로드웨이 레퍼터리 극단으로 창단되어 새롭고 실험적인 연극을 공연하였다.

114) 역주) 테네시 윌리엄스(Tennessee(Thomas Lanier) Williams, 1911－1983)는 미국의 극작가이다. 시적인 그의 대사는 무대 위에서 극적인 분위기와 정서를 탁월하게 표현한다. 「유리동물원」(*The glass managerie*, 1944)으로 대성공을 거두어 유명해졌다. 「욕망이라는 이름의 전차」(*A streetcar named desire*, 1847)로 1948년 퓰리처상을 받았다.

115) 역주) 에드워드 올비(Edward Franklin Albee, 1924-현재)는 미국의 극작가이다. 현대 미국 중류사회의 무기력한 자기만족과 불모의 생리를 부조리극 「아메리카의 꿈」(*The Amercain Dream*, 1961)을 통해 표현하였다. 중년 대학교수 부부의 갈등을 그린 「누가 버지니아 울프를 두려워하랴」*Who's afraid of Virginiq Woolf?*가 그 후로 성공을 거두었다. 고독과 언어의 비전달성으로 말미암은 고통을 표현하였다.

116) 역주) 엘리아 카잔(Elia Kazan, 1909-2003)은 미국 연출가이며, 영화감독이다. 1930년대 그룹 씨어터에 들어가 배우, 연출가로 활동하였다. 테네시 윌리엄스의 「뜨거운 양철 지붕 위의 고양이」(1955)를 연출하였으며, 영화 「욕망이라는 이름의 전차」(1951)와 「에덴의 동쪽」(1955)을 감독하였다.

117) 역주) 프랑크 조떠랑(Franck Jotterand, 1923-2000)는 문예지 편집장이며, 유럽의 여러 신문에 기고하였다, 극작가이고, 비평가이다.

118) 대중극 이데올로기를 아주 잘 요약한 문장이다. 모두를 위한 문화, 문화적 민주화, 더 나은 세계, 정치적 투쟁, 지속적 혁명, 축제, 등. 그리고 이것들은 「대중 예술은 존재하지 않는다」*L'art de masse n'existe pas*에서 좌파의 대형 파이프 오르간과 잘 조화를 이룬다.

119) 피터 브룩(Peter Brook, 1925-현재)은 영국의 연출가, 배우, 감독, 시나리오 작가이다. 국제적 대형 레퍼토리에 포함되는 작품들, 특히 셰익스피어의 고전극 해석에서 혁신적인 예술가이다. 「빈 공간」*L'espace vide*의 이론가이며, 1962년 「리어왕」에서 '빈 공간'의 개념을 실험하기 위해 장식을 포기한다. 작품은 배우와 배우의 실질적, 직감적 움직임에만 의존한다.

확한 설명을 제시한다. 연극은 포럼이어야 할 것이다. 그것은 위Us 120),
익스족les Iks 121) 등을 소개한다. 이 연극은 정치 자체에 영향을 미친다고
는 주장하지 않는다. 그것은 신화와 일화 사이에 있고 정치적 간섭 덕택
에 인간의 보편적 현실을 인식하게 하려고 한다. 이 모든 것은 소설에 대
해서도 똑같이 말해질 수 있다. 소설은 우리 시대의 넓은 의미의)정치적
현실을 표현하는 범위 내에서 고려의 대상이 될 것이다. 소설가는 "적어
도 사람들이 명확한 언어를 말하는 정치 세계 앞에" 있다.카르펜티에르 이
러한 연구는 흥미로운데, 왜냐하면 작가가 모호하고 형식주의적 탐구를
배척하기 때문이다. 즉 이해할 수 있는 언어, 작가 주변에서 만들어지는
이야기 자체의 언어가 있다는 것이다. 정치적 참여만이 소설가로 하여금
대중에게 말할 수 있게 한다. 이 소설가는 동시에 소설의 주제를 서구 세
계에서 찾지 못하면 베트남이나 팔레스타인에서 찾을 수 있음을 증명한
다. 그리고 모든 위대한 예술가들은 정치적으로 좋은 쪽에 선다는 것이
밝혀진다. 대단한 낙관주의자인 카르펜티에르는 '나쁜 쪽'으로 참여가
있을 수 있겠지만, 이러한 경우는 매우 드물다고 확신한다. 그가 말한 바
로는 '우파' 에물론 나쁜 쪽이다 참여하는 소설가, 화가, 작곡가는 매우 드물
었다. 독일 나치는 무시할 만하고, 스탈린주의자들에 대해서도 슬쩍 넘
어간다. 그런데 매우 놀라운 것은 '메시지를 가진' 예술가들, 즉 자신을
명확히 하는 사람들뿐만 아니라, 다음 장에서 말할 추상적인 형식주의적
탐구를 하는 사람들의 선입관도 그러하다는 것이다. 필립 솔레르스의 글
속에서는 선전적인 내용을 전혀 볼 수 없지만, 그는 대단한 극좌파 운동

---

120) 위Us는 파리를 둘러싼 일 드 프랑스 레지옹의 발 두아즈 도에 속하는 마을이다. 피터 브룩
은 1966년 런던에서 Us au RST를 무대에 올린다.
121) 우간다의 북동쪽에 있는 작은 영토에 사는 족속. 익스족에게 바쳐진 미국의 인류학자 콜
린 턴벌(Colin Turnbull)의 연구 「산악지대 원주민」*The Mountain People*을 장 끌로드 까리
에르(Jean-Claude Carrière)가 각색하였고 피터 브룩이 1972년 연출하였다.

가였다.122)

회화도 정치적 담론을 보여준다. 우리는 그것을 '엑스포 72'의 대 갈등을 통해 보았는데, 이 전시는 12년 전부터 회화의 총결산일 것이다. 그런데 전통적 그림에 맞서, 화가들은 객관주의와 비판적 회화를 제시하는데, 이것은 사회적 또는 정치적 담론의 상징적 예시이다. 아주 주목할 만한 일로는, 예술가들은 정부가 그런 전시회를 통제하려 하면 기를 쓰고 항의한다. 그런데 정치적이기를 원한다면, 정부가 간섭하기를 기다려야만 한다. 벌써 여기서 우리는 이러한 예술의 역할을 확인할 수 있다. 실제 사정에서 우리가 본 것처럼 예술은 기술 시스템을 반영한다. 그런데 예술은 무엇에 관해 말하는가? 가장 협소한 의미의 정치에 대하여 말한다. 사실, 이 예술은 정치적 담론이 얼마나 현실의 베일이고, 신비화이며, 무지인지 드러낸다. 예술은 거짓 열정을 짊어진다. 그리고 정치적 메시지를 선포하면서 사뭇 진지한 척하면서, 이 예술은 정치를 진지하게 다루는 것이 얼마나 불가능한지 보여준다. 이 메시지는 항상 필연적으로 좌파적이다. 그런데 이 예술은 단지 정치적 진실의 전달자만이 아니라, 덧붙여 운동가여야 한다. 이 예술은 청중 또는 관객을 어떠한 길로, 어떠한 행동으로 참여시켜야 한다.123) 이어서 모든 습관적인 항의어가 뒤를 잇는다. 예술은 그것이 비판, 전적인 자유의 외침이라야만 이름값을 한

---

122) 견해를 변화하기 이전의 솔레르스가 그러했고, 게다가 그러한 솔레르스의 행위는 완전히 설명할 수 있다. 그의 역할은 여전히 마찬가지이다.

123) 메시지를 가진 예술에는 두 체급, 두 척도가 있다는 것을 덧붙여 말해야 할 것이다. 민주주의적 및 공화주의적 '자유주의'가 지배하는 나라들에서는 혁명적 메시지가 큰 소리를 내고, 단호하며, 소란스럽고, 모든 것을 타도하려는 긴급한 필요성을 외친다. 하지만 예술가는 신중하다. 우익이건 좌익이건 독재국가에서는 메시지가 추상적이고, 상징적이며, 많은 경우 읽을 수가 없다. 이렇게, 타피에스(Tapies)는 프랑코 독재 때문에 억압받는 민족의 상징적 가난을 상지하기 위하여 빈약한 재료와 빈약한 색채를 사용할 것이다. 그는 독재로 만들어진 피와 죽음을 고발하기 위하여 붉은색과 검은색의 그림을 만들 것이다. 그러나 상징적 언어는 매우 모호해서 아무도, 경찰도 민중도, 그것에서 아무것도 보지 못한다. 메시지는 단지 화가의 의식을 자유롭게 했다. 신중은 안전의 어머니. 이것이 현대 혁명적 메시지 예술가들의 격언이다.

다. 전적인 자유는 기술주의로부터 직접 나온 주제이다. 즉 기술은 모든 것을 할 수 있게 한다… 하지만 여기에서는 이 자유가 이데올로기 및 정치적 내용으로 덧씌워졌다. 즉 억압적 권력에 맞선 자유로서 1789년 프랑스 대혁명 시기로 퇴행한 것이다. 1970년대 예술가들은 베트남, 흑인 문제, 제3세계, 젊은이들의 저항을 그렸다. 오늘날은 환경과 오염 문제가 유행이다. 하지만 조심해야 할 것이다. 사람들은 이러한 주제들을 기술 향상과 관계된 것처럼 해석하지 않는다. 그렇지 않다. 그것에 대해 사람들은 여전히 정치적으로 남아 있다. 즉 환경의 파괴가 있었다면 그것은 명확히 지스카르 대통령의 잘못이라는 것이다. 사람들이 비난하는 것이 무엇이든지, 중요한 것은 우선 비난한다는 사실이고, 이어서 "모든 것은 정치적이다"라는 훌륭한 원칙의 이름으로 정치적 질문을 하는 것이다. 스페인의 크로니카 팀은 아이러니한 정치적 고발을 자기 예술의 본질로 삼았다. 물론, 비난은 또한 위배나 '신성모독'의 형태를 취한다. 신성모독을 담지 않는 예술은 아무것도 아닐 것이다. 단순한 포르노와 '**부도덕한 이야기**124)'를 특히 구별 짓는 것은 명확한 신성모독의, 그러므로 정치적 의도이다. 그런데 위배와 함께 우리는 앞에서 지적했던 아주 의미 있는 현상을 본다. 즉 위배란 가장 첨단을 달린다는 이 예술이 갖는 아주 낡은 특성이라는 사실이다. 오늘날 실제를 인식할 수 없어서, 이 예술은 현실에 대한 환상적인 정치적 해석을 전달하고, 그렇게 함으로 1789년 또는 1917년 혁명을 다시 일으킬 것을 권유한다. 세잔, 반 고흐, 고갱은 실현된 위배, 그들 시대의 문화에 대한 위배를 인식하고 있었다. 초기의 저주받은 시인들은 정말 저주받았었다. 물론, 우리는 보들레르가 부르주아나 상인 환경과 관련하여 저주받은 시인이었지만, 또 그는 파

---

124) 역주) 1974년에 상영된 발레리안 브로브치크 감독의 프랑스 에로티시즘을 다룬 영화. 네 개의 에로틱한 이야기를 통해 각 세대의 방탕한 생활을 무대에 올리고 있다.

리 인텔리겐차 환경의 왕자였다고 말할 수 있다. 우리는 세잔과 다른 화가들에 의해 이루어진 위배가 기술에 의한 훨씬 더 근본적인 위배의, 예술작품 안에 투영된 반영일 뿐이었다고 말할 수 있고, 말해야만 한다. 즉 동시대에 기술은 모든 신념, 모든 구조, 모든 전통, 그리고 또한 문화 자체에 대하여 근본적인 위배를 수행하였다. 그렇지만 이러한 초창기 예술가들의 위대함을 무시하지는 맙시다. 그런데 위배나, 모욕 그리고 공격 없이 예술이라 할 수 있는 예술은 더는 존재할 수 없다는 것은 이제 확실하다. 이제는 위반할 것이 더는 존재하지 않는다? 도덕적, 문화적 금기들은 이미 오래전부터 무너졌다? 사회체는 방어도 못하고 붕괴한다? 그런건 아무래도 좋다! 사람들은 위배를 **연기할** 것이다. 사람들은 투쟁한다는 명예를 얻기 위해 자유라는 보물 곁에 있는 끔찍한 괴물들을 만나는 척할 것이다. 사람들은 영웅적인 위배자로 우뚝 서기 위하여 한계, 금기, 금지가 가증스럽게도 존재하고 있음을 큰소리로 외칠 것이다. 그리고 예술가는 이런 식으로 지난 시대의 괴물들과 족쇄들을 번뜩이게 하면서, 관객에게 겁을 준다. 하지만 그는 자신이 위배자가 되기 위해, 이 괴물들이 현행의 것이라고 주장한다. 중요한 것은 위배하는 것이다. 무엇이든지 위배면 좋다. 그래서 이 숨이 가쁜 예술은 끊임없이 목표와 스타일을 바꾸고, 표현할 수 없는 표적들을 향해 사방으로 쏘아댄다. 도발은 당연히 위배와 항의를 동반한다. "창작의 역동적인 과정 속으로" 소비자를 끌어들여야 한다. 특히 표현주의는, 그리고 그 뒤로 다른 모든 예술형태들도 공격적이고, 도발적이다. 한편으로, 청중의 보수적이거나 반동적 경향에 맞서, 그로 하여금 자신을 폭로하도록 몰아붙인다. 하지만 그렇게 하면서 청중은 조롱과 비존재 속으로 빠지고, 그 자신이 조롱과 경멸의 대상이 된다. 그러면 사람들은 그에게 견딜 수 없는 그런 태도를 버리라고 명한다. 다른 한편으로, 사람들은 참여와 협력을 도발한다. 사람들은 혼동, 참을 수 없음, 부조리, 조롱, 모든 것의 허용, 천박함 등을 통해 도발한다. 도발하기 위해 조각을 하고, 도발하기 위해 영화를 만든다. 니키 드 생팔Niki de Saint-Phalle과 그의 영화 「멋쟁이 아빠」가 아주 탁월한 예이다. 니키 드 생팔의 영화는 특히 무엇보다도 아버지에 저항하는, 예시적인 작품이다. 이 영화는 인간의 가장 은밀한 것을 공격하며 도발하고, 인간이 여전히 가치 있고, 순수하며 정의라고 믿었던 것을 공격하면서 도발한다… 아니다, 이 영화의 정치적 고발은 곪은 곳을 터지게 하고, 사람들은 아버지와 딸의 애정을 근친상간으로밖에 이해할 수 없다. 관객의 얼굴에 침을 뱉는 도발이 없다면, 그런 작품은 언급될 가치조차 없다. 하지만 수백 편의 도발적인 영화, 연극, 사진 등을 집어삼키면, 우리는 명백히 무감각해지지만, 또 약간은 붕괴한다. 이런 기형과 아노미 현상, 그리고 면역의 상태에서는 위배를 위해 계속해서 더 격렬한 도발들이 필요하다. 혁명적이라고 말하는 예술은 사실 단지 격화된 예술에 지나지 않는다. 그럴 때 예술은 혁명적 표현의 **좋은 기회** 외에는 그 무엇도 아니다. 이렇듯 많은 사람에게 「엑스포 72」는 비판적 표현의 장소로서만 간주되었다. 이것은 게다가 모든 지속적이고 반복 가능한 창작을 몰아내는 해프닝의 개념과 일치한다. 그런데 이러한 끝없는 위배의 ‘항상 더 멀리’는 규칙의 부재 또는 금기들의 허구에 부딪혀 의미를 상실한다. 그래서 항상 더 멀리 가는 이러한 위배는 무의미 그 자체에서 의미를 상실하고, 작품 가능성에 대한 부정에서 의미를 상실한 나머지 분해되어 사라지기에 이른다. ‘비판–위반–항의–신성모독–도발’의 묶음과 이 모든 것의 분해 사이에는 직접적인 관계가 있다. 그리고 이것은 싸울 대상의 부재 속에 연루된 분해일 것이다. 미셸 파르망티에 또는 니엘 토로니가 주장하는 ‘젊은 회화’는 결국 ‘낡은 것들’의 진열에 지나지 않을 모든 전시, 모든 살롱을 거부한다. 부르주아 예술 환경 속으로 회수되지 않기 위하여 작품은 순수하게 부정적이어야 한다. 예컨대, 사진이나 재생산 가운데 생긴 구멍처럼, 여기서는 비非예술, 비非문학이 승리한다. 그리고 극단적인 예술가의 강박관념은 모든 것을 부정하는 것이다.125) 모든 것을 부인한다는 것은 단지 사회나 체제 또는 예술뿐만 아니라, 자기 자신, 결국 인간을 부인하는 것이다. 전적인 부정, 그것은 심각하게 생각하면 자살로밖에는 표현될 수 없다. 그렇지 않으면 모든 것을 부정한다는 것은 사실 모든 것을 받아들인다는 것과 동격이기에, 코미디로밖에 표현될 수 없다. 결국, 사람들이 뭐라 판단하건, 우리는 여기서 오늘날 예술가들의 근본적인 혼란을 가장 잘 표현하는 흐름을 본다.cf. 쏘냐 들로네, 「일직선의 원무」(1974) 이 예술가들은 자신들이 비판하려고 하는 현실을 전혀 포착하지 못하고 있다. 기존의 질서를 반박하기 위하여 기술과 그 가능성을 사람들이 다시 회수할 것이라는 오해도 있을 것이다. '혁명적' 도구로서 비디오를 가지고 그런 오해를 했고, 또는 컴퓨터를 가지고 그랬다. 우리는 완벽한 혼동을 보고 있는데, 이 혼동은 무엇을 비난해야 할지 모르는 데서 기인한다. 즉 몇몇 정치인들의 사악한 의지에 바탕을 둔 중앙집권적인 사회에 관한 문제이거나, '지배계급의 생각들'이나, 인간에 의한 인간의 착취, 상속된 문화에 대한 투쟁의 문제라면, 이 모든 것은 매우 고결하다. 사실 비디오는 공식적인 정보에 대항할 수 있으며, **선전을 가능**하게 한다.제리 루빈은 Do it에서 그것을 분명히 말한다. 이것은 **TV**의 대안일 수 있다. 그러나 한편으로는 기술적 구조의 단순한 강화에 관한 문제이고, 그래서 다른 한편으로는 우리는 아무 상관하지 않을 수 있다. 실제로 앞에서 말한 구조적 문제들을 파괴하기 위해서는, 기술이 발달하게 내버려 두는 것으로 충분하다. 거기에 끼어들 필요가 없다. 그리고 그러한 구조

---

125) 탁월한 예술 행위는 그러므로 예술가(말로)에게 그림물감(붉은색)을 던지는 것이고, 그리고 퐁피두센터에서 이 행위를 사진으로 발표하는 것이다(1977년 2월).

적 문제들은 정확히 기술의 단순한 유희 때문에 필연적으로 사라질 수밖에 없는 사회의 전통적 요소들에 속한다. 그를 위해 혁명적 예술가들이나, 메시지를 가진 예술이 필요하지 않다. 하지만 현대 예술의 조건인 기술 시스템의 구조를 해체하고자 한다면, 위배나 비디오의 사용과는 전혀 다른 방향이 필요하다!

작품은 어떤 메시지를 담는다.126) 그렇다, 하지만 우리는 무의미의 사회 안에 있다. 그래서 예술품은 무의미를 반영해야 할 의무가 있다. 혁명적 메시지가 무의미인가, 아니면 무의미가 혁명적 메시지인가? 우리는 상징화가 사라진 사회에 살고 있고, 예술가는 상징화를 절망적으로 찾는다. 그는 절대적으로 더는 직접적 언어로 말하거나, 이야기를 전할 수 없다. 그는 간접적이어야 할 의무가 있다. 마찬가지로, 그는 더는 실제를 그릴 수 없는데, 그는 이 실제가 존재하지 않는다는 것을 알기 때문이다. 그는 단지 어떤 굴절만을 그릴 수 있다. 그러면 그 안에 있는 메시지, 그것은 어떻게 되는가? 그것은 명확한가? 접근 가능한가? 우리는 모든 것이 회수되는 사회에 있는데, 극단적으로는 작품이 아닌 것, 순간적인 것만이 회수될 수 없다. 그런데 이것이 메시지를 담을 수 있나? 담을 수 있다면, 누구를 위한 메시지? 그것들은 그러니까 그 **자체로** 혁명적 행위인가… 이것들이 현대의 모든 의식 있는 예술가들이 부딪히는 불가피한 질문들이다. 그리고 거기에 답하기 위한 일련의 시도들이 있는데, 이 시도들은 두 개의 커다란 축을 중심으로 나뉜다. 한편으로, 예술은 사회의 가장 고상한 표현으로 인식된다. 그래서 예술을 문제 삼는 것은 그것이 만들어진 사회 자체를 문제 삼는 것이다. 혁명적 예술을 가질 필요가 없다.

---

126) 진정한 메시지를 가져오는 사람들은 그것을 주장하지 않는 사람들이다. 감탄할 만한 앙드레 마송은 '자동적인' 자신의 데생 안에서 자신이 말하는 것을 알고 있다. 그는 이론을 만들 필요도, 설명할 필요도 없다. 그는 존재한다. 그는 무척이나 거대한 철학적 예술적 지하 저장고를 갖고 있기에, 정치적 혁명적 메시지의 커다란 단어들을 사용하기 위하여 자신의 머리를 파헤칠 필요가 없다. 그의 그림이 충분히 말한다.

즉 이의제기는 예술 자체 안에서 형성되고, 파괴해야 할 것은 예술이다. 그리고 그렇게 하면서 사람들은 사회를 부술 수 있다. 안티예술은 그 자체로 혁명적인데, 진정한 기만을 폭로하기 때문이다. 그러므로 혁명적 예술가는 안티예술이나 비非예술을 생산할 수 있을 뿐이고, 그렇게 하면서 그는 이 사회의 심층부를 공격한다. 이러한 해석은 단 한 가지 사실을 간과하는데, 그것은 예술이 사회 안에서 하나의 공연에 지나지 않는다는 사실이다. 그래서 예술을 공격하면서 사람들은 단지 공연을 왜곡하는데 그칠 뿐이다. 다른 축은, 예술이 무의미 외에는 더는 표현할 수 없다는 것인데, 그 이유는 그 사회가 완전히 의미를 상실했기 때문이다.127) 예술이 더는 의미가 있지 않고, 아무것도 재현하지 않으며, 말하지 않고, 표현하지 않으면, 그건 정말 그 사회의 예술이다. 예술은 그러한 사실 자체를 통해 사회의 실질적 특성을 인식하게 할 수 있다. 절망하게 하고, 해체하는 음악은 우리 사회의 절망과 해체의 표현일 뿐이다. 우리가 더는 음악, 영화, 현대연극을 참지 못할 때, 그것은 우리로 하여금 더는 참을 수 없는 것이 사회라는 것을 깨닫게 해야 한다. 이렇듯 무의미 그 자체가 메시지이다. 무의미는 우리 세계의 진정한 의미를 드러낸다. 그리고 바로 그 순간에 예술은 탈 기만과 고발의 역할을 충실히 행한다.128) 이런 예술은 의미의 생산자로서 주체, 저자, 창작가를 통째로 부정한다. 예술가는 특히 이러한 메시지를 담는다. 왜냐하면, 과거에 그는 특히 의미의 생산자, 창조적 주체였기 때문이다. 그런데 그가 이러한 소명을 더

---

127) 탱글리가 명확히 아무것도 의미하지 않는 기계들, 자신의 기계들을 만들기 위해 낡은 배와 다른 것들에서 회수한 기계 부품들을 사용할 때, 그는 산업 세계의 부조리를 지적한다고 주장할 수 있다. 그런데 오히려 산업 사회가 부조리한 것은 그리고 그에게 응답한다. 또는 그는 기계의 실리주의 안에 시정(詩情)을 도입한다고 주장할 수 있다. 그러한 경우 그는 부르주아가 항상 예술에 의도했던 것 이외는 아무것도 하지 않는다. 우리는 무상의 시적 여분은 없이 지낼 수 있고, 그것은 어쨌든 기술에 종속된다.
128) 오해가 없도록 하려고 내가 여기서 쓰고 있는 것은 나의 담론이 아니라 혁명적 예술가들의 담론이라는 것을 명확히 하자. 나는 반대로 문제가 되는 것은 보상의 구조일 뿐인 왜곡된 폭로와 완벽하게 신비화시키는 탈신비화라고 생각한다.

는 맡을 수 없다면, 그것은 사회 전체가 그것을 금지하고, 모든 의미의 창조를 거세하기 때문이다. 이것이 아마도 카 산과 쉬라즈의 가르드니아 테라스를 통하여 밥 윌슨Bob Wilson이 가르쳐 준 것이다. 여기서는 아무것도 발생하지 않고, 우리는 거의 아무것도 이해하지 못한다. 모든 것은 침묵, 집중, 춤, 혼란스런 무대, 너무 지나치게 상징적인 형상들, 명확히 무표정한 얼굴, 이미지 설명의 거부이고, 결국 이 모든 것들로부터 의미 자체가 생겨난다… 모든 것이 명확하고, 정보가 귀를 피곤하게 하며, 담론이 넘치는, 그렇지만 그 때문에 의미가 사라진 사회에서, 침묵과 더듬거림은 혁명적 행위가 된다. 타피에스가 혁명적 메시지로서 전달하고자 한 것이 바로 이런 침묵과 더듬거림이다. "나는 침묵에 직접 닿으려 했다… 침묵은 먼지, 재, 흙, 단결의 상징이다. 그리고 이 단결은 우리를 서로 분리 시키는 차이가 두 개의 모래알을 분리 시키는 차이와 같다는 것을 깨달았을 때 탄생하는 단결이다."129) 그리고 예술가가 일상의 가장 평범한 사물들을 사용할 때, 그는 혁명적 행위를 한다. 그는 이 사물들의 미학적 침묵 속에서 어떤 다른 메시지를 제시한다. 그가 자신의 '작품'을 만들기 위하여 지푸라기를 사용한다면, "여전히 이 세상에 수많은 초라한 침대들이 있고, 예술가는 신들과 그 대리인들, 또는 부자들의 침대들보다 초라한 침대들에 더 많은 관심을 보인다고 관객에게 말하려는 것이다." 따라서 재료 그 자체는 예술가의 혁명적 선택을 입증해야 한다.

---

129) 안토니 타피에스의 탁월한 저서 『예술의 실재』(*La pratique de l'art*, 1974)를 참고하시오. 타피에스의 작품은 오래된 나무, 헤진 천, 갈색 흙, 역청, 꼬인 지푸라기 등을 통한 마티에르들의 암시적인 힘, 즉 마티에르에 대한 강박관념과 그것들의 유사한 능력의 이상적 표현일 것이다. "타피에스는 색채보다는 마티에르로, 자연스럽게 대상, 구체적이고 현실적인 사물들이 된 마티에르를 가지고 '그리기' 시작했다. 진짜건 가짜건 계단, 좌판, 구형 빨래 기구, 모자, 대형 X, 그리고 육체의 흔적들과 결합한 타피에스의 작품은 사물과 그것들을 둘러싼, 그리고 존재하면서 동시에 존재하지 않는 배우들이 버렸을 공간의 미장센이다."(J. 미셸) 하지만 마티에르의 서정성은 작품의 외면적 혁신 가운데 예술가의 사라진 과거를 향한 향수에 젖은 시선이다. 마티에르는 기술 세계에서 기인한 특수성 속에 더는 존재하지 않는다. 그것을 보존하고, 그것의 품격을 높이며, 그리고 잃어버린 천국에 대한 무의식적 증인인 예술품 가운데서 이제부터 그것을 보여줘야 한다.

마찬가지로, 순수한 침묵이 될 수 있는 연극은, 진정한 메시지를 담고 있다면, 텍스트적 침묵으로 향한다. 브레히트의 상속자로 불렸던 막스 프리쉬는『비더만』Bidermann의 저자 '텍스트 없는 연극' 만을 생각한다. "가장 중요한 문제는 피지배 계급에게, 언어가 부추기는 대로 지배자들의 공연을 모방하기보다는 자기 고유의 공연을 창조할 수 있게 해주는 것이다. 민중이 상속된 글과 심리적 자연주의에서 벗어나기 위해서는, 거리나 지하실 연극을 거치고, 란코니Ranconi, 체킨Chaikin, 그레고리Gregory 식의 무언극과 참여의 경험을 거쳐야 한다. 연극은 에로틱한 형태로 저항적 힘들을 해방하거나, 삶의 물리적 현실들을 불러주는 데에만 공헌할 수 있다…."1971년 「르 몽드」에 실린 프리쉬의 인터뷰 그에 비해, 알비Albee는 저자, 작품, 텍스트의 개념을 유지하고, 저자와 연출가, 텍스트 창조자의 역할을 여전히 구별함으로써, 매우 반동적으로 보인다. 확실히, 그의 '훌륭한 각본들' 은 현존하는 상황에 반대하여 일어서고, 비판, 분노, 사물들의 질서에 대한 반발을 담고 있다. 즉 메시지를 담고 있으며, 혁명적이다. "모든 진지한 예술은 세상과 관객의 의식, 그리고 사람들 자체를 변화시키기를 원한다…." 그런데 이 메시지는 저자에 의해 전달되는 그것이다. 이것이 예전의 혁명적 예술의 견해이다. 오늘날에는, 테러리스트인 텍스트와 당연히 지배적 이데올로기의 전달자인 저자의 사라짐이 바로 혁명적 메시지이다. 우리는 연출가들이나 배우들도 부르주아 이데올로기의 전달자가 아닌가 하고 질문하지 않는다. 왜 저자만이… 그런데 여기서 우리는 그 대답의 씨앗을 얻는다. 즉 언어는 그 자체로 이미 테러리스트이다. 극작품이 빛의 유희, 몸짓과 찡그림, 짝짓기, 울음소리 등으로만 이루어질 때, 우리는 언어가 사라졌기 때문에 모든 문화적 유산과 그것이 담고 있는 이데올로기적 굴레가 사라졌다고 확신한다… 하지만 결국 몸짓, 감정의 폭발, 무언극 역시 여전히 같은 이데올로기의 전달자가 아니겠는가. 무대 위에서 사랑하는 것, 아주 좋다. 그런데 체위와 애무 기술은 부르주아적 기술에 의해 만들어진 것이 아닌가? 사람들은 더군다나 '민중' 학생이나 어렵게 동원한 몇몇 조합원으로 된 민중이 아닌 진정한 민중이 연극을 보러 오는지, 그것을 좋게 평가하는지, 거기에서 혁명적 의식 같은 것을 얻어 가는지 등의 질문을 하지 않는다. 어찌 되었건, 혁명적 메시지의 최종 중의 최종이 화가의 완벽하게 하얀 천, 작곡가나 극작가의 완전한 침묵, 조각가의 가공되지 않은 마티에르라면, 그것을 두고 엄청난 수다가 일어난다. 즉 그 창작가가 하고자 했던 것에 대한 설명이 급증한다. 우리는 10여 년 전부터 자신들의 의도, 생각, 선언에 대한 예술가들의 끊이지 않는 수다를 보았다. 달리 말하면, 예술 작품은 읽을 수 없고, 이해가 불가능하므로, 극단적으로는 존재하지 않기 때문에, 관객들에게 무슨 일인지, 그것이 무엇을 **의미하는지** 잘 설명해야 한다. 물론, 화가들은 어떤 '주제'가 있는 회화를 끔찍하게 배척한다. 모든 사람은 '일화', '이야기'를 무시해야 함을 안다. 소설과 극작품은 시작과 끝이 있는 어떤 모험을 말하려고 거기에 있는 것이 아니다. 그렇지 않다. 당신은 이야기를 옆에서 따로 발견한다. 예전이라면, 당신은 그림 아래에서 '전설'을 발견하였다. 날개 달린 말을 타고 하늘로 올라간 벨레로폰, 등. 오늘날 전설은 더는 그림 위에 새겨지지 않는다.130)　어쨌든 그것은 너무 길 것이다! 왜냐하면, 예술가는 자기 의도를 강연, 인터뷰, 소논문, 그리고 책으로 퍼뜨릴 것이기 때문이다. 예술 작품은 거의 예술 작품 같지 않아서당연히! 아무도 단번에 그것을 알아차리지 못한다. 나는 이러저러한 이유 때문에 지푸라기를 사용했다… 당신이 거기에서 검은 줄무늬를 본다면, 그

---

130) 그럼에도… 가장 추상적인 작품들의 제목을 보자. 〈살아 있는 정물화〉, 〈속삭이는 기계〉(클레), 〈아킬레우스의 해골〉(아르망), 〈동물의 운명〉(마르크), 〈빠른 알몸의 사람들에 의해 둘러싸인 왕과 왕비〉(뒤샹) 등은 얼마나 이야기를 잘 표현하고 있는지. 그리고 피카소의 수수께끼 같고 매혹적인 수많은 제목… 정말 '주제'가 있다! (주제 회화의 의미 속에서)

것은 이러저러한 것을 의미하기 위해서이다. 나의 연극은 이러저러한 것을 설명하기 위한 말더듬증에 지나지 않는다. 물론, 무의미가 사회의 무의미라는 것을 **한쪽에서** 길게 설명해야 한다. 구체적인 음악은 우리를 질리게 한 소음들의 세계이다… 그런데 사람들이 이론적 측면에만 머물렀을 때는, 이것은 어느 정도 흥미를 주었다고 해야 한다. 이어서, 이러한 '비—예술 작품' 앞에서, 사람들은 머리를 쥐어짜면서 '뭔가' 흥미로운 것을 찾을 수 있었다. 이런 예술이 혐오스럽다면, 그것은 내가 부르주아적 이데올로기부터 떨어지지 못했다는 증거이다! 왜냐하면, 흥미를 돋우는 것이야말로 당연히 혐오스러운 것이기 때문이다. 즉 이 예술은 당신을 혁명적으로 참여하게 해야 하지, 당신의 흥미를 자극해서는 안된다. 그런데 작가의 설명으로 넘어가면, 사람들은 경악의 수준에 이르게 된다. 우리는 극단적인 흥미 부재의 '메시지'를 접한다. 아도르노는 '정신적 무기력'이라고 말한다. 나 역시도 자기 작품들을 설명하는 작가들의 인터뷰나 기고문, 책들을 거의 다 읽고 난 후 느낀 소감은, 우리를 사로잡는 것은 바로 그것이라고 생각한다. 고다르, 베케트 또는 로브 그리예처럼 가장 강해 보일 수 있는 작가들에게서조차 마찬가지이다. 우리는 두 가지 커다란 방향을 접한다. 한편으로, 인문과학으로부터 나온 어휘들의 난해한 축적이 있고, 라깡이나 데리다의 모방 다른 한 편으로, 매우 형편없는 좌파의 장광설, 당혹스러운 낡음이 있는데, 특히 후자는 찰리 채플린의 **위대한 독재자**의 마지막에 나오는 한심스러운 '메시지'를 넘어서지 못한다. 이러한 예술가들은 어느 정도 교양 있는 척은 한다. 하지만 독창적 사상을 갖지 못하고, 자신들을 결정짓는 것이 무엇인지 이해할 능력이 없다. 그들은 자신들이 이미 철 지난 이데올로기에 완벽하게 젖어 있고, 우리가 처한 실제 세계에 전혀 적응하지 못함을 의식하지 못한다. 그들은 상식적인 것을 매우 심각하게 쏟아낼 뿐이다.. P. 슈로, J. 이방…

그러니까 나는 너에게 계급, 계급투쟁, 지배 이데올로기, 친부 살해, 억압, 성적 자유 등을 아주 심각하게 말한다. 니키 드 생팔의 **나나**들은 "머리가 이상하리만큼 작고, 성격도 괴상한 여인을 그리고" 있다. 니키 드 생팔은 여성이 지구 위에 남은 최후의 식민지라는 본질적인 진실을 발산한다. 반면에 탱글리는 컴퓨터가 권력을 쥐게 될 순간에 대해 심각하게 말한다. 매우 놀랍도록 낡고, 심각함과 깊이, 독창성, 특수성이 빠진 형식과 사고! 우리는 자신들의 작품이 심오하다고 우겨대고, 자기만족으로 가득 찬 이러한 모든 예술가의 과장되며, 끊이지 않는 수다로 고통받는다. 이러한 예술은 소위 메시지라는 것을 꼭꼭 숨길 때만 예술이라고 자처할 수 있다. 메시지가 드러나게 되면, 애석하게도 사람들은 그것이 있지도 않았거나 멍청한 것이었음을 알아버린다! 결국, 나는 그로부터 작품으로 다시 거슬러 올라가야 한다. 즉 작품이 말하려고 했던 것이 그러한 것이라는 순간에, 작품은 정말 어떠한 중요성도 갖지 못한다. 따라서 드러난 '메시지'의 무가치성이 작품의 유효성에 의문을 제기하게 한다. 그런데 단지 정치적 메시지만이 우스꽝스럽게 밝혀진 것은 아니다. 정신적 또는 철학적 메시지 역시 그러하다. 스톡하우젠의 설명들「르 몽드」(1977년 7월)은 아주 낡아빠진 상투어들로 된 천이어서, 정말 밤낮 똑같은 소리를 듣고 있어야 하는지 모르겠다! 공장들 속에서 작업 중인 루시퍼, 의사 또는 훌륭한 과학자의 모습을 한 대천사 성 미카엘, 그리스도의 개념과 연결된 미세 원자 물질, 황도대의 음악적 설명, 삶의 소용돌이, 의식의 나선형 역사, 그리고 마지막으로 우리의 '섬'이 너무 많은 모순된 문제들로 넘치기 때문에, 우주를 향해 지구를 떠나기. 우리는 그러한 음악적 과학과 그러한 사상적 허망함 앞에서 아연실색한다.

부조리극 또는 조롱극을 살펴보면, 우리는 거기서 가장 무미건조한 비평의 모든 상투적 표현들을 발견한다. 사랑과 우정의 실패, 대화의 부재,

테러리즘과 사디즘 그리고 기괴함의 지배. 알프레드 자리는 놀라웠지만, 이런 메시지의 끝없는 반복은 그저 우스꽝스러울 뿐이다. 그리고 또한 베케트, 아라발, 아다모프는 그것이 기술화의 반영에 불과할지라도 실제로 어떤 사상이 있다. 하지만 그들의 계승자들은 그런 고상한 운동들에 이미 심취한 관객에게 우물쭈물 말하거나, 정치적 추파를 보낼 뿐이다.

대부분의 '해프닝'에서 우리가 확인하는 것도 믿기 어려운 똑같은 나약함이다. 각 개인이 고립되고, 복종하는 순종주의 세계에서 예술은 사건을 창조하는데 의미가 있다고 누군가가 말할 때 우리는 존경심에 사로잡힌다. 하지만 사건이라는 것이 머리에 종이 띠를 두른 산책자이거나, 먹거나 깨뜨리도록 입구에 12개의 달걀을 놓는 것이라든지, 낯선 이들에게 서로 손잡고 사진을 찍으라고 요구한다든지, 파리 거리에서 거품을 날리는 것이라면, 그것은 학생들의 허풍스런 장난 정도에 지나지 않는다. 이것은 담론의 놀라운 허영, 자만, 우쭐거림과 초라하고 바보 같은 현실들 사이의 완벽한 결별이 솟아나게 한다.

이러한 작품은 그러므로 더는 예술의 표현이 아니다. 그것은 메시지로서도, 형태로서도 아무것도 아니다. 그것은 심오함을 생각하게 하는 난해성 속에 종이로 만든 부활절 달걀을 숨기는 짓이다. 그것은 어떤 미학의 공식적으로는 거부당하지만, 그 일에서 유일하게 승리하는 현실, 즉 거의 완벽한 사상의 부재를 보여준다. 예술가들이 난해한 어휘를 사용해 자신들의 메시지를 표현할 때, 나는 그것이 자신들이 말하려 했다는 것의 궁핍함을 더 잘 감추기 위한 부차적 난해함이 아닌지 의심한다… 이해할만한 언어로 바꾸어보아라 이것이 정말 테러리스트의 작업이다, 그러면 당신은 아무것도 없다는 것을 감지할 것이다. 이 모든 것의 선구자로 헨리 밀러를 들어보자. 당신은 그에게서 모든 상투적인 것들을 발견할 것이다. 기계와 돈, 일상의 혐오에 대한 그의 새롭지 못한 사회 비판을 보자면, 사회는 예술가로 하여금 살아갈 수 없고, 표현할 수 없게 해서 나쁘다. 예술가와 예술에 대한 과장된 이데올로기, 예술가와 바리새인당연히 부르주아 사이의 대립, 예술가를 부정하는 세계와 맞선 고독한 예술가의 이상, 사회가 예술에 의해 변화할 것이라는 확신. 그런데 그의 미합중국에 대한 나약함과 애정은 무엇인가. 그에게 미국의 다양성은 진정한 자연과 진정한 인간들을 발견하게 한다. 모든 미국적 이데올로기가 밀러의 작품에서 줄을 잇는다! 인간과 남부의 이데올로기, 라마 크리쉬나와 비브카난다. 아메리카는 위대한 인간들, 화가들과 음악가들 덕택에 위대한 나라이다. 포르노적인 '노골성'과 화자의 거짓 진솔성으로 가려진 엄청난 상투어들… 정말 밀러는 한 세대의 작가들, 시인들, 화가들의 선구자였다. 그런데 그가 그들에게 무엇을 전달했던가? 달리 말하면, 혁명적 메시지를 담은 예술적 표현들은 내가 보기에 말하고자 하는 것의 새롭지 못함으로 특징지어지는 듯하다. 그것들은 또한 작품들에 대한 누구나 알 수 있는 단순한 선전의 성격을 띤다. 순수한 선전인데, 사람들을 어떤 방향으로 향하게 하고, 빤히 드러난 오류와 거짓을 진실이라고 공갈치기 때문이다 그리고 그것들은, 마지막으로, 예술가들의 우리 시대 현실에 대한 완전한 부적응으로 특징지어진다. 그들은 이미 철이 지난, 2세기 전에나 유용한 분석에 따라 말하고, 생각한다.131) 그들의 메시지는 그 안에서 표현해야만 하고, 그들이 전혀 의식하지 못하는 기술 환경 자체에 의해 거세되었다. 그렇지 않으면 인간의 기계화, 로봇에 대한 두려움처럼 아주 낡은 피상적 수준에 머무른다

예술가들이 거짓 상황과 거짓 문제들을 가지고 혁명적일 때, 그들의 메

---

131) 나는 혁명에 대한 두 개의 앞선 연구에서 내가 겨냥하는 것이 당연히 서구 세계, 유럽, 미국의 예술가, 지식인 그리고 혁명가라는 것을 명확히 했다. 라틴 아메리카의 화가, 소설가, 시인, 극작가, 감독이 자신들의 작품에서 부르주아의 지배, 미국의 제국주의를 공격할 때, 그들은 당연히 옳고, 그들의 메시지는 그들이 처한 상황에 비교해서 사실 혁명적이다. 그러나 우리에게 그러한 혁명적인 문제가 여기에서 또한 그러하다고 믿게 하려고 그 작품들을 유럽에서 다시 다룰 때 오류와 거짓은 시작된다. 자끄 엘륄, 『혁명의 해부』(대장간, 2013), 『혁명으로부터 저항으로』(1971).

시지는, 한 편으로, 그들이 공격하지 않는 진정한 권력에 의해 거세당하고, 그들은 부르주아, 자본가를 공격하고, 기술자를 공격하지 않는다. 그들은 기술의 우월성이 아니라, 정치적 수준에 자리한다 다른 한 편으로, 그들은 현재 상황을 덮어버리는데 이바지한다. 그러므로 이러한 혁명적 예술가 중에서 가장 꼴통들이 사실은 반혁명적인 사람들이다. 그들은 부르주아 이데올로기, 전통적 윤리, 가족 등을 공격한다. 그러나 이것은 1880년에는 완벽했었다. 오늘날, 그것은 단지 우스꽝스러울 뿐이다. 그들은 그렇게 함으로써 자신들이 하나의 기능인 기술 시스템, 기술의 거대함과 일상성에 의한 영향을 가려버린다. 그리고 그들이 「알파빌」, 「녹색 빵」과 같은 영화에서 그 영향을 포착한다고 주장할 때, 그 내용은 너무나도 착각이어서, 거기에서 우리 사회의 실제 상황에 대한 진지한 문제제기를 보는 것은 불가능하다.

그런데 우리는 이 예술의 또 다른 주장을 소홀히 할 수 없다. 우리는 연극, 소설, 회화에서 끔찍함의 예술이 점점 더 발달하는 것을 목격한다. 묘사의 끔찍함, 상황의 끔찍함, 찡그림의 끔찍함, 색채들의 끔찍함, 찢김들, 모든 가능한 형태의 비인간성, 인간의 사물로의 축소, 고문과 추잡함. 우리는 끔찍함으로 포만 상태에 빠져있다. 우리는 이미 그에 대한 변명이 아니라 합리화를 보았다. "우리가 사는 세계가 끔찍하다면 왜 우리는 그것을 설명하지 않겠는가? 우리 주변이 우울하고 끔찍한데, 왜 우리는 파란, 장밋빛의 목가적인 기쁨의 예술을 표현할 것인가?" 예술가는 그 시대의 증인이다. 그렇다고 하자. 다만 그가 자기 시대 모든 증인이 아니라는 것만 우선 말하자. 왜냐하면, 아름다운 헌신, 유쾌한 삶, 행복한 사랑, 건강한 정치적 노력, 살아 숨 쉬는 희망 또한 존재하기 때문이다. 그런데 이런 사실을 예술가는 보고 싶어 하지 않는다. 그들 중의 하나가 거기에 몰두하면 사람들은 그를 부르주아적이고 낭만적인 문화의 소지자로 경멸한다. 넘어가자. 우리에게 중요한 것은 여기가 아니다. 큰 주제는 사실 다음이다. "상황의 끔찍함을 묘사하면서 우리는 사람이 그에게서 벗어나도록 부추긴다. 우리는 그가 반항하도록 유도하며, 유익한 반응을 하도록 자극한다. 그가 잔인한 독재자를 만나면, 그는 독재에 저항하는 투쟁에 뛰어든다. 그가 돈의 가혹한 족쇄를 보면, 자본주의에 대한 투쟁에 뛰어들 준비를 한다. 그가 고문을 목격하면, 어떤 탄압에든지 협력하기를 거절할 것이다…" 끔찍함의 재현이 갖는 혁명적 측면은 그러하여서, 끔찍함은 항상 타도해야 할 적의 얼굴을 가진다. 그런데 나는 이런 모든 주장이 극단적으로 잘못되었고, 그러므로 반대로 불행하게도 전도되어야 한다고 생각한다. 기술 사회 속에서 인간은 우리가 알고 있는 것처럼 형성되었기 때문에, 끔찍함의 회화는 어떤 긍정적인 반응도 이끌어내지 못한다. 그것은 오로지 끔찍함의 배가일 뿐이다. 인간은 미약한 수준으로, 그리고 종종 무의식적인 방식으로 어떤 고통스러운 상황을 살아간다. 갑작스럽게 그는 그 고통스러운 상황이, 극단에까지 이르러, 끔찍스러워져서 자기 앞에 펼쳐진 것을 본다. 사람들은 "네 조건이 이렇다"라고 말한다. 그는 그 상황을 일종의 중력처럼 별로 의식하지 않으며 살아왔었는데, 사람들은 그것의 절대적 치명성을 그에게 보여준다. 그는 저항하지 않고, 절망, 신경증, 자살 속으로 빠져든다. 끔찍함의 재현이 다른 것이 되기 위해서는, 그러한 상황을 초탈하고, 공포의 집중을 어떤 순화 의식으로 삼는 문화, 예컨대 사회적이고 종교적인 어떤 전체가 필요하다. 오로지 순화가 있는 곳에서만, 독립된 그 어떤 것의 위대함 덕택에 상황의 초탈이 있을 수 있다. 중세 말기가 끝없이 죽음의 승리를 재현했지만, 그것은 끔찍하지 않았다. 왜냐하면, 그것은 부활과 관계해서 위치했기 때문이다. 부활 속에서 죽음이 정복되었기 때문에 사람들은 죽음을 정면으로 바라볼 수 있었다. 그런데 혁명은 인간을 그 이상도 아닌 자신에게 되돌리기 때문에 이러한 역할을 수행할 수 없다. 이런 재현된 공포로 가득 채워진 각자가 확인하는 것은 상황을 바꿀 수 없는 자신의 극단적인 무기력함이다. 기술은 인간을 객관적 힘들의 꼭두각시에 지나지 않게 길들였다. 그리고 이제 사람들은 그에게 그 힘들이 끔찍하다는 것을 보여준다. 인간은 그로부터 두려움 밖에는, '투쟁하는' 광경을 피하고 싶은 의지 밖에는 얻지 못한다. 14세기 인간은 죽음이 부활로 정복당한다는 것을 알았다면, 20세기의 인간은 혁명이 일어난 곳 어디에서든 실패했다는 것을 알고 있다. 그래서 더욱 두렵다. 예술가의 상황에 의해 도출된 끔찍한 반대 의미가 있는데, 그것이 바로 이 예술의 의미이다. 이 예술 속에서 인간의 재현은 순화, 악의 추방 또는 카타르시스의 의식이 아니다. 인간은 단지 자신의 무기력 속에, 그리고 악의 어찌할 수 없는 지배 가운데 확인된다. 그리고 이 예술은 특히 초월을 향한 긴장이 아니다. 그것은 반대로 부수적인 갇힘이다. 무엇을 초월한단 말인가? 사람들이 **예술 속에서 완전한 기술적 수단들을 가지고** 인간 재현으로 초월할 수 없는 절대를 만들어 버렸는데… 어디로 가기 위한 초월인가? 공포의 화가는 공포 외에는 다른 어떤 것도 우리에게 말하지 않고, 다른 길, 다른 출구를 지시하지 않는다. 외침은 공허함 속에 있다. 맹인이 유일한 견자이다. 이 모든 것은 인간을 복종하게 이끌 수 있을 뿐이다. 극장에서 **대통령**을 공연하는 것은 관객들로 하여금 비굴하게 독재를 받아들이게 할 수 있을 뿐이다. 그리고 공연된 독재가 가증스럽고, 부조리하고, 망상적일수록, 인간은 더 자신을 작게 하고, 보이지 않게 하며, 포착할 수 없게 하고자 한다. 존재하지 않는 것이 유일한 해결책이며, 그것이 유일한 원천이다. 왜냐하면, 잔인함이 세계를 지배하기 때문이다. 잔인함은 세상을 확실히 지배하여 예술은 더는 다른 것을 말하지 못한다. 이 예술은, 사회의 기술 구조화 때문에 구조를 상실했는데, 조금이나마 기술에서 벗어나는 것처럼 보이는 것 속으로 도피한다. 예컨대, 한동안은 에로티시즘 속으로 그리고 더 많은 시간 동안 공포 속으로 피신한다. 그리하여 이 예술은 인간이 자발적으로 느낄 수 있는 공포를 재현을 통해 2배로 확대하고, 완성한다. 그리고 인간은, 겨우 남아 있던, 비천하게나마 살아갈 가능성을 이 예술 때문에 박탈당한다.

3. 공동체

메시지를 담은 예술은 결국 선전 예술이다. 그리고 그것의 가장 흥미로운 측면 중의 하나는 공동체적 측면이다. 작가, 관객, 생산자, 소비자의 구분을 하지 말아야 한다. 관객과 작품들 사이에 존재하는 거리를 제거해야 한다. 예술은 접근, 일치, 집단적 창조여야 한다. 사람들은 그리스적 연극을 꿈꾼다. 그 연극에 대해 사람들은 무척 낭만적으로 생각한다. 그러나 공동체를 만들었던 것은 그 연극이 아니었다. 공동체는 도시 안에 존재했었고, 그 연극은 모든 이들의 감정이었던 것을 강하게 표현했었다. 화가는 순백의 공간을 관객의 처분에 맡기고, 모든 사람은 거기서 자기를 표현할 수 있을 것이다. 뱅센느 숲 까르뚜슈리에 참여자들은 수동적 표현인 관객 대신에 직접 행진에 참여하여 혁명가를 부르라고 부탁받는다. 다른 배우들은 '행위자들'이 만지거나, 애무하거나, 부추기는 것을 허용한다… 또 극단 리빙Living에서 사람들은 모든 이들의 일치를 상징하는 빵조각을 전달한다. 시인은 바둑의 규칙에 따라 재구성할 텍스트를 당신에게 제공하거나, 루보의 Σ 또는 당신이 무한히 결합할 수 있는 시들을 제공한다. 끄노(Queneau)의 백만 개의 시 건축조차도 건축가가 타인을 위해 건축한 완성된 생산품이기를 멈춰야 한다. 사람들은 자신들의 취향에 따라 공간을 바꾸고 수정할 수 있어야 한다. 또는, 리카르도 보필은 바르셀로나의 설계사무실 텔러 데 아르콰이텍트라와 함께 자신이 건축할 건물들의 설계도 작성에 '사람들'을 참여시킬 것을 주장한다. 하지만 우리는 참여 요청을 받은 사람들이 누구인지, 참여는 어떻게 이루어졌는지 정확히 알지 못한다. 단지 그 후에, 우리는 이러한 대형 건물에 살 가능성에 대한 사람들의 의견과 평가를 묻는 것을 보았다. 공동체. 참여.

공동체 형태 중의 하나는 분명히 관객과 소비자의 참여에 대한 배려이다. 그들은 자신들이 참여자, 창작가가 되기 위해 관객, 소비자이기를 멈춰야 한다. 이제는 완성된 작품은 존재하지 않고, 계속 이어질 단순한 시작만이 있을 뿐이다. 이것은 연극에서 매우 명확해지는데, 예컨대 관객들로 하여금 존재하지 않는 텍스트에 대한 연습을 지켜보게 하는 것이다. 개방 연극의 창작방(1978)이 그러한 경우이다. 관객들은 의견을 제시하거나, 조언하면서 연극을 만들어간다. 물론 이러한 것은 모든 예술로 하여금 관객들에게 완성되지 않은 것을 제시하게 한다. 한 번의 붓 자국, 아직 덜 다듬어진 한 조각의 마티에르… 회화와 조각은 이렇게 만들어진다. 부족한 것을 보충하는 노력은 관객이 해야 한다… 의기양양한 그는 더는 수동적이지 않다!

예전에는 수동적으로 거주하고, 소비하고, 감상했던 사람의 창조적 활동. 기술적 도구들은 마찬가지로 이러한 창작의 놀라운 가능성으로서 우리에게 보인다. 예술가는 단지 사회자, 게임 진행자에 지나지 않는다. "19세기 예술은 공감을 요구한다… 그러므로 관객의 적극적이고 창조적인 개입… 존재와 행위에 대한 더 시간적인 의식을 요구한다. 즉 정지되거나 정형화된 존재보다는 가능성에 가치를 부여한다… 유동적 구조들을 가진 열린 회화로부터 예기치 않은 유형들이 나올 수 있다"들르부아 브랑쿠지와 올덴부르크의 공통점은 모두가 관객들의 참여를 부른다는 것이다. 부랑쿠지 조각의 매끈한 표면이 이루는 거울 속에서 자신의 이미지를 보는 관객은 작품의 형태 속으로 들어가는 인상을 받는다. 그리고 때때로 예술 작품이 드러나기 위해서는 관객이 손잡이를 돌리거나, 움직이는 바닥 위에 설 필요가 있다. 연극의 경우, 사회적 관계들이 인간성과 가치를 상실했기 때문에 더는 그것들을 **재현하는 것**은 의미가 없다. 문제는 관객들과 배우들 사이에 새로운 사회적 관계들, 혁신적이고 그래서 진솔한 관계들을 창조하는 것이다. 사르트르나 카뮈의 시대처럼 연극 안에서 생각하게 하는 것은 더는 문제가 되지 않는다. 그리고 베케트나 부뉘엘의 영화에서처럼 이해는 못했더라도 일단 받은 일련의 이미지나 감정을 통해, 간접적인 메시지를 느끼게 하고, 전달하는 것은 더욱더 문제가 되지 않는다. 공연과 관객 사이의 거리를 완전히 제거하는 것이 문제다. 공연의 사회를 타도하기 위해, 사람들은 더는 브레히트가 주창한 주제와의 거리 두기를 하지 않는다. 반대로 사람들은 모든 참여자, 관객과 배우들을 모두 침수시킨다. 그들의 역할은 사라지고, 그들은 모두 주도자가 되어 흥분과 명상, 그리고 공동체적 상호 기여에 이른다. 극단 리빙은 관객을 공격하기를 원한다. 하지만 그 공격은 대중매체들의 광고 공격에 맞선 역공이라고 주장한다. "사람들은 대상 자체로서 관객을 넘겨주고, 그가 연극 속에 주체로서 들어갈 수 있게 한다."132)

사실 관객의 창조적 참여나, 예술가와 관객 사이 구분의 부재라는 표현을 통해 우리는 거의 아무거나 의미할 수 있다. 관객이 창조와 참여를

---

132) 반대로 '관련자들에게 발언권을 주는' 많은 의도는 매우 긍정적이다. 단 보부르에서처럼 모든 것에 영향을 주는 것이 기계나 전문 사회자가 아닐 때 한해서이다. 그런데 매우 진솔하고, 거의 알려지지 않은 경험들이 실제로 존재한다. 몽벨리아르 노동자들의 연극적 표현들이 그러하다. 거기에서 카르나발과 성 요한 축제는 낡지 않은 새로운 형태의 대중적 축제의 성격을 가진다. 연극적 표현들은 텍스트를 기반으로 해서가 아니라 일상생활로부터 시작하여 깊이 연구되고, 준비되었다 (즉흥적인 것은 결코 존재하지 않는다). 그러므로 제스처와 암시는 (전문가가 아닌!) '작가들'과의 완벽한 합치 속에서 관객들에 의해 즉각적으로 이해된다.

하기 위해서는 보부르 갤러리에 오는 것으로 충분하다고 하는 보부르 센터 관장의 인터뷰를 듣지 않았는가?1976년 9월 TV 관객이 박물관에 온다는 사실은 벌써 그 자체로 예술적 이벤트이고, 예술품 창작에 모두의 참여이다! 그것은 명확하다. 하지만 일찍이 그 생각을 해야 했다!

연극은 삶 자체인 공동체적 일치를 재창조한다고 주장한다. 그리고 이것은 '반문화적 행사들' 이나 언더그라운드 행사들 속에서 극단까지 밀어붙여 진다. 거기에서 공동체적 요소는 특히 강렬하다. 하지만 여기서 우리는 종종 기술적 방식들에 의해 제작된 공동체적 일치 속으로 들어간다. 예컨대, 속도, 환각, 마약, 최대한으로 증폭된 전자 음악, 스트로보 조명 등. 특히 팝 음악은 일체감을 가져다준다고 주장했다. 물론 화이트와 우드스톡 같은 거대한 모임들이 그것을 허락했다. 게다가 지독한 고독 속의 일체감. 팝 음악은 일체감적 음악이었고, 사람들이 이야기했듯이, 그 예술은 관습, 사회생활, 정치적 또는 종교적 사상을 변화시키기 위한 출발점이었다.133) 팝 음악은 1963년경에 '롤 블랑' 과 프레슬리를 계승했었다. 그것은 주변에 밀려있었던 젊은이들의 음악이었다. 일종의 공동체가 성인 사회, 소비 사회와 대립했다. 그것은 자신들이 소외되었다는 것을 나타내는 수단이었다. 그것은 하나의 신비를 만들어냈고, 사람들은 반기술적인 커다란 변화가 시작되었다고 믿을 수도 있었다. 그 음악은 찢어지는 소리를 통해 효과를 내고, 독특하게 파고드는 능력이 있다. 그렇지만, 그리고 그것은 동시에 본질적인 요소이고, 고정된 관점이 없는 음악이며, 사람들을 침수시키는 무정형의 플라스마이다. 사람들은 이 음악이 무한한 자발성과 의도적인 비일관성으로부터 나온다는 인상을 받을 수 있다. 하지만 바로 그것이 이 음악에 전적인 통합의 힘을 부여한다. 왜냐하면, 모든 참여자가 동시에 똑같은 비일관적 자발성을

---

133) 예컨대, 알베르 레너의 〈팝의 모험〉, 1974를 참고하시오.

경험하기 때문이다. 그들에게는 자신들의 자발성이 정확하게 표현되고 있다고 여겨질 것이다. 즉흥적으로 만들어진 모두의 이벤트 가운데서 모두가 같은 음폭의 본능과 직감으로 진동하기 때문이다. 새로운 삶의 스타일이 발견되었다. 물론 사람들은 비틀즈나 롤링 스톤즈, 밥 딜란과 같은 백만장자를 만들어내는 성공에 대해 우려할 수 있었다. 하지만 이것은 다시 찾아진 진솔성과 자발성에 비추어 별로 문제가 되는 것 같지 않았다. 그리고 현실로부터 나온 깊이 있는 메시지와 희열, 신비, 일치를 자극하는 음악이 놀랍도록 잘 결합하였다. 군중은 정신적이고 자유로운 삶으로 들어가기 위해 닻줄을 놓을 준비가 되어 있었다. 즉각적으로 대중들에게 다가설 수 있고, 현학적인 문화와 음악에 대립하는 예술. 삶 앞에서의 희망, 실패, 의혹의 표현이며, 우리 시대의 거대한 변화의 이미지. 절대적 자유에 대한 열망,리치 해븐즈와 다른 많은 이들의 자유 베트남과 모든 전쟁에 반대하는 노래들. 어떤 절대의 추구. "무엇이든 다른 것…" 이러한 거대한 충동을 부정하거나 하찮게 만드는 문제가 아니고, 그것이 순간적인 불꽃이었음을 확인하려는 것도 결코 아니다… 사람들은 뒤이어 일어난 일들을 보고 종종 기성 질서로의 흡수에 대해 말했다. 팝 운동은 좋은 사업거리가 되었다. 쇼 비즈니스, 음반 생산자들이 이 열정을 낚아 챘다. 집중적인 선전 공세가 대형 집회들을 지속시키고, 히트를 시키며, 인기 순위에 올려놓는다. LP 레코드의 우상들은 정확하게 스타 시스템의 뒤를 잇는다. 일체감을 주던 공동체들은 콘서트들로 변질하고, 높은 입장료 때문에 선발된 애호가들만이 그곳에 올 수 있다. 언더그라운드는 **파리- 마취**와 TV에 길들여진 중산층의 정상적인 파노라마에 포함된다. 1970년에는 그런 일은 실패로 돌아갔다. 하지만 여기서 우리의 관심을 끄는 것은 상업화와 일반화가 아니다. 사실 그것은 자본주의를 개입시키지 않더라도 충분히 예측 가능했다. 팝 음악은 명확한 특성들을 제시하는데, 무엇보다도 2박자 리듬과 전자 기기의 결정적인 영향이다. 기타와 피아노의 전자화는 결정적인 사건이다. 그것은 청중의 청각적 감성을 변화시키고, 음악가들의 표현적 경향을 변화시킨다. "전자 기타는 부분적 톤에 대한 짧은 변화를 부추겼고", 동시에 그 음악의 압도적인 힘은 모든 개별성과 반사성을 무력화시켰다.L. 말송 달리 말하면, 팝 음악은 무엇보다도 기술의 산물이다. 그래서 우리는 매우 놀라운 현상을 보게 된다. 즉 이 음악은 탈출과 극단적인 이의제기를 원하지만, 기술에 의해서만 존재할 수 있기 때문에 기술 시스템 안에 포함되어 버린다. 결국, 이 기술적 매체가 전달되는 메시지보다 훨씬 더 중요하다. 이렇게 창조된 실질적인 공동체적 일체감은 기술 사회의 표현 중의 하나이다. 이것은 팝 회화에 의해 한층 더 뚜렷해진다. 산업 세계의 생산품들을 사용하는 팝 회화는 산업 세계를 반박하기 위하여 최신 기술들 덕분에 가능해진 새로운 요소들을 사용한다. 그리고 비디오처럼 참여적 문화를 창조하기 위해 동원하는 것도 항상 마찬가지 방식이다. 사람들은 창조적 '유희꾼들'을 만들기 위해 수동적 관객들을 폐지한다고 주장한다. 그리하여 이 '유희꾼들'이 일체감으로 뭉친 공동체를 만들 거라고 한다. 누구든지 지울 수 있고, 사용할 수 있는 비디오 이미지의 사용은 관계를 변화시킬 것이고, 공통의 인간성을 되찾게 할 것이다. 새롭지만 우리와 관련된 현실을 만들고, 제시하는 것이 문제 될 것이다. 그리고 사람들은 그렇게 되면 관심의 중심이 바뀔 것이라고 강조한다. 즉 사람들은 더는 극히 일시적인 작품이나, 대상이 아니라, **생산 과정**에 관심을 보이고, 생산 과정 자체도 생산물이 아니라, 체험한 것이 된다. 달리 말하면, 기술 자체인 이 생산 과정은 경험과 동격이 된다. 예컨대, 폴록의 화폭에 닿지 않는 붓으로, 물감이 화폭 위에 흐르게 하는 '드리핑'이 그것이다. 과정, '행위 중'인 것은 진솔한 만남을 가능하게 한다. 이 만남은 "실험자들이 유토피아를 적극적으로 만들면서 그것을 경험하는체험-행위 동안 촬영된다. 그 필름은 똑같은 사람들 앞에서 상영될 것인데, 이 사람들은 일어났던 일에 대해 마찬가지로 적극적으로 해석할 것이다. 그래서 유토피아와 그것의 실현 속으로 더 멀리 가려고 할 것이다.해석-행위"빌르너, 다수 이것은 팝과 똑같은 메커니즘을 보여주는 면에서 매우 흥미롭다. 즉 대중문화를 만들어내는 공동체 생산 기술이다. 이렇듯 이러한 경향 전체가 공동체를 열망하는데, 공동체가 인간의 진솔성을 되찾게 하고, 이 세계와 그 기술화에 대한 저항으로 우뚝 선다는 것이다. 그런데 그에게서 나온 예술은 사실 기술 자체를 표현하고, 기술에 의해 결정되며, 정의된다. 기술 자체가 직접공동체를 생산한다는 것을 알아야 한다. 똑같은 기술의 기술자들 사이에 만들어지는 공동체를 언급할 필요도 없을 것이다. 첫 세대의 비행기 조종사들 사이의 우정은 오늘날 경기용 자동차 운전자들 사이의 우정과 다를 바 없을 것이다. 기술은 공연의 사회를 만들고, 그러한 사회는 본질에서 공동체적이다! 드보르는 이런 공연 속의 통합 과정들을 분석하면서 그 사실을 매우 잘 보여주었다. 하지만 동시에 진정한 커뮤니케이션이 없는 그 공동체는 "대답 없는 어떤 언어 시스템 내부에서 절대 권력"을 만드는 기술적 과정으로 특징지어진다. 그래서 나는, TV를 통한 세계적 공동체 위에 세워진 맥 루한의 유토피아를 그와 똑같은 맥락에서 상기할 수 있다고 생각한다. 각 개인은 TV가 차가운 매체이기 때문에 아주 강하게 참여한다. 사람들은 TV 시청자가 작은 화면에 의해 고립되고, 외롭고, 환각에 사로잡혔다고 생각한다. 어떤 의미에서 그것은 정확하다. 시청자는 육체적으로 그의 옆에 있는 사람들과 관계가 없다. 하지만 깊은 참여를 통하여 수 백만 사람들과의 교감이 있다. TV는 사람들을 서로에게 그 어느 때보다 깊이 있게 연결하게 한다. "미국의 대기업들은 시청자의 대거 참여라는 의미에서 자신들의 목표와 이미지를 다시 정의해야만 했다."

“우리의 10대들은 TV의 이미지가 미국의 문화를 소비의 단계 밖으로 내몰았음을 풍자적으로 말한다.” 왜냐하면, TV가 스스로 세계의 광적이고, 우스꽝스러운 이미지를 만들기 때문이다. 하지만 동시에 TV 생산품은 그것이 무엇이든지 정치적 메시지, 예술 작품, 광고된 제품 시청자의 참여가 증가하면 그만큼 덜 중요해진다. 중요한 현상은 참여 자체이다. TV가 당신을 사로잡는다. “TV가 당신을 잡는다. 당신은 그것과 연루되거나, 함께 해야 한다.” 맥 루한의 분석은 TV를 향한 시청자들의 필수적인 연루를 바탕으로 하고 있다.

시청자는 자극적인 빛으로 폭격을 당한다. TV의 이미지는 자체로는 빈약한 이미지이다. 그것은 고정된 이미지가 아니다. 그것은 음극선이 그리는 끊임없이 형성 중인 윤곽이다. 그 이미지는 매초 또는 초당 삼백만의 점들로 구성되며, 그대로는 기록할 수 없는 모자이크이다. 시청자는 자신의 이미지를 구성하기 위해 그 중 열두 개 정도의 모자이크를 취한다. 그는 일종의 무의식적 선택을 하게 되고, 항상 새로워지는 구성을 하게 된다. 이러한 TV 이미지는 우리에게 스크린의 공백들을 ‘채워 넣도록’ 강제한다. “10여 년 동안 TV를 본 젊은이들은 깊이 참여하는 거역할 수 없는 습관을 자연스럽게 갖게 된다. 이 참여 습관은 지금 문화의 멀고, 상상적인 목적들을 비현실적이며, 의미가 없고, 생기 없어 보이게 만든다. TV의 모자이크가 젊은이들에게 가르치는 것은 그것 밖에서는 아무것도 존재하지 않는 ‘지금’에 대한 완전한 참여이다. 태도의 변화는 프로그램 내용에는 전혀 종속되지 않는다⋯ TV에 길들여진 아이는 참여에 대해 꿈꾼다. 그리고 미래를 위한 전문화된 직업을 바라지 않는다. 그가 원하는 것은 역할이며, 사회를 향한 깊이 있는 참여이다⋯” 맥 루한 맥루한의 이론에 대한 비판들이 있고, 직접적인 커뮤니케이션을 통한 세계적인 ‘거대한 촌락’의 이데올로기가 어떠할지라도, 그는 기술들의 공동체적 공세 속에서 TV의 참여적 성격을 완벽하게 보았다. 이렇듯 현대 예술 속에서 권장되는 공동체는 기술 수단들 덕택에 가능할 뿐만 아니라, 다양한 형태로 공동체적 관계를 끌어들이고, 참여시키는 것은 기술 시스템이다. 일종의 공동체의 기계적 생산이 존재한다.134) 그래서 공동체를 만들어 낸다고 주장하는 예술은 기술 시스템이 생산하는 것의 단순한 이미지에 지나지 않고, 작동하고 허용되려면 기술 시스템이 있어야 한다. 그 때문에 샤르보노는 그러한 예술 속에서 공동체나 참여의 선언이 얼마나 거짓되었는지를 보여준다. "전통적 '문화들' 은 우선 참여였고, 우리의 문화는 즐김이다. 이 즐김이 미학적이거나 조잡하게 관능적일 수 있다는 것은 부차적인 일이다… 이 조직된 문화는 끊임없이 단조로움으로 위협받는다. 그것은 자연의 고갈되지 않는 분출로부터 단절되어 있다. 이 문화가 서로 파괴하는 미학적 쿠데타들을 증폭시키는 이유는, 이 문화가 인간들의 삶이 표현되는 형태들의 느린 발아를 방해하기 때문이다. 결합을 되풀이하면서 스타일들이 뒤섞이는 수많은 사회 대신에 하나의 사회만이 남는다. 그리고 자연적 종합을 대체해버릴 수도 있는 죽은 사회들의 예술을 선택하고, 동시에 거부하는 것은 절충주의가 아니다." 하지만 공동체적 자발주의가 저지르려 하는 것이 바로 이것이다. 그것은 새로운 분출의 가능성과 미학적 경로를 통해 어떤 사회를 재건하고자 한다고 주장한다. 거리의 축제, 문화적 행사, 이 모든 운동은 비현실적이 되어버린 기술 사회의 현실을 여전히 참아내고, 모든 고독과 수학적 노예 상태에서 오는 좌절들을 보상하기 위해서만 존재한다. 하지만 예술은

---

134) 물론 사회와의 관계는 실제로 비의도적이고, 무의식적이다. TV 연출가들을 상대로 한「르몽드」의 현실과 현실주의에 관한 여론조사는 이 주제와 관련하여 매우 시사적이다. 우리는 연출가들이 보여준 지적인 주장과 실질적인 현실에 대한 무지, 그리고 현실주의에 대한 전통적 토론에서 벗어나지 못함에 의해 놀라지 않을 수 없다. 모든 것은 일관성 없는 거대한 준철학적 담론 아래 감춰져 있다. 단 한 명도 기술적 현실이 어떤 점에서 TV와 관련되는지 이해하고 있는 것 같지 않았다.

이러한 기능 속에서조차 여전히 사회에 종속되며, 동시에 사회로부터 분리된다. 그것은 부르주아적 사치의 전성기처럼, 그리 비싸지 않게 팔아먹는 영혼의 보충물이다.

4. 보상적 유희주의

시스템에 의해 생산된 보상 메커니즘들 속으로 드디어 유희135) 가 들어온다. 예술은 하나의 유희가 되고, 유희와 축제로의 초대가 된다. 그리고 사람들은 이제 우리 사회에 축제 결여의 심각성에 대해 말한다. 후이징어의 **호모 루덴스**로부터 따온 이 유희주의는 공동체적 경향과 본질이 같다. 사람들은 거기서 직감으로의 회귀, 자발성, 순수한 비이성을 다시 발견한다. 물론, 해프닝은 이 유희주의에 속한다. 그것은 우리 현대 삶의 이성적인 것, 예견된 것, 계산된 것에 대한 반발이다. 그러므로 항상 익숙한 상황들에 자리 잡는 기존의 습관과는 반대로 전혀 예기치 않은 상황들에 처하는 문제이다. 예전 상황들에서는 우리는 해야 할 것을 알고 있으며, 사람들은 우리에게 대처하는 법을 가르쳐 주었었다. 해프닝은 불가능한, 우스운 상황이다. 거기서 사람은 갑작스러운 일을 당하고, 각자가 해결책을 만들어야 한다. 그것은 방어벽이나 신중함을 부서지게 하고, 고뇌와 불안전, 생각하게 하는 것을 만든다. 마찬가지로 우리는 새로운 낭만주의를 목격하게 되는데, 이 낭만주의는 상상적인 것, 예술에서 불필요한 것, 감상주의, 직감으로 이뤄진다. 60년대 미국의 가장 위대한 건축가 중의 한 사람인 루이스 칸은 모든 것에서 '시작' 에 자리를 잡

---

135) 유희가 현대 예술 속에서 두 가지 다른 측면을 갖는다는 것을 곧바로 지적하자. 하나는 보상적 유희, 시스템에 대한 반발의 그것이다. 다른 하나는 다음 장에서 볼 텐데 무상적 유희, 시스템의 표현이다.

으려 한다. 학교와 병원이 결코 존재한 적이 없는 것처럼 하는 것, 모든 것을 새로운 눈으로 다시 바라보는 것, 이것은 직감을 통해서만 실현될 수 있다. 회화에서 비시에르 역시 마찬가지이다. "손은 낯선 것으로 향한 다… 아무것도 그림을 준비할 수 없다. 우리는 순수한 자발성 가운데 있다." 그리고 결과적으로 이제부터는 아무것도 그림을 설명할 수 없다. 회화는 설명할 수 없다. 묘사에 대한 어떤 근심도 없다. 우리는 이러한 회화를 하나의 유희라고 생각할 수 있다. 하지만 이것은 우리가 다시 보게 될 텐데 비극적 유희이다. 유희의 가장 커다란 방향 중의 하나는 이성적인 것, 조직된 것, 계획된 것, 기술 자체의 거부이다. 많은 예술가가 바우하우스의 한 거장의 말을 반복할 것이다. "기계가 들어가는 곳에서 인간은 떠난다." 건축가는 자동차에 맞춘 도시 건설을 거부한다. 숨을 쉬기 위한, 유희를 위한 광장과 공간을 다시 부여해야 한다. 건축에서 유희는 보필Bofill이 주장하는 가장 중요한 요소 중의 하나일 것이다. 그리고 팝아트 또한 커다란 범주에서 유희였다. 이 예술은 내용도 의미도 필요로 하지 않는다. 그것은 문명과 현대 사회가 필연적으로 강제한 좌절들을 보상하기 위한 것이다. 게다가 억압받는 모든 것이 이 예술을 통해 은유적으로 표현된다. 현대 문화가 억압적이기 때문에 예술은 자유적인 반-문화를 생산해야 한다. 그리고 이것은 유희 속에서 가장 잘 표현된다. 생경한 경험을 재생산해야 한다. 도발적인 역설들 속으로 들어가야 한다. 그리하여 이것은 우리로 하여금 '비정형주의informalisme' 안으로 들어서게 한다. 그리고 어떤 면에서, 옵아트op'art 136) 도 그 엄격성에도 어떤 정보도 전달하지 않고, 아무것도 묘사하지 않으며, 감정을 만들어내는 것으로 만족한다. 형태들은 일시적이고, 재미로 만들어진다. 단어들은 이상한 방식으로 서로 부딪치고, 회화는 순수하게 행위적이 된다. 우연적

---

136) 역주) 옵티컬 아트 optical art, 광학 예술이라 한다.

인 것, 회수할 수 없는 것을 포착해야 한다. 어린 동물들처럼 유희해야 하고, 이렇게 즐기면서 예술적인 것을 만들어야 한다. 유희를 하면, 우리는 이해할 것이 아무것도 없다는 것을 깨닫는다. 그래서 우리는 되는대로 내버려두고, 우리의 쾌락 또는 우리의 욕망이 되는 대로 내버려 둔다. 우리 사회 안에 더는 유희도 축제도 없으므로, 예술의 소명 중의 하나는 인간에게 이러한 차원을 되돌려주는 것이다. 게다가 유희주의와 축제는 혁명적 표명이다. 거기에 사회에 대한 문제 제기가 있다. 우리 사회가 완전히 심각한 것, 효과적인 것, 적절한 것을 위해 만들어졌기 때문에, 그러한 사회에 축제와 예술의 예기치 않은 것을 도입하는 것은 모든 것을 문제로 삼는 것이다. 그와 함께 우리는 자신이 유희이기를 원하는 이 예술의 약간은 비극적인 성격을 발견한다. 그것은 동시에 혁명적 의지의 표현이다. 그러면 그것은 긴장된 모습을 보이고, 제시된 축제는 파격적이다. 현대 예술 속에서 사람들은 당신을 곱지 않은 시선과 경멸적인 표정, 금방 욕할 듯한 입, 그리고 극적인 어조로 유희와 축제에 초대한다. 당신이 유희에 참여하지 않는다면, 당신은 무식하고 반동적인 부르주아이다. 유희는 심각한 행위이다. 로브 그리예의 **뉴욕에서 혁명을 위한 프로젝트**는 의도적으로 뒤섞인, 그리고 규칙이 알려지지 않은 카드 게임이다. 또 이것은 십여 권의 현대 소설에도 적용될 수 있을 것이다. 물론, 니키 드 생팔과 탱글리도 자신들의 작품이 유희의 범주에 속한다고 생각한다. 기계적 진동으로 움직이는 조각품인 기계 장치 또는 거대한 인형들 … 생기 넘치는 장난감들. 예술가가 즐기고, 대중 모두가 초대된 이 유희 속에서 '자유'가 표현된다. 거대한 축제, 미학적이고 대중적 공연인 된 아비뇽 페스티벌에서 문제가 되는 것은 대중적 유희이다. 아비뇽 페스티벌1975년 이래과 같은 행사들은 전형적으로 비극적으로 덧없는 공동체적 합일을 추구한다. 분노를 표현하고, 혁명을 준비한다는 환상, 극단적인 문제제기의 환상, 변화의 강렬한 욕구와 절망에서 오는 심각함, 하지만 이 모든 것은 근본적으로 이데올로기적이고, 살아 있지 않기 때문에, 미세한 동요로 귀결되고, 얼굴을 가린 채 달아날 가능성만을 제공한다. 자유를 대신하는 유희. 비디오가 그렇다. 비디오를 통해 당신은 원하는 모든 것을 할 수 있고, 무엇이든지 표현할 수 있다. 하지만 그것은 유희일 뿐이고, 사실 인간은 유희 중에 기계에 의해 더 높은 가치를 부여받는다! 모델이나 배우가 된 사람들에게 비디오가 주는 효과를 잊지 말자. 그들은 연기 한다. 하지만 자신들이 그 후에 스크린에 비칠 것을 알기 때문에 그들은 중요한 인물, 주인공, 스타들이 된다. 여기서 자유는 기계로부터 우리에게 온다, 그런데 이러한 종류의 모든 경우에서처럼 그 자유는 어떤 숨겨진 역할과 예속을 대가로 지급한다. 이 유희가 공짜인 정도에서만, 그것은 비의도적으로 우리를 어떤 탐미주의로 이끈다. 미국의 소설은 사회 개혁의 의도 없이, 순수하게 유희하겠다는 단순한 의지를 통해서 탐미주의 속으로 옮아갔다. 츠루만 카포트, 살링거, 엎다이크는 이런 점에서 의미 깊다. 우리는 다음 장에서 탐미주의를 볼 것이다. 어느 발전 단계에서 유희와 탐미주의를 연결하는 끈을 지적하는 것으로 충분하였다. 마지막으로, 유희는 우리를 어떤 장식으로 들어가게 한다. 유희는 실제 생활이 아니다, 그리고 사실 유희주의 역시 예측 불허의 상황 밖에서 어떤 장식을 회복하려고 한다. 벽이나 울타리에 그린 그림과 장식, 장식되거나 그림이 그려진 항아리 등도 마찬가지로 해석할 수 있다. 유명 화가들뿐만 아니라, 예를 들어 세자르 아이들, 학생들, 그리고 벽화 애호가들이 참여하여 파리의 벽에 그린 벽화들은 이러한 장식-유희의 한 표현이다. 파리 중심부 레알의 벽면을 따라 그려진 꽃들과 새들, 나비들은 초등학교 학생들이 그린 것이었다. 용접기로 잘라내어 장식품으로 만든 폐차들의 벽에 인쇄하기… 이 모든 것은 분명 예술적인 표현이 될 수 있고, 오늘날 그렇지 않은 것이 무엇이 있겠는가? 어떤 유희를 표현하고 또 민중적인데, 장식 이상은 아무것도 되지 않는다. 그런 해프닝은 2시간 동안 지속할 것이다. 분명 누군가는 2시간이나 놀았다는 것이 이미 상당한 것이라고 말할 수 있을 것이다. 하지만 이건 결국 현실로부터 떨어지기, 어떤 보상이 아닌가. 따라서 누가 우리에게 이런 식으로 유희를 제안해왔을 때, 예술이 바로 19세기에 부르주아 계급에 의해 이런 식으로 간주되었음을 잊지 말아야 한다. 예술은 유용한 것의 미학적이거나 유쾌한 부속물이어야 했다. 탈곡기에 장식으로 덧붙여진 쇠로 된 꽃들. 그렇다면 파리의 장식되거나 그려진 벽들은 뭐가 다른가? 이런 절대적으로 이분법적인 관점에 비해 뭐가 새로운 것이 있는가? 조소적이고 미학적인 필요들이 그 상태로는 받아들여지기 힘들고 엄격한 실제를 보상을 통해 보충해주려고 온다. 1900년의 신예술이 이미 그렇게 했다. 사람들은 이 예술에 "불필요한 것을 장식으로 바꿨고, 유용한 것을 변덕으로 변장했다고" 비난하였다. 그렇지만 이것이 바로 현대 예술이 우리에게 제안하는 것 아닌가. 사람들은 당시에 이 신 예술이 "탐미주의에 바쳐진 괄호"였다고 말했다. 그러나 그건 잘못이다. 즉 탐미주의는 견딜 수 없게 경험된 산업 사회의 발달 앞에서 보상적인 반응이었다. 마찬가지로 그려진 벽들은 단조로움, 익명, 같은 것에 반대한 항의이고, 다른 현실을 잊기 위한 가짜 현실의 반짝임이다. 미셸 뷔토르의 **전파망**은 라디오를 위해 쓰였는데, 실제를 그리고 보상하는 이런 유희의 전형이다. 전적으로 인위적인 수단을 사용하여, 어떤 삶의 외양을 정확하게 재구성해야 한다. 비행기를 타고 누메아로 여행을 떠나는 한 커플을 생 자체의 모든 복잡성과 함께 뒤따른다. 이 작품은 아주 사실적으로 그려진 그런 생을 결코 살지 못할 청취자들을 위한 것이다. 다시 한번 예술은 중간에 놓인 사람을 통해 사는 것을 허용해주고, 거대한 공감이 된다. 특히 실제를 보여주면서 실제를 보는 것을 방해한다. 그렇지만 환상적이고 재구성된 실제로서, 하나의 유희이다. 즐기기이다. 하지만 오락 시간 동안에, 학생은 잠시 수업을 망각한다. 그것이 바로 보상적인 유희주의의 의미이다. 그렇다면 우리는 그 이중적 차원을 의식해야 한다. 우선, 유희주의는 일종의 보상이고, 그래서 그것은 기술 자체와의 관계에서만 존재한다. 유희는 기술의 충격과 방향에 의해 정의되고, 기술에 의해 강제된 좌절들에 따라 변화한다. 따라서 그것은 아무리 자기가 비판적이라고 주장하여도, 사회의 변형을 의미하는 것이 아니다. 유희는 아무것도 비판하지 않는다. 그것은 하나의 즐김이다. 그것은 또 회수 불가능 속으로 도피이다. 사람들은 승리했다고 믿는다, 왜냐하면 거기서는, 최소한, 예술을 유희로 데리고 가면서, 사람은 회수될 수 없기 때문이다… 분명, 그럴 필요가 없다. 그것은 새로운 어떤 가능성의 발명이 아니다. 즉 그것은 유일한 실제 가능한 것의 거부이다. 그것은 진정한 비판적 문제제기가 아니다. 왜냐하면, 이러한 유희적 행위는 시스템에 어떤 변화도 일으키지 않고 무한히 견뎌지고 관용될 수 있기 때문이다. 그것이 일으킬 반응들은 표피적일 것이고, 관계없는 사람들은 기분만 좀 나쁠 뿐이다. 그것이 전부다. 놀아라, 연주하라, 플루트를, 회화를, 연극을… 그동안에도 콘크리트는 계속 이어진다. 놀이하는 사람은 그 놀이의 시간 동안에는 자유라는 인상을 자신에게 준다. 그리고 인간들 모두가 이런 유희의 필요를 느끼는 한, 그들은 이 유희가 없는 어떤 사회 속에서 정말 유용한 기능을 수행한다. 사람들은 그들을 관용할 준비가 되어 있고, 나아가서 그들을 칭찬해줄 용의가 있다. 위대한 유희꾼들인 탱글리, 세자르 또는 마티외는 최고 기술자로서 영광을 얻지 않았는가? 기술 관료들은 미학적 유희주의가 필수불가결하다는 것을 확신하고 있고, 그것을 북돋아 줄 준비가 되어있다. 대중 매체에 의해 이 유희가 시청자에게 전달되면, 그것은 우리 사회 속에 자유가 넘친다는 강한 감정을 준다. 즉 사람들은 모든 것을 할 수 있다. 콩코르드 광장에서 연좌데모도 할 수 있고, 벽에다 정부를 비판하는 그림이나 낙서도 그릴 수 있다. 그러나 이 유희는 다른 얼굴을 제시한다. 즉 유희적 예술은 더욱더 실제로부터 분리된다. 기계에 반대하여 '생'과 다시 합쳐지기 위해, 이 예술은 우리가 보았듯이 혁명적으로 남아 있다고 주장하면서, 사회적 현실로부터 순수 간단히 빠져나온다. 그런데 군소리만 많은 이 혁명 지상주의가 문제인데, 그것은 단순히 실제적인 현실에 대처할 능력이 없음을 확인해줄 뿐이다. 사람들은 베트남에서 미국의 패권주의에 관한 벽화를 그릴 것이다. 그러나 1975년도에 세상의 깊은 현실은 바로 기술의 팽창이다. 그래서 그런 예술은 실제 현실의 곁을 비켜갈 뿐이다. 유희주의는 또, 정치에 참여한다고 주장하는 예술이 자기도 모르게 '다른 곳의, 그리고 예전의' 정치를 가지고 유희하는 데서 나타난다. 그 예술은 그린 지나간 정치를 마치 '여기 지금의' 정치로 착각하고 있기 때문이다. 자기도 모르게 유희적인 예술은 따라서 자신의 믿을 수 없는 공허함, 무상성, 텅 빔을 의미한다. 그것은 자기 고유의 소용없음을 증명한다. 유희는 인간이 바꿀 수 없는 실제의 대척점에 위치한다. 의식하든 안 하든, 그것은 단순한 도피이다. 그리고 현대 예술은 그 이상 가지 못한다. 그것은 단순한 오락이고 기분 풀이 속에서 소진된다. 그런데 이 예술은 주제를 모르고 자기가 절대적으로 폭발적이기를, 다이너마이트 예술이기를 바란다. 불행하게도 이 다이너마이트는 빈약한 어린이용 불꽃놀이이고, 그것으로 사람들은 자기가 공격했다고 의기양양해한다. 기술 사회는 이미 심각한 도시적 유희들과 그렇지 않은 유희들 대중매체을 제안한다. 예술가, 창조가, 발명가가 '멍하게 입을 벌린 군중'을 즐겁게 해주려고, 그리고 그들에게 약간의 활력과 흥미를 주려고 서커스 무대 위로 올라갈 때, 이 기술 사회는 단순히 환호하고, 즐거워한다. 바로 이 사회가 미학적 유희주의와 문화적 활기가 있어야 한다. 그 사회가 그것으로 파괴될 위험이 있는가? 무슨 그런 착각을! 이 대중적이고 혁명적인 유희주의의 표현이었던 것, 즉 팝아트를 다시 보자. 어떤 원칙들이었는가? 1969년도에 대형 팝 전시회의 조직원들은 그 원칙들을 다음과 같이 요약한다137) : 회화적 차원에서 모든 관습의 타도, 그런데 무엇이 문제제기 되었는가? 오직 회화만 문제제기 되었다! 유화를 산업적 기술들로 대체따라서 기술의 우위, 가장 진보된 기술들에 줄서기 주제와 관련된 모든 위계의 타파. 따라서 한편으로는 기술 시스템을 따르게 되면 배경은 아무런 중요성이 없고, 주제는 전혀 흥미가 없게 된다. 다른 한편으로는 중요한 것은 주체로서 예술가가 아니다. 즉 기술 시스템으로의 순응이 명백해지면서, 사람은 자신이 하는 것에 대해 자문할 것이 없으며, 그 하는 것을 가장 잘하여야 한다. 그리고 마찬가지로 좋은 기술을 가진 누구도 그것을 마찬가지로 잘할 수 있다. 주체의 사라짐이 철학적 이유 때문이 아니고, 기술 시스템이 그것을 구체적 생으로부터 제거하기 때문이다… 꿈들의 세계 배제, 제거. 이것은 우리가 유희주의에 대해 말했던 것과 모순되게 보일 수 있다. 그러나 실제 일어난 일은, 초현실의 거부, 실제의 명백한 재포착인데, 거짓 실제의 재포착이다. 사람들은 유희한다. 그러나 기술 과정의 잔재들과 함께이다. 꿈을 꺼리는 것은 도피를 거부하는 것이 아니다. 그것은 훨씬 더 위험한 도피를 하는 것이다. 왜냐하면, 사람은 도피가 있다는 것을 인식조차 못하고서, 자기가 현실과 씨름하고 있다고 믿기 때문이다. 그리고 마지막으로 이 팝 아트는 아주 **유동적인** 예술 개념을 제시한다.138) 그렇지만 이것은 바

---

137) Cf. 헤이워드 갤러리의 팝 전시회 카탈로그, 「세상」(1969년 8월). 그런데 모순적이게도, 이 팝의 메시지는 세상의 비인간화에 대한, 대중 문명에 대한, 물질적 부의 숭배에 대한 반발로, 그리고 자아와 존재에 다시 가치를 부여하는 노력으로 해석되었다… 정말 좋은 말이다. 그러나 깊은 성찰이 없어서, 이것은 서정적인 감상주의나 낭만적인 반항 이상 가지 못한다… 이런 것들은 실제로는 기술의 탄생으로 표현된다! H. 스코프−토르그, 팝 음악 (1975).
138) 잊지 말아야 할 것은, 스스로 아주 참여적이기를 원하면서 이 예술은 자기가 도발한 사건

로 기술의 한 모습이 아닌가? 이렇게, 이 원칙들을 작성하면서, 팝의 이론가들은 현재 상황을 타도한다고 주장한다. 그런데 그들은 실제로는 그 상황을 정확히 반영하고 있으며, 그럼으로써 유희를 재도입한다고 주장하면서, 그들은 단지 오락 속으로, 실제의 감추기 속으로 들어간다. 그럼에도 그들은 상상력과 비판의 완전한 자유를 누리는 척하고, 인간을 재확인하며, 거대한 비판적 운동 속에 참여한 민중의 표현인 척한다. 메시지를 가진 예술의 불임성으로서, 이 예술은 어떤 정의되지 않은 시스템의 가혹한 해변에서 조용히 사라진다.139)

만큼이나 빨리 달아난다는 것이다. 이 예술은 공격해야 할 이 사회 속에서 무엇이 본질적인지 간파할 능력이 없고, 이 세상의 구성 인자들에 대해 비판적 거리를 유지할 능력도 없으며 (이론에도 불구하고! 그리고 브레히트도 스탈린적 공산주의에 찬동하면서 그것을 하지 못했다), 상징화할 능력도 없고, 보편적인 것으로 데리고 올 능력도 없다. 이 예술은 순간적으로 사라지면서, 아무것도 남지 않는다. 자체의 결함에 의한 이런 해체의 가장 좋은 예는 (그리고 국가의 지원이 없어서가 아니다. 이 저항자들은 국가로부터 모든 것을 기대한다), 1976년의 아비뇽 축제이다. 이것은 그 IN과 OFF의 웃기는 교체와 함께, 참여라면 '무엇이든지'의 좋은 예이고, 아무 의미도 없는 소리 지르기, 군소리와 제스처, 거짓 축제, 진짜 비일관성, 그리고 참여극을 사라지게 하는 진짜 상업성의 전시장이다.

139) 이 페이지들은 펑크와 디스코가 나오기 전에 쓰였다. 그러나 이것들도 기술적 최면 상태의 얼어 붙은 무의미를 확인해준다. 소리들, 고함들, 동작들, 발작적 폭발들, 청각적 밀치기, 와해는 실제로 고정되고, 프로그램화된 어떤 음악의 표현이다. 폭발하는 소리들은 사람들이 말하는 것과는 달리 어떤 '감동'도 표현하지 않고, 약에 취한 행복한 한순간만을 생산한다. 펑크 이후에 차가운 스타일이 온다는 것을 잊지 말아야 한다. 무정부주의와 자발성 이후에 똑같은 노선의 계승으로서 차갑고 딱딱하며 경직된 스타일이 뒤따른다. 사람들이 거기서 파시즘에 대한 조롱적인 호소인 "무솔리니처럼 하라", 또는 아우슈비츠의 병적 찬양인 "죽음 공장의 음악", 죽음에의 지속적인 호소인 "나는 죽을 수 있기를 바란다"를 듣는 것은 괜한 일이 아니다. 여기에 극히 비인간화되고, 중성적인 장식과 군사적인 복장이 상응한다. 전혀 우연이 아니다. 죽음과 전쟁이 기술적 냉각화로 얼어붙은 미학적 양식들 속에서 나타난다. 끔찍함의 예술 속으로 한발 더 나아간다. 어떤 노래 그룹은 "자살"이라 불리는데, 전자 음향 합성장치와 암흑 속의 목소리로 된 이중주이다. 이 음악은 터무니없는 허무, 소통 불가능성의 힘, 부재를 번역한다. 정열 없는 목소리. 가수는 신시사이저의 진행을 따르지 않고, 따로 논다… 시작도 끝도 없는 조합들… 인간의 사라짐의 극단적 한계.

Ⅳ. 형식주의와 이론

　　현대 예술의 다른 큰 흐름은, 앞선 것과는 반대이지만, 그래도 기술 시스템에 종속된다는 점에서는 서로 일치하는데, 형식주의와 이론으로 특징된다. 이것은 내용, 메시지, 의미가 없는 예술인데, 때로는 직접기술에 순응하기를 원하고, 때로는 본의 아니게 기술을 표현한다. 이것은 비의적이고 현학적인 예술로서, 이것 역시도 앞서와 마찬가지로 일종의 유희인데, 전문가들을 위한 유희이다. 앞엣것처럼 더는 대중적인 유희가 아니며, 벽 위에 그린 어린아이들의 데생도 아니고, 폭죽놀이를 하는 축제도 아니다. 그런 대중적인 것이 아니라 절묘한 배치들이고, 바둑이나 체스 같은 난해한 게임이다. 점점 더 섬세해지는 예술로서, 기술적 흐름을 뒤따르고, 더욱더 어려워지며, 무지한 대중에게는 낯선 것이다. 그렇지만 그 결과들은 대중에게 대량적으로 제공되는데, 대중은 그 믿기 어려울 정도의 복잡성은 간파하지 못하면서, 단지 그 최종적인 외양만을 포착할 따름이다. 오직 전문가만이 정확하게 해석할 수 있다. 그리고 대중적으로 제공된 이 최종적인 외양은 그 생산자 집단에게는 거의 흥미 없는 것이다. 즉 중요한 것은 과정 그 자체로서, 그 과정에서 사람들은 가장 기괴한 수단들의 통제를 찬탄할 수 있을 것이다. 이 예술은 그 결과들은 부수적으로 대중적인 일종의 현학적 예술이다. 전반적인 사회의 차원에 있는 예술로서, 그러한 전반성은 바로 기술이 허용해주는 것이고, 사회적 신임으로 그 가치가 인정된다. 그러나 이 사회적 신임은 포착할 수 없는 작품의 현실 자체에 관한 것도 아니고, 그 의미에 관한 것도 아니다. 왜냐하면, 의미라는 것이 더는 작품 안에 있을 수 없기 때문이다. 따라서 우리는 이론의 결정적인 중요성, 의미의 부재, 기술적 유희주의를 검토할 것이다. 형식주의와 의미화 사이의 요동이고, 아직 결코 창조되지 않은 어떤 예술의 새로운 세계 속에 내포된 모순들을 품고 있다.

1. 이론의 우세

19세기 중반에는, 화가들의 동기란, 이론적으로 되기 전에 고도로 철학적이고 이상주의적이었다. 룩메이커가 이 점에 대해 훌륭하게 밝혀주었다. 인상주의와 후기 인상주의는 우주에 대한 지식을 얻고자 감각적인 인식에서 출발한 원칙을 적용하고자 한다. 청록파, 이어서 입체파는 어떤 절대, '근본적인 이념들', 외양 뒤에 숨겨진 진정한 현실, 어떤 구조를 찾아 나선다. 몬드리안과 칸딘스키는 현실을 이성이 통제할 수 있을 구성들로 전환하고자 한다. P. 클레는 체계적인 방식으로 회화적 가능성과 시각적 의사소통의 법칙들을 표현한다. 그러나 이 모든 것은 이미 철 지난 일이다. 이론적이고 기술적인 가능성으로부터 절대적으로 새로운 것이 나타난다.

어떤 사람들은 순수 간단하게, 우리 시대의 절대적 새로움에 어울리는 절대적으로 새로운 예술을 과감히 선포한다. 불레즈가 그러하다. "우리가 옛 세상과 어울려 적당히 살아갈 정도로 그렇게 잔꾀에 밝다 하더라도… 우리는 머지않아 본질적인 시련은 피해낼 수 없을 것이다. 즉 절대적으로 현재가 되어야 한다는 시련이고, 전례 없는 어떤 인식을 만들어내기 위해 과거의 기억을 잃어야 한다는 시련이며, 미증유의 영역들이 솟아나게 하려고 과거의 유산을 망각해야 하는 시련 말이다." 그런데 어떻게 해서 불레즈는 이러한 것이 이 절대적으로 새로운 것을 만든 것, 즉 기술의 우위를 수락한다는 사실임을 보지 못했을까!

　이런 예술은 기계들의 가능성, 다양한 기술들에 대한 의식화로부터 생각하는 것이며, 그 기술들에 대해 사람들은 이론화한다. 더 나아가서, 이 예술은 지금까지 예술 활동을 이루던 모든 것을 기술적 과정으로 이론적으로 분석하도록 이끈다. 예를 들어 언어나 예술가의 창조적 활동이라고 부르던 것 말이다. 이후로 오늘날 예술가를 안내하는 것은 바로 체계적인 지적 작업이다. 이제부터는 더는 감동이나 감정, 또는 전달해야 할 본질적 메시지나 형이상학적 경험의 문제가 아니다… 이 모든 것은 광범위하게 지나갔고, 가치 없게 되었다. 나아가서 더는 감각적인 인상도 없다. 예술 작품의 수단들뿐만 아니라, 그 근거와 원인은 수학적이 된다. 분명 내가 이론에 대해 말할 때, 그건 이 용어의 아주 엄격한 의미인데 그 의미는 이데올로기나, 유토피아, 또는 독트린의 그것과는 대립하기 때문이다. 이건 현학적인 예술로서, 가슴이 아니라 두뇌로부터 탄생한다. 그렇다고 나는 16세기 이래로 모든 예술의 고도로 지적인 몫을 헐뜯지는 않는다. 그러나 거기엔 어떤 차이가 있다. 이제는 예술가가 표현하고자 하는 것을 위해 가장 좋은 수단을 찾거나, 언어, 음악, 데생의 엄격한 논리에 대해 고찰하는 것뿐만 아니라, 기술적 수단의 무한한 완벽성과 함께 구성적인 어떤 전체적 법칙에 복종하고자 하는 것이다. 그러나 이 예술은 어떤 면에서도 대중적인 예술이 아니고, 반드시 추상적으로 될 일종의 아방가르드 예술이다. 『세상 이미지의 미학화』 속에서 나움 가보는 이 이론적이고 추상적인 예술의 경계를 밝히고 있다. 즉, 이 예술에는 구체적이고 명백한 현실을 단지 재생하는 것으로는 충분하지 않다. 이것은 순수하게 수학적으로 가공된 데생 속에서 일종의 비물질화이다. 그리고 이러한 수학적 데생은 통일된 이미지 속에서 주관성과 객관성 사이, 내적인 것과 외적인 것 사이, 생명을 가진 것과 기계적인 것 사이의 단절을 해결한다. 그런데 이 통일된 이미지는 비록 기계적이기는 하지만 유기적인 현실들을 회복한다. 추상적 역량은 여기서 극단에까지 이르면 "에테르와 화합의 완벽한 상징"을 실현한다. 그러나 이 모든 것은 어떤 이론에 따라 고안되고, 극히 기술적인 수단들을 통해 실행된다. 때로는, 그리고 파리 비엔날레에서는 아주 자주, 이론이 작품을 훨씬 앞지른다. 우리는 그에 대해 다시 볼 것이다. 그런데 우리는 이론의 이러한 결정적인 중요성을 모든 예술 속에서 다시 보게 된다. 음악에서는, 계열 음악이 먼저 본질에서 이론적인데, 특히 쇤버그에서 시작하여 바빗Babbit에 의해 박자와 강약법에까지 확장될 것이다. 이것은 수학적 작곡이다. 그러나 다른 관점에서는, 일련의 실험들을 통해 시각적 상징들과 소리적 상징들 또는 사건들 사이의 유사성을 체계적으로 추구한다는 것도 이론적이다. 그리고 누군가 음악적 유희 속에 자유를 재도입한다고 주장할 때에도 마찬가지다. 여기서도 여전히 이론적인 견해 표명을 하고 있다.케이지 아무튼, 지금은 비구상적인 음악이고, 이미 존재하는 소리적 물체들이나 이야기에 따르지 않는다. 누군가는 음악은 아무것도 재현하지 않으면서, 사유의 형태들을 더 잘 반영하기 때문에, 이론의 영향은 음악에서 더 크다고 말할 것이다. 마르코브의 우발적 즉흥곡들이나 크세나키스의 작품들 속에서 통계적 법칙의 도입은 순수한 이론으로부터 솟아난 어떤 질서이다. 여기서는 누군가 고정해 놓은 어떤 규칙, 또는 규칙들에 따라 소리적 대상들을 모으는 문제이다. 그리고 실험적 음악들 역시 이론적 기반을 갖는데, 왜냐하면, 시도자들은 정확한 개념들로부터 자신들의 경험들을 창조하였기 때문이다. 이러한 실험적 음악은 게다가 다양한 이론들에 따라 여러 학파로 나뉜다, 구체적 음악, 전자 음악, 테이프를 위한 음악 우사게브스키(Ussaghevsk) 아무튼, 새로운 소리적 대상들을 창조하는 문제로서, 더는 자연적 소리를 고려하거나, 익숙한 작곡들을 고려하지 않는다. 음악은 새로운 소리를 조직하는 전적으로 추상적인 방식이 된다. 극단적으로는 사람들은 이론적인 유효성이 음악을 만든다고 말할 수 있을 것이다. 건축도 음악처럼 이러한 이론의 우세에 특히 적합하다. 바우하우스 이래로, 사람들은 건축 이론을 꾸준히 세워 왔고, 건물의 건축은 이 이론으로부터 나온 산물이 되었다. 건축은 미학적인 의도나 일반적인 개념들을 표현하는 것으로 한정되지 않고, 또 기술적 규칙들을 적용하는 것만도 아니다. 그 둘 사이에서 건축은 사회와 인간에 대한 전반적 이론을 구성한다. 그것은 단순히 철학만은 아니고, 과학적으로 표현할 수 있는 어떤 이론이다. 르 코르뷔지에가 그 모범적 예를 제공하였다. 그런데 오늘날에는 요나 프리드만이 어느 정도까지나 이론의 추상적 망언을 들이밀 수 있는가를 보여 주었고, 보필Bofill은 이론의 사회화를 보여주었다. 그러나 이 모두에게 건물은 더는 실용적인 목적이나, 문화적 전통에 따라서 지어지지 않을 것이다. 실현된 작품은 정확히 적용된 어떤 이론적 개념의 엄격한 결과물이다. 미에스 반 더 로헤는 어떤 공간의 철학에 따른 "건축의 완전한 원칙들"을 추구한다. 사람들은 훨씬 더 엄격하고 추상적인 의미 속에서 구조적인 건축을 훌쩍 뛰어넘었다. 인간을 위한 거주의 장소는 인간에 선행하는 이론적 이미지에 따라, 인간과 공간의 관계에 대한 이론에 따라, 형태들과 비율들, 그리고 감각들에 대한 이론에 따라 만들어진다. 물론 건축에서는 항상 이러한 부류의 고찰이 있었다. 즉 사람들은 인간과 신의 관계에 대한 어떤 개념에 따라 성당들을 지었다. 그러나 큰 차이는, 먼저 이런 지적 작업을 아주 의식적으로 한다는 것이고, 파르테논 신전의 건축가들은 비율이 감수성에 미치는 효과에 대해 미리 의도하고 지었던 것이 아니다 이어서 작품은 이론적 전제들로 엄격하고 전적으로 조건 지워진다는 점이다. 즉 예전에는 존재하지 않았던 이론과 작품 사이에 어김없는 인과 관계가 있다. 그리고 이런 인과 관계는 모든 어려움과 장애를 극복할 수 있게 해 준 기술들에 의해 가능해졌다. 회화도 이론적이 되었다. 사람들은 더는 자기가 본 것이나 느낀 것을 그리지 않는다. 그들은 그리고자 하는 의도, 그리고 어떤 색이나 광경 앞에서 느낀 감동, 이어서 작품의 실현 사이에 가로 놓인 어떤 이론이 있을 것이다. 그것은 예를 들면 시각적 양상들을 증폭시키는 문제이거나, 보여진 대상에 대해 가장 많은 수의 관점을 증폭시키는 문제가 될 것이다. 그 이미지는 "존재의 모든 출현"을 종합한 것이어야 한다. 이제는 어떤 현실의 재현이 아니라, 단 한 점에 대상의 보이거나 숨겨진 모든 가능성과 양상들을 중첩하려는 의지가 있다. 흩어짐이나 파열의 문제가 아니라면 말이다. 왜냐하면, 대상 그 자체도 어떤 이론에는 자의적인 구성이기 때문이다. 예를 들면 레마리Leymarie는 다음과 같이 말할 것이다. 입체파는 "조소적 은유를 통한 실재의 구조화이다. 다시 말해 사람들은 처음에는 조소적인 기호들을 창조한다. 이어서 현실이 그 속으로 스며든다. 그것은 정말 형태들을 변형하는 과정이다.", "입체파는 어떤 새로운 현실의 창조이다. 그 구조화하는 인식은 아마도 오늘날의 구조주의의 선행적인 확인이다. 구조주의는 입체파를 확인해준다. 입체파와 동시대였던 형태의 심리학이 세잔을 확인해주었던 것처럼 말이다." 우리는 윗글을 통해서, 얼마나 형태의 심리학과 구조주의를 가지고 농간을 부리는 학자들이나 예술가들을 위한 예술의 문제인지 알 수 있고, 또 이런 작품에 적용된 이론이 무엇인가를 설명하는 예술에 대한 담론이 얼마나 필수불가결한지를 알 수 있다. 이 두 문제는 다음에 다시 보게 될 것이다. 마지막으로, 우리는 조각에서도, 예를 들면 메르카도Merkado와 함께, 이론의 중요성을 발견한다. 즉 공간, 허무, 볼륨, 재료들에 관한 체계적 연구의 문제이다. 조각은 기하학적인 형태들의 결합이 되는데, 결합들은 강철선들로 이뤄진다. 순수한 기술이지만, 완벽하게 거세되어 있다. 기계들의 제시인데, 에너지도, 기능도, 유용성도 없다. 약간의 악취미가 있다면, 우리는 그것이 J. 페레의 유명한 비스탕부아르Vistamboire를 생각나게 한다고 말할 수 있을 것이다. 사각형들, 원통형들, 잘린 피라미드들, 복잡한 골격들… 누군가는 중요한 것은 허공 속에서 음량들 사이에 일어난 것이고, 음량들은 긴장과 행동, 교차, 만남, 가능한 사건들을 정의한다고 주장할 것이다. 그것을 믿기 위해서는, 기술 속에 통합된 인간이라는 모델 속으로 실제로 들어가야 한다고 한다. 그렇지 않고서는, 이것은 기하학을 설명하기 위한 구성적 유희들에 불과할 것이다. 그렇지만 우리는 여기서 기술 시스템을 부정하면서 그를 반영하는 예술을 기술에 맞추기가 어떤 점에서 정말 알쏭달쏭한 언어, 그리고 인간의 대상에 대한 외양적 지배를 회복시켜 주려는 언어에 의해서 만들어지는지 보게 된다.「부르델 미술관 전시회」, 1975 마지막으로 문학에서, 누보 로망, 새로운 시는 전적으로 이론에 의해 지배된다. 언어 이론, 의사소통 이론, 담론에 대한 이론, 작품 속의 작품에 대한 이론, 소설 속의 소설에 대한 이론, 객체성, 있는 그대로주의….

　물론, 예술 전체를 아우르는 하나의 이론은 없다. 현대 인식론적 접근들의 복수성, 이론적 도구들의 복수성 속에서, 그로부터 모든 나머지가 파생될 그러한 종합적이고 전반적인 하나의 이론이 만들어지는 것이 아니라, 예술에 따라, 그리고 각 예술 안에서 달라진, 파편적인 이론들이 존재한다. 그리고 이 이론들은 각 예술 안에서는, 어떤 핵심적인 면에 강조 하는가에 따라 또 달라진다. 어떤 사람들에게는, 직접적 독서로는 접근할 수 없는 꿈도 없고 얼굴도 없는 어떤 세계의 발견에 관한 문제로서, 직접적으로는 알 수 없는 어떤 깊이로의 탐색이고, 근원들에 대한 깊숙한 추구이다. 또는 다른 사람들에게는, 회화적 언어와 인간의 어떤 이미지 사이의 단절 추구이다. 이러한 단절은 기호를 해방해줌으로써, 선, 색은 존재들 자체가 되고, 그들의 결합과 관계들은 어떤 새로운 의미론을 담당하기에 충분하다. 어떤 깊이로의 호소인데, 그 깊이는 이제는 낭만적인 것이 아니라, 현상들의 존재 자체를 밝히기 위해 엄격하게 조직된 것이다. 우연과 케이지, 사건이 리베트(Rivette) 지배소인 이론이다. 자발성은 자발적인 것이 아니다. 그것은 고의적인 의지, 이론적인 고찰의 산물이다. 그렇지만 이론적 원칙이나 일반성의 거부도 역시 여기서는 하나의 이론이다! "진정한 이론은 사건을 감싸 안아야 한다. 즉 사건은 중심적이고, 유발되며, 희망된 것이고, 기다려진 것이다… 그것이 발생하지 않는다면, 작품은 흥미가 없다." 리베트 우리는 각각의 형상이 복수의 코드들에 따라 해석될 수 있고, 의미화를 바꿀 수 있음을 안다. 그렇다면 유일한 문제는 관객이 다양한 방식으로 해석할 수 있도록 충분한 코드들의 유희를 제공하는 것이다. 그러나 이러한 우연과 사건과의 관계 속에서, 코드들의 가공은 극도로 엄격하다!

그리고 이론은 요소들의 전체적인 구성 속에서 표현될 수 있다. 이것은 어떤 무제한의 감정을 줄 수 있는데, 몰Moles은 이 감정을 그의 결합예술 이론 속에서 피력할 것이다. 몰Moles은 아마도 이러한 기술적 힘, 특히 컴퓨터의 존재와 사용과 연결된 이론의 우세를 다방면으로 주장한 유일한 사람이다. 몰의 이론적 출발점은 간단하면서 엄격한데, 두 가지 요인으로 요약된다. 먼저 사회는 전반적으로 되었다. 그래서 이제부터는 이러한 사회의 차원에서 예술을 생산하는 문제이다. 더는 개인적 차원이 아니다 그렇지만 이 예술은 이제는 한 개인으로부터 다른 개인들에게 전달하는 메시지인 전통적 작품들의 재생이 아니고, 예술가는 더는 고독한 창조자가 아니며, 그는 연대적 기능이 된다. 두 번째 전제는, 무한한 창조를 허용해주는 기계들의 현존이다. 유연한 기계로서 사람들은 그 기계에 원하는 것을 주문할 수 있고, 또 전반적 사회의 무제한적 수요들에 대답하고자 한다. 이러한 두 전제로부터 모든 결과가 흘러나오는데, 이 결과들은 메시지도 없고, 의미도 없는 순수한 형태로서 예술 이론을 구성한다…. 미학은 예술가에게 분석의 규칙들, 구조화의 양식들, 프로그램화의 기술들을 제공할 것이고, 기구, 예를 들어 컴퓨터는 단순한 하나의 행위 수단이 아니라, 예술의 개념 그 자체의 생산자이다. 그렇다면 의사소통 속에서는 의미론보다는 미학이 우세하게 하여야 한다. 모든 미학적 창조는 일정량의 새로움의 전달과 함께 의사소통의 규범적 도식으로 전환되고, 사람들은 "예술 작품의 보편적 연산방식"에 대해 말할 수 있다. 이론의 가치는 그 적용 가능성과 실험적 생산물들의 방대함으로 평가된다. 모든 것을 요소들로 치환하고, 모든 것을 규칙들에 따라 정돈하기, 이것을 컴퓨터가 그 무한한 결합 가능성과 함께 허용해주고, 거기에 친화적인 예술이 호응한다. "그 기계는 어떤 연산방식에 의해 규정된 가능성의 장을 체계적으로 탐사한다." 시는 다시 "단어들의 유희"가 된다. 그리고 사람들은 단어 위로 인간이 박탈당한 자유를 옮길 수 있다. 이론은 음악과 함께 완벽하게 순수하게 된다. 음악에는 미리 방출해야 할 겉으로의 의미가 없기 때문이다! 소리의 결합으로, 그 너머에는 아무것도 없다. "음악은 주변 세계로부터 혹은 전자적 제약으로부터 끌어낸 모든 소리적 대상들을 행복한 환상에 따라 모은다." 순수한 이론에 전제적인 배경 없는 유희가 호응한다. 그런데 이러한 이론이 스스로 과학적이라고 주장하면 할수록, 그것은 더욱더 현실, 즉 바보 같은 구체적 현실을 고려하는 것을 금한다. 그러나 우리가 여전히 어떤 신체를 가지고 있는 한, 우리가 여전히 살아 있는 어떤 물질과의 관계 속에서 우리의 쾌락을 발견하는 한, 누가 과연 이러한 순수한 추상 속에서 살 수 있을까?

선택, 대상의 틀 지우기, 형들과 색들의 해석, 색조의 선택, 고전적 시적 구조의 자의성 등 모든 제한적 원칙들은 지나간 일이 되었다. 오늘날은 형태들과 색채들, 조화들, 단어들은 구체적이지만 이론적인 사용에 따라 주조된다. 그 어떠한 관례도 작곡가가 오로지 여기서만 필요한 소리를 금지하지 않는다. 바로 이 여기는 이론에 의해 정의된다. 극단적으로는, 예술은 전적으로 프로그램화될 수 있다.우리는 이것을 컴퓨터와 함께 다시 볼 것이다 따라서 명령하는 것은 이제는 보이거나 들은 대상, 내적 감동, 미학적 관습이 아니라, 기구이다. 그래서 타키스의 음악적 조각들은, 자기장의 사용에 따르게 되고1974년 전시, 피셀Picelj의 프로그램은 음향적이고 빛적인 결합 기계들의 복합물1967년의 4,000요소로 된 그림이다. 그러나 이러한 기술적 방식들의 사용은 대부분 직접적이거나 실용주의적이 아니라, 결국에는 적용한 이론적 고찰로 선행된다. 따라서 우리는 다음과 같이 말할 수 있다. "망막이 사용된 이래로, 특히 바자를리에 의해, 재현은 2차원에서 3차원으로, 나아가서 4차원으로 넘어갔다. 다시 말해 그림의 평평한 표면으로부터 공간 속 형태들로, 운동으로, 그리고 간헐적으로 뿌려진 소리로 이동하였다."자크 미셀 결국, 달리 말하면, 예술은 이론 덕분에, 그리고 이론의 매개를 통해서만 그러한 대로 존재한다. 예를 들어, 정확히 그리기 위해서는, 또는 낡은 것들의 모음이 아닌 어떤 영화를 만들려면, 움직임들의 과학을 해야 한다. 이 과학은 이 움직임들이 적용된 대상들의 속성과는 독립된 것이다. 대상과 움직임의 구조적 분리는 무슨 종류의 움직임이건 무슨 종류의 대상 위로 모을 수 있게 해준다. 이것은 순수한 창조로 인도하고, 예술적 생산은 바로 이것이다. 다른 예로서, 예술은 "가능성의 장에 대한 균질한" 탐사를 통해 나타난다. 그러나 이 가능성은 어떤 이론에 의한 체계적인 연구를 통해서만 규정될 수 있다. 사람들은 요소들 사이의 규칙들, 그것들 사이의 결합 코드들을 정의하기 위해, 인식에 관한 정보적 이론을 적용할 수 있을 것이다. 몰(Moles) 정보 이론은 행동심리학을 연장하면서, 언어와 해석 속에서 기호들의 유희와, "위계적 명령들"의 체계적인 구축을 제공한다. 이 이론은 그래서 가치나 메시지의 **내용**, 의미화의 특수성에 접근하지 않으며, 단지 어떤 가능한 의미화를 통계적으로 알려준다. 우리는 현대 예술가들의 활동을 결정하는 이론의 예를 수없이 제시할 수 있다. 그러나 전적으로 불확실한 점이 남아 있는데, 그것은 바로 예술가에 의해 적용된 이론의 가치문제다! 예술가에 의해 적용된 이론이 순수하게 과학적인 이론과 똑같은 기준에 종속되지 않음은 명백하다. 또한, 예술이 공유되기 위해, 그리고 어느 정도는 의사소통을 위해 만들어지는 한, 우리는 대중, 관객, 애호가, 참여자의 반응을 고려하지 않을 수 없음도 명백하다. 그래서 사람들은 대중의 이러한 반응을 이론에 대한 가치 기준으로 여기게 된다. 사람들은 그것을 프랑카스텔처럼 아주 숨김없이 그대로 말하기도 하고, 몰Moles처럼 완곡하게 말하기도 한다. 사람들은 어떤 이론의 적용과 전개, 실험적 산물들의 풍부함을 보고서 그에 대한 찬반을 판단한다 그런데 이 기준은 분명, 난해한 이론으로 생산된 작품처럼 몹시 어렵고 추상적인 것들의 가치를 측정하기에는 적합하지 않다. 여기서 현대의 모든 예술적 방식 내부에는 깊은 약점과 극단적인 모순이 존재한다. 우리는 그것을 다음에 볼 것이다.

지금으로서는 이러한 이론 지배의 몇몇 결과들을 언급하기로 하자. 먼저, 모든 기술적 가능성과 밀접한 연관을 가진 예술이다. 실제로, 이론은 어떤 철학이 아니라, 기술적 환경에 따라 발전하였다. 이제는 무의식적인 어떤 생각에의 복종이 아니라, 기술에 의해 발전된, 그리고 흔히는 기구와의 어떤 관계로 귀착하는 정신 상태와 연결된 형태적이고 엄격한 설명이 있다. 이론은 흔히, 물론 언제나는 아니지만 질문에 대한 일종의 대답이다. 즉 예술을 위해 기술이 제공하는 가능성을 어떻게 사용할 것인가?

예를 들면 음악 작품의 작곡을 위해 컴퓨터는 아주 중요하다. 몰Moles에 따르면, 4가지의 사용 방법이 있다. 먼저, 컴퓨터는 소리적 재료 자체를 분석하는 도구가 될 것이다. 이어서 기왕에 존재하는 작품들을 분석하여, 유사한 작곡 과정을 밝혀 줄 규칙들을 제공할 것이다. 세 번째 사용 방법은 전적으로 추상적인 작곡이 될 것이다. 즉 수학적 여건들로부터 출발하여, 음악적 구조들을 창조할 것이다. 마지막으로 컴퓨터가 작곡가이면서 연주가인 전적으로 소리적 종합이 있을 것이다. 음악가의 성찰과 분석 작업은 이제 그렇게 된다. 그런데 이렇게 하여 이상한 역전 현상이 일어난다. 즉 실제로, 예술가 자신이 새로운 기구를 발명하고 사용하는데도, 예술가는 컴퓨터에 의해 실현될 수 있는 그러한 음악을 생산하게 된다. 우리는 여하튼 생산된 것을 추월하지 못한다. 즉 소형 피아노가 만들어지면 그를 위한 음악을 만들 것이다. 그래서 사람들은 현악기를 위한 음악이나, 섹소폰을 위한 음악을 작곡할 것이다. 작곡가는 기구가 줄 수 있는 것에 따라 음악을 작곡한다. 좋다. 이제 기구는 컴퓨터이다. 따라서 컴퓨터에 따라 음악이나 회화를 구성할 것이다. 그러나 이것은 한편으로는 더 높은 단계의 추상과, 사람들은 '작곡' 대신에 수학을 한다 더 높은 단계의 거리 두기화가는 자기가 방금 한 터치의 '효과'를 보지 않는다 그리고 또 아주 특수한 유형의 음악과 회화를 이끌어 낸다. 그러나 그 너머에서, 그리고 의도하지 않게, 이것은 다른 예술, 즉, 시, 소설, 혹은 영화와 같은 것들을 오염시킨다. 시인이나 소설가는 자신의 작품을, 마치 작품이 어떤 컴퓨터에 의해 생산된 것처럼 구성한다. 그리고 컴퓨터에 대해서는 시인이나 소설가는 예견된 기능, 방식으로 축소된다. 예술가는 하나의 프로그래머가 된다. 사람들은 먼저 생각한다. 그러나 그것은 기하학적 유형의 생각이다. 아, 얼마나 많은 섬세한 정신이 그로부터 축출되는가! 회화, 음악은 어떤 프로그램, 일련의 대수학, 기하학적 구성의 번역에 불과하게 된다. 그 집행은 컴퓨터에 의한 순수하게 기계적인 것, 산업적인 것, 혹은 전기적인 것이 될 수 있다. J. 미셸Michel은 정확하게 지적한다. "미니멀리스트 조각의 형태들은 그것들을 공장에서 실현하게 한 기술자–창조자에 의해 미리 결정되고 프로그램화된다. 즉 측면이 검게 칠해진 2m의 강철 큐브, 그것은 전화로 주문될 수 있다… 그리고, 기계적 건축에서처럼, 미니멀리스트 조각은 그 구성 과정들을 보여준다. 그 방식은 회화로 옮겨졌다…." 방식의 지배이다. 그 결과는 숙명적으로 기술적 방식에 의해 결정될 것이다. 기술 시대의 표현… 해결해야 할 문제들….

스톡하우젠Stockhausen은 과거의 실현들에 대해, 이러한 지속적 변화의 필요를 해결해야 할 문제의 형태로 표현하고, 그것을 기술적 수단들을 통해 실행할 가능성을 표현한다. 하나의 테마를 가진 음악 이후에그가 말하길, 베토벤은 결코 두 개의 테마를 넘어서지 않았다. 쇤버그는 엄격하게 단일 테마적이다 베번Webern은 12개의 소리 속에서 2–3개의 음정을 생산하는데, 이것은 가능한 모든 음정을 사용하는 문제이고, "이어서 팽창 혹은 미세 음색을 향한 수축을 전개하고", 또 "형식들의 매개변수적 변환은 신시사이저 덕분으로만 가능하였다." 따라서 "하나의 형식의 모든 매개변수를 다른 형식으로 전환하고, 한 멜로디의 리듬을 다른 멜로디의 소리를 가지고, 혹은 역동적인 곡선으로, 혹은 제3의 음색적 질감들을 가지고 처리하는" 문제이다. "나는 진정으로 새로운 재료들을, 인간의 알파 파동들을 믿으며, 몇 년 안에 인간이 우리의 음향적 세계 밖에서 여행할 수 있도록 어떤 파동을 조율해 줄 그러한 진동들을 믿는다. 분명 모든 과학자들처럼…." 따라서 스톡하우젠은 자신이 한 사람의 과학자라고 선언하고… 종합주의, 컴퓨터, 그리고 해결해야 할 진동의 문제들을 꿈꾼다. 그렇지만 스톡하우젠이 극단적으로 틀린 곳은, 바로 그가 신시사이저가 가능하게 해준 소리의 변환 과정을 통해 "자연의 항구적인 변환"을 밝힌다고 믿을 때이다.예를 들어 「시리우스Sirius」에서 사실, 그는 자연과는 아무 관계가 없으며, 오로지 물리학자들의 수학적 공식 속에서 발견된 자연과 관계있을 따름이다.

예술은 "순수하게 분배적인 시스템"으로 축소되고, 예술의 요소들은 시스템의 구조 속에서 상호전환 가능성에 의해서만 정의되며, 그것들 고유의 의미는 그것들의 조작적 의미 앞에서 지워진다. 시리즈적 예술로서, 요소들 각각의 정체성이 해체되는 기초적인 조각화이고, 요소들의 상호전환 가능성이며, 결합적인 규칙들이다.

리카르두Ricardou가 좋은 증명을 해준다. 즉 작가는 '말할 것' 이 아무것도 없으며, 단지 글 쓰는데 적용할 일정수의 방식을 가지고 있을 따름이다. 그런데 화가 역시도, 비록 그가 엄밀히 말해 컴퓨터와는 아무 관계가 없다고 할 때조차도, 마치 결국엔 컴퓨터와 협력관계였던 것처럼 그린다. 몰Moles은 아주 예시적인 경험을 제공한다.비의도적으로 그는 몬드리안이 그린 그림과 몬드리안 회화의 기준에 따라 프로그램화된 컴퓨터 그림을 나란히 놓는다. 그는 아주 유사한 그림을 얻어낸다. 질문을 받은 사람들은 일반적으로 컴퓨터 그림을 선호하였다, 그리고 나아가서, 몰은 다음과 같은 질문을 한다. 몬드리안은 그가 할 수 있었던 완벽한 몬드리안 그림을 그렸는가? 그건 확실하다. 그러나 그것은 몬드리안 회화 자체가 컴퓨터적인 회화인 한에서만, 엄밀히 말해 어떤 컴퓨터가 그릴 수 있는 것을 모방하고무의식적으로! 그에 따라 그린 회화인 한에서만 가능하다. 마찬가지로 몰은 한 시인의 시와 컴퓨터적인 시를 비교하게 한다. 그 두 시는 구분하기가 힘들다. 그러나 엄밀히 말해, 아무 의미도 없고, 아무런 지적이거나 음악적인, 상상적인, 환기적인 질감도 없는 단어들의 나열인 한에서이다…. "주체들의 오케스트라들의 가구가 갖춰진 벽들을 따라서. 그들의 귀를 빛을 향해 돌진하면서. 번개와 함께 신체 애무를 노리며. 낮게 깐 머리들의 죽음의 미소. 소리의 냄새, 등” 이것이 시인가? 물론 그렇다고 생각하는데, 머리를 띵하게 만들기 위한 기계로 만든 시이다. 현대 음악과 회화의 한 부분은 컴퓨터가 인간 두뇌에 가한 충격의 간접적인 부산물들이다. 그렇다면, 컴퓨터가 위대한 예술가들의 작품과 동격의 작품들을 만든다고 누가 말할 수 있는 것이 전혀 놀라운 일이 아니다.

이 위대한 예술가들은 컴퓨터가 재생할 수 있는 것을 생산하기 시작하였다! 컴퓨터가 불레즈나 케이지, 미로, 토베이, 또는 최종 시기의 마쏭의 회화를 할 수 있다는 것은 명백하다. 왜냐하면, 정확히 그들이 한 것은 바로 컴퓨터가 한 것이기 때문이다. 반면, 누군가 컴퓨터에 앵그르나 렘브란트의 그림과 동격의 것을 만들라고 한다면, 그건 순전히 웃기는 일이 될 것이다. 달리 말하면, 컴퓨터는 예술적 소재에는 현대 예술가들이 컴퓨터의 존재와 가능성에 의한 이론으로부터 생산한 작품들과 동격의 것을 창조할 수 있다. 컴퓨터는 모짜르트나 보들레르의 작품과 동격일 음악이나 회화, 시를 전혀 창조할 수 없다모짜르트나 보들레르의 작품의 프로그램화된 재생이 아니라면 이것이 바로 기술에 따라 만들어진 이론이 생산자에게 미치는 본질적 결과 중의 하나이다. 그러나 다른 한편, 이론으로부터 나온 예술은 전문가들을 위한 예술이 된다. 최소한 누군가 그런 예술을 포착하고자 한다면 말이다. 실제로 전문가만이 이론의 방향들을 알고 있으며, 준비적인 거대한 작업을 평가할 수 있고, 연구들과 의도들에 대해 알고 있는데, 그 전문가만이 이 예술을 평가할 수 있다. 더는 어떤 이야기나 일화를 말해주거나과거에는 사람들이 그런 것에 집착하였다 어떤 미학적 감동이나, “영적 고취”의 특권적 순간을 전달하는 문제가 아니고, 더는 미나 즐거움에 관한 문제가 아니기 때문에⋯ 사람들이 평가할 수 있는 모든 것은 바로 방식의 능란함이고, 그 의도의 깊이이다.그렇다고 해서 그 의도라는 것이 뭔가를 말하고자 하는 의도는 결코 아니다! 그러나 그것을, 이 러한 부조화들, 이러한 단절들, 이러한 아라베스크 무늬들을 평가하기 위해서는, 당신에게 제시된 텍스트를 해석할 예술이 필요하고, 연금술적 인 예술이 필요하며, 음악적이거나 회화적인 교양을 훨씬 추월하는 어떤 교양이 필요하다. 시나 소설에서 사람들은 우리에게 어떤 텍스트를 제시 하는데, 분명 그 텍스트가 말하고자 하는 바를 찾아서는 안 되며, 비전문가 의 문제 대신 극도로 복잡한 방법들에 따라 해석하는 문제이다.「신비평」 이나 롤랑 바르트, 누보 로망 전문 비평을 리카르두 읽으면서, 사람들은 유태 교 신비학자들의 세계에 들어 있다고 생각할 것이다. 독서는 하나의 구 성, 재구성되고 그것은 신비로운 텍스트의 해석 전문가가 전개하는 것과 비교할 수 있는 어떤 과학과 주의를 내포한다. 누보 로망을 정확히 읽기 위해서는 몇 주가 필요하다… 우리는 특권적 지식인들을 위한 특권적 지 식인들의 예술 앞에 있다. 그리고 '열쇠'를 갖지 못한 중간급의 지식인은 완전히 영역 밖에 있게 된다. 나는 비평가 L. 앙드리브와 전적으로 동감 이다. 그는 1967년 「르 몽드」에 실린 기사에서 텔켈Tel Quel 그룹을 분석한 다. "예술은 전문 기술자들의 특권이 된다. 사람들은 미친 듯이 복잡하 게 만든다… 작품은 실험실의 산물로 변한다." 글쓰기를 위한 글쓰기를 맛보기 위해서는, 또는 비전문가가 생각하고, 느끼며 믿고 경험한 세계 와는 아무 관계가 없는 전적으로 무상인 세계, 무나 먼지로부터 출발하 여 예술가에 의해 창조된 세계 속으로 들어가기 위해서는 이미 믿을 수 없을 정도로 훈련되어야 한다. 로브 그리에 분명 예술가는 항상 '자신의' 세 계를 창조하였다. 그러나 공통의 경험, 가장 흔한 감정들로부터 시작하 였다… 그리고 사람들은 거기서 자기를 다시 발견하였다. 프라 안젤리코 는 민중적인 믿음들을 그린다. 이제는 인간이 경험한 것과 예술가가 그 에게 제시하는 이러한 인위적 세계 사이에는 어떠한 공통의 척도도 없다. 아니다, 사실은 하나의 공통의 척도가 있다. 기술의 척도! 그러나 여기서 현대인은 아직 완전히 적응하거나, 자신이 경험한 것을 완전히 의식하지 못한다. 그렇다고 해서 현대인이 퇴보하고 있다고 말하지는 맙시다. 여기서 제기되는 이중적인 질문은 다음과 같다. 이러한 예술의 한 기능은 인간을 기술적 환경에 적응시키기인가?그런데 만약 그 인간이 이 예술의 가치를 포착할 수 있는 전문가라면, 그건 정확히 발생한 것이다 그리고 두 번째로는, 인간이 기술적 환경만 경험한다 하더라도, 그래도 역시 사랑, 쾌락, 자연, 우정, 죽음의 공포… 이 모든 상투적인 것들이 존재하지 않는가? 그렇다면 왜 현대 예술은 이러한 공통의 경험을 구태여 거부하는가? 왜 이러한 경험이 예를 들면 대중가요의 수준에서 다시 솟아나야 하는가… 전문가의, 기술자의 예술, 그것은 그러니까 설명을 가정한다.140) 현대 예술은 곁에 보증인이 없으면 아무것도 아니다. 그는 마티외의 어떤 획을, 마쏭의 색 결합의 의미를 당신에게 주기 위해 온다. 그것이 없다면 우리는 길을 잃고 만다. 사람들은 베르메르나 르누아르에 대한 설명 없이도 좋았을 것이다. 그러나 하르퉁이나 뒤뷔페는 도리발이나 코로의 해설 덕분에만 인지될 수 있다. 하르퉁의 추상을 구성주의자들의 비인간적 형식주의와 추상 표현주의 사이에 위치시키기 위해서는 도리발이 필요하다. "예를 들면 위대한 추상화가들의 재현 거부를 어떻게 이해해야 할까? 회화가 전통적으로 가정했던 형태들의 창조를 **힘을 표현하는** 추상 예술로 대체하면서, 하르퉁은 내적 세계의 진실과 일치하면서 동시에 그의 자아의 진실을 표현하고자 한다. 추상은 그에게는 진정한 회화의 조건이다." 도리발 이러한 설명은 모든 사색 전체를 이끌어 낸다. 먼저, 우리가 실제

---

140) 우리는 지금 이러한 화가들의 모든 전시회는 전문가에 의한 긴 서문이나 문제 화가의 인터뷰를 포함한 카탈로그를 동반함을 알고 있다. 그것이 없다면 누구도 이 모호하고 난해한 세계로 파고들지 못한다. 담론은 전적으로 사라져가는 일반적인 직관과 실행을 드러내기 위해 필수적이다. (「정체성-정체화」라는 제목과는 정반대인 어떤 전시회의 카탈로그가 이것을 잘 말해준다. 비-정체성, 정체화 없음이 더 정확할 것이다!)

로 수없이 확인할 수 있는 것은, 이론적 예술과 극단적인 주관성의 내밀
한 합일이다. 어떤 이론을 세공하고, 때로는 수학을 적용한 후에, 예술가
가 형태들의 저 너머에 있는, 자신의 가잘 내밀한 자아의 표현을 주장하
고또는 경험하고 외적 세계의 부정과 사라짐을 통해 순수하게 내적인 세계
에 따른다고 하는 것은 아주 흥미롭다.141) 어떤 사람들에게는 이것은 일
종의 예술의 정신화처럼 보일 것이다. 음악가가 컴퓨터를 프로그램할 때
에, 그것은 모든 것을 할 수 있는 기구에 대한 전능한 지배처럼 인식될
것이다. 정신이 마침내 물질을 정복하였다. 정신은 외적 모델의 중력으
로부터 해방되었다. 정신은 그를 제한하였던 문화적 모델들로부터 해방
되었다. 그는 기구들과 수단들의 제약들로부터 해방되었다. 다시 한 번
아도르노는 정확히 보았다. "당연히 감각적 특징을 격하하는 예술 작품
들은 그럼에도, 세잔의 말처럼, 자기들이 실현되기 위해서는, 감각적인
기반들이 필요하다. 정신화의 요구가 강경해질수록, 예술 작품들은 정신
화되어야 할 현실로부터 더욱더 멀어진다. 정신은 어떤 전에서는 작품들
의 위에서 선회하고, 이 정신과 그의 감각적 기반 사이의 허공은 더욱 크
게 벌어지고 있다. 일관적인 구성의 우월성은 어떤 전복을 겪게 된다. 즉
정신에 의한 물질의 지배는 정신의 상실로 귀착한다. 다시 말해 작품의
내재적인 의미의 상실로 이른다." 그래서 아도르노에 의해 밝혀진 냉정
한 논리를 따르면, 현대적인 움직임은 모든 작품의 모든 의미의 부정으
로, '실현' 의 제거로 귀착하게 된다. 결국, 순수한 주관성은 실현될 수도
없고, 실현되어서도 안 된다. 침묵과 부재.

그렇지만 이러한 주관주의/이론 사이의 관계에 대해 다른 두 가지를

---

141) 안느 코클랭Anne Cauquelin은 같은 의미로 오늘날 화가와 철학자의 결합 중요성을 말한
다. "화가는 '자기' 철학자의 언어적 지주가 필요하다. 그리고 철학자는 전문화 속에 잠겨
자기의 일차 원료를 상실하여, 논술하기 위해서는 예술적인, 특히 회화적인 대상이 필요
하다… 그래서 모노리-리요타르, 프르망제-들뢰즈, 메니저-라스쿠베의 결합이 있다…
"

지적해야 한다. 우선, 더욱더 순수해지고, 더욱더 극단적이고 강경한 주관주의에 관한 문제이다. 그로부터, 엄밀하게 의사소통 불가능성이 나온다. 이러한 작품들은 바로 그러한 의사소통이 불가하여서 누군가 전문가라고 하더라도, 그가 이론을 포착했어도, 본질적인 것은 그냥 남는다. 즉 아무것도 의사소통될 수 없다. 왜냐하면, 그렇게 위대하고 완벽한 수단들을 통해 표현된 것은, 바로 존재 자체이고, 이것은 신보다도 더 이해할 수 없고 포착할 수 없기 때문이다. 거기서는 우화들이나 은유들이 필요할 것이다. 그렇지만 이 예술은 엄격히 더는 상징적이 아니다. 그리고 우리는 왜 기술적 환경이 상징화의 가능성을 거세시키는지 보았다. 사실상, 이 예술은 우화적이거나 은유적이기를 거부한다. 그것은 존재를 주장한다. 그것이 전부다.

　주체는 없지만, 예술가의 어떤 의도는 있다. 그 의도는 너무나도 고심하여 추구되고, 복잡하여, 청중, 독자, 관객은 이해할 수도 없다. 수많은 예 중에서 상당히 재미있는 하나를 들어보자. 르네 마그리트의 「헤겔의 바캉스」인데, 펼쳐진 양산 위에 놓인 유리컵 그림이다. 한 편지에서 화가는 다음과 같은 대답을 하였다. "나의 마지막 그림은 이런 질문으로부터 시작하였습니다. '어떻게 하면 양산 속의 유리컵을 무관하지도 않고, 환상적이지도 않으며 자의적이지도 않고, 약하지도 않은 방식으로, 말하자면 거짓 겸손 없이 천재적인 방식으로 보여줄 것인가? 나는 많은 유리컵을 그리면서 시작하였습니다… 그리고 항상 컵 위에는 하나의 줄이 있습니다… 100 또는 150번의 데생 이후에야 이 줄이 우산의 형태를 취했고… 이것은 이어서 잔 속에 들어있었고… 결국, 잔 아래에 있게 되었습니다… 이것은 처음의 질문, 즉 어떻게 유리컵을 천재적으로 그릴까?에 대한 정확한 해결입니다. 나는 이어서 또 다른 천재였던 헤겔도 두 개의 대립한 기능들을 하고 있는 이 대상에 대해 아주 민감했을 것으로 생각하였습니다. 하나는 물을 원하지 않는 기능이고_{물을 밀쳐내기}, 또 하나는 물을 원하는 것입니다._{물을 담기} 헤겔은 그에 대해 매혹되거나 즐거워했을 것입니다._{바캉스에서처럼} 그래서 나는 이 그림을 「헤겔의 바캉스」라고 부릅니다."

우리는 그런 설명이 필수불가결하다는 것을 이해한다. 그러나 혹자는 또 이 그림이 거칠지만, 구상적이고 '주제가 있는' 회화이기 이전에, 추상과 상징화의 작업도 마찬가지로 컸다고 반박할 수 있다. 그것 역시 똑같이 설명해야 하지 않았을까? 나는 아니라고 말할 것이다. 왜냐하면, 마그리트가 한 과정에 따르면, 그것은 결코 순수하게 개인적인 상징이 아니었고, 항상 공통의 상징에 따르고 있었기 때문이다. 그런데 이 공통의 상징은 더는 존재하지 않고, 예술가는 실제로, 현대 기술이 그곳으로 미학적 발명을 축소한 그런 완벽하게 무상인, 암시적이고 개인적인 유희에 매달린다.

그렇지만, 그리고 이것이 마지막 지적인데, 주관성에 관한 주장과
내적 세계를 표현한다는 주장은, 실제로는, 예술가가 기술적 수단들에 의해 결정된다는 것에 대해 전혀 무지하거나, 그것을 무의식적으로 거부하는 데에서 온다. 이 극단적으로 이론적인 예술가들이 자기들이 만든 이론이 기술이 관계된 현실을 표현하고, 순수한 주관성의 자유로운 표현이라는 주장도 기술이 일으킬 결과들 앞에서 흠칫 놀라 물러선 것에 불과함을 알지 못한다는 사실은 정말 경악할 만하다. 그것이 무엇이건, 담론은 자신은 더는 담론이 아니라고 주장하는 작품 곁에서 점점 더 큰 자리를 차지한다. 따라서 작가 자신이 자기가 하고자 했던 것, 의도들, 경험들, 주관성에 대한 설명들이 넘쳐나고, 아니면 예술가라고 하는 새로운 네안데르탈인들이 남긴 모호한 기호들을 해석하는 데 평생을 바친 해설가들에 의한 설명들이 넘쳐난다. 어떤 사람들은 이러한 선언들과 에세이들의 범람을 즐기기도 하는데, 거기서 "예술과 사회관계의 전환점"을 본다고 하고, 대중이 기호의 변환을 가속할 수단을 본다고 한다.142) 그건 환상이다. 어떻게 해설이 갈수록 작품을 대체한다는 것을 보지 못하는가. 나는 하얀 종이 위에서, 손을 한 번 돌려 아라베스크 무늬를 그린다, 그리고 텔레비전에 출연해 몇 시간 동안 또는 몇 페이지에 걸쳐 내가 했던 것을 설명하고, 어떻게 했으며, 그것이 표현하는 것이 무엇인가를 설명한다. 역으로 시인이나 소설가였으면, 그 역시 자신이 만든 수수께끼나 떠듬거린 말에 대한 주석을 달 것이다 사람들은 글로 된 텍스트를 설명적인 도상으로 완벽하게 바꿔 그려낼 수도 있을 것이다. 필립 솔레르스는 그가 무한한 설명을 통해서도 쓰지 못한 것을, 결코 탄생하지 못할 작품이 되었을 그것에 대한 해설로 대체한다. 게다가 롤랑 바르트는 그것을 아주 그럴듯하게 정당화한다. 바르트는 『비평과 진실』 속에서, 기능들의 교체가 일어난다고 말한다. 비평가와 작가는 "글쓰기 앞에서" 서로 합쳐진다. 그는 비평가로서도, 소설가로서도, 시인으로서도 존속하지 않고, 글쓰기와 드잡이질하는 사람으로 존재한다. 그 자체로서의 글쓰기이다. 그런데 그들은 이러한 질주가, 우리를 수단에 대해 환각에 빠뜨리고, 우리 정신을 몽롱하게 만드는 기술 시스템에 의해 직접만들어졌음을 알지 못한다. 여기서는 오로지 수단만이 존재하고 또 중요하다. 다시 말해 글쓰기이다. 글쓰기는 하나의 기술에 불과했었는데, 이제는 웅장하게 장식되었다. 물론 사람들이 그에 대해 의식하지 못한 채로서이다. 참으로 김빠지는 일이다. 그렇지만 이것은 다시 한번, 그렇게 절묘하고, 우아하며, 매력적이

---

142) 그런데 여기서 우리는 혁명적 예술과의 합류점을 발견한다. 타피에는 그 좋은 예이다. 사람은 작은 회화의 단지 속에서 혁명하기로 결심할 수 있다. 그러나 너무나도 모호하고, 상징적이며, 추상적이고, 난해한 방식으로이기 때문에, 누구도 거기서 아무것도 보지 못한다. 적과 흑 = 피와 죽음으로 그리기이다. 그렇다고 하자. 그러나 나무와 짚을 함께 놓는다고 무슨 혁명적 의도가 있는가… 먼저, 타피에 자신의 길을 만들어야 한다, 그리고 이어서 개념들의 연상을 통하여 모든 것의 상징적 힘을 포착해야 한다. 그것은 그만큼 아무것도 말하지 않는 것이고, 또 기술적 엄격함이 모든 예술적 형태에 제안하는 비우기이다.

고, 화려한 이러한 분석들의 약점을 노출해준다. 필립 솔레르스가 글쓰기 속에서 새로운 노선을 볼 때에, 그리고 이 노선이 "현실 경계의 이동" 시도로서 초현실주의와 유사해진 때에, 그는 아주 간단히 이러한 이동이 이미 수행되었음을 보지 못한다! 기술이 이미 실제를 전복해버렸음을, 기술이 옛 현실 대신에 새로운 현실을 대체했음을, 글쓰기는 단순히 이러한 새로운 현실의 반영임을 그는 단순 간단히 알지 못한다. 그렇지만 이론적 예술에 대한 이러한 담론도 메시지를 가진 예술에 관한 담론만큼 실망스럽다. 메시지를 가진 예술은 극도의 평범함 속에서 시들어버렸다. 새로 나온 예술은 비애감과 대단한 정신적 혼동으로 특징된다. 사람들은 심각한 표정으로 "소우주적 음악의 글쓰기", "색 자체의 긴장화에 의해서만 명백해질 수 있는 세상의 리듬적이고 진동적인 경험"에 대해 말한다. 들로네 자기 자신을 뒤쫓으면서 보이는 것의 표면으로 보이지 않는 것을 부르는 문제이고, 보이지 않는 것의 현상학은 "고르키의 조각적인 귀납"에 의지해야 한다. '격자 구조화미장아빔(mise en abîme)'가 "나의 욕망이 기능하는 내면에서" 보이지 않는 것을 겨냥한다. 물론, 아주 특이한 언어가 있다, 틈, 결합, 미끄러짐, 벌어짐, 탈중앙화 등. 그 담론이 무의식적으로 밝히는 것은 바로 가장 세공되고 완벽한 이론은 작품에서 의미를 비우는 그런 이론이라는 것이다. 우리는 정신화라는 것을 보게 되는데, 궁극적인 정신화란 정신의 거세를 의미한다. 우리는 수단들의 과도한 비대를 보게 되는데, 그것은 이 수단들의 목적이 사라졌음을 의미한다. 우리는 인간과 그가 사용할 기술적 수단들 사이의 일치를 보게 되는데, 그것은 의사소통이 의사소통 수단들의 과잉 자체에 의해 단절되었음을 의미한다. 오늘날에는 미학적 의사소통의 특징적인 과정은 더는 재생되지 않는다. 예술가는 일상적 의사소통을 포기하면서 고독에 처하는데, 그의 고독은 진정한 의사소통의 매체이다. 과거 예술가는 고독 덕분에 사람들에게 말했다. 이것은 끝났다. 예술가는 기술자로서, 어떤 이론을 적용하여 기구들을 조종한다. 이것이 결국 이 예술에 대해 설명하는 수사학의 의미 부재를 밝혀준다. 그리고 이것은 우리를 의미의 상실로 이끈다.

2. 의미의 상실

우리는 달리 예술은 더는 지시대상이나 근거가 없다고 말할 것이다. 지금까지는, 예술은 항상 앞서 존재하는 가치들 위에 세워진 믿음들과 상응하였다. 그 앞선 가치들은 말해지거나 만들어진 모든 것에게 최종적 지시대상으로 버팀목이 되어 주었다. 이제 이것은 취소되었다. 근거 없는 예술, 외면적으로 부유하는 예술, 예술가들의 주장을 따르면 자유로운 예술. 그러나 가치들의 사라짐 그건 오직 기술의 효과임을 잊지 맙시다.

천재적인 무의식의 소유자인 존 케이지는 이렇게 선언한다. "객관적이어야 하고, 하나의 소리는 하나의 소리임을 받아들여야 한다. 질서와 감정의 표현에 대한 생각들, 그리고 우리의 모든 미학적 유산에 대한 환상들을 포기해야 한다. 지고의 목표는 어떠한 목표도 갖지 않기이다. 그것이 당신을 **자연**과 조화롭게 한다…" 나는 수백 명의 화가나 음악가들의 글이나 인터뷰 속에서 이것과 유사한 문장을 취할 수 있을 것이다. 이 문장 속에는 무엇이 들어 있는가? 우선 생경한 사실의 인정이다. 사실을 지배하고, 사실에게 어떤 질서를 부여하고자 하는 인간의 포기이다. 하나의 소리는 하나의 소리이다, 음악가는 질서도 없고 감정들도 없이, 소리를 생산하기 위해 거기에 있다. 닫히면 끼익 거리는 문이나, 통통거리는 모터처럼 말이다. 음악가는 하나의 사물로 축소된다. 그는 시원에서부터, 그리고 모든 영역에서, 환경에 대해 인간의 특수성이 해 왔던 것을 포기한다. 즉 어떤 질서의 부여란 명백히 인위적인데, 인간에게는 필수불가결한 것이다. 이 질서가 환상적이라 하더라도 말이다. 이 질서 부여를 포기함으로써 우리는 자연과 조화를 이룬다고 한다. 그런데 묘하게도 자연을 의인화하고 있다… 이것은 언어적 남용이다, 왜냐하면, '자연'은 인간이 구성한 것이기 때문이다, 그런데 결국, 이 심오한 사상가들에게서는, 우리는 그 자연의 한 평범한 것에 속하지 않는다. 목표는 따라서 인간이 했던 모든 것을 스스로 박탈당하고, 자연과 완벽한 일치로 축소되며, 모든 인위적인 것을 제거하는 것이다. 희망, 독트린, 혹은 의지로서 이것은 새로운 것이 아니다. 그러나 우리는 이러한 조건들이라면 어떤 음악가가 하는 일을 이해할 수 없다. 왜 존 케이지는 콘서트를 여는가, 그 콘서트란 자연 속에 있지 않은데 말이다. 또 왜 그는 혁명을 해야 한다고 주장하는가, 혁명이란 전혀 자연적이지 않은데 말이다. 이상하지만 넘어갑시다. 그리고 자연과 일치하기 위해서는, 목표가 없어야 한다. "나는 저절로 가는 하나의 힘이다"라고 위고는 말했다. 의도도, 목적성도, 목표도 없다. 힘들, 우연들, 필연성들, 맹목적 충동들의 결합으로서 자연이다… 존 케이지는 그 생각을 하지 못하고서 자연 속에 포함된 목적성이나 의도성을 폐지한다. 이것은 J. 모노Monod의 주장과는 달리 전혀 해결되지 못한 문제이다. 이것은 선택의 문제이다. 케이지의 선택을 받아들이기로 하자. 그렇다면 그가 이론을 생산하기를 멈추지 않는 것은, 어떻게 된 일인가? 그리고 그가 시리즈적인 음악에 가담하면서도, 우연한 이론을 피력하는 것은 또 어떻게 된 일인가? 그러나 특히 이렇게 하면서, 그가 자연적 힘이 아니라, 기술적 과정의 순수 간단한 표현임을 어떻게 보지 못했는가. 명백히 이것은 기술인데, 기술은 내가 보여주었듯이 목적성과 목표가 없다.143) 기술은 그냥 거기에 있고, 그 이상은 아니다. 어떤 의미도, 가치도 필요하지 않고, 기술은 거기에 있기에 간단히 자신을 강제한다. 그리고 기술은 이중적으로 자신을 강제한다. 먼저, 그 힘에 의해서인데, 기술은 그 전복적인 효율성 속에서 부정될 수 없다. 그리고 또 기술은 인간을 위해, 인간에게 절대적으로 자신을 강제한다. 왜냐하면, 기술은 인간이 창조한 것이고, 인간은 자기가 성공적으로 한 모든 것 앞에서 희열을 느끼기 때문이다. 존 케이지는 목표와 의미를 제거하면서, 자연과 일치한다고 믿는다. 그런데 그는 사실은 기술 시스템과 일치한 것이다. 그래서 이제부터는 그의 선언과 이론 사이에 더는 모순이 없게 된다. 그렇지만 반대로, 극단적인 이론화와 의미의 부재가 그의 인격, 그의 담론, 그의 작품으로 결합하여 나타난다. 이론화된 예술은 더는 의미가 없는 예술이다. 그렇지만 단계들이 있다. 우리는 작품들 속에서 의미의 상실이나 죽음을 사실상 확인한다. 거기에서 의미를 찾아서는 안 된다. 그것은 사실인데, 왜냐하면 사람들은 텍스트, 그려진 화폭, 음악적 소리를 가지고, 그 이상은 없는 하나의 대상으로 여겨라고 **요구하기** 때문이다. 이것은 엄밀히 기술적인 태도이다. 왜냐하면, 기술은 구분하지 않고, 메시지의 내용에는 관심이 없으며, 오로지 전달의 구조들과 그러한 대로 존재하는 대상에만 관심 있기 때문이다. 그러면 혹자는 이것이 사람들이 이제는 새로운 예술 개념을 가지고 있기 때문인가 하고 자문할 수 있다. 이론을 만드는 사람들의 명백한 선언, 그러나 그들은 이러한 개념이 기술로부터 파생된 것인줄 알지 못한다, 혹은 아주 간단하게, 의미가 없어서 사람들이 의미를 찾는 것을 금지하기 때문인가 하고 자문할 수 있다. 그리고 실제로 의미는 없다, 왜냐하면, 현대 예술가는 화가건, 소설가건, 음악가건, 할 말이 아무것도 없기 때문이다. 현대 예술가

---

143) Cf.『기술 또는 세기의 쟁점』, 그리고『기술 체계』(대장간, 2013).

는 완벽하게 공동空洞이고 비어 있다. 그는 텍스트와 색을 생산한다. 그러나 그는 거기에 아무것도 놓지 않는다. 그는 완벽하게 거세되었다. 그리고 이것은 그가 처해 있는 기술 환경에 의한 거세화로부터 올 것이다. 그러면 이론은 존재의 부재에 대한 대체물일 것이다. 사람들은 아무것도 살지 않기 때문에 기하학적인 상징들을 결합한다. 그리고 사람들은 깊은 경험도, 성숙도, 이어지는 관계도 허용하지 않는 환경 속에 잠겨 있기 때문에, 아무것도 살지 않는다. 더는 적극적인 연루를 통한 미적 감동도 없다. 더는 명상도 없다. 그로부터 사이비 종교인들의 허풍과 초월적인 명상들의 성공이 나온다. 우리는 즉각성의 명령에 사로잡혀 있기 때문에 더는 거리두기도 없다. 더는 어떤 의미나 가치의 전달 의지도 없다, 왜냐하면 기술에 의해 생산된 상상의 박물관이 이제는 말해야 할 다른 것은 아무것도 없다고 우리를 설득하고 말았기 때문이다. 따라서 더는 말해야 할 것이 아무것도 없다. 그래서 아무것도 말하지 말자. 쓰고 그린다는 그 사실 자체에 매달리면서, 글을 쓰자, 그림을 그리자. 완벽하게 기술적인 태도이다. 오늘날에야 마침내 '모든 것이 말해졌다, 그런데 사람이 너무 늦어버렸다' 가 그 완전한 무게를 가진다. 그 얼마나 이상한 예지력인가, 그 당시에도 사람들은 그때까지 이미 말해졌던 것을 거의 알지 못했으니 말이다. 오늘날에는 그건 마침내 정확하다. 그리고 모든 예술가는 이러한 메시지와 의미의 침범으로 미리 막힌다. 무엇을 거기에 더 더할 수 있을 것인가? 색, 가공하지 않은 재료, 소리에 대해 말하자면, 최소한 그것은 존재한다.

동시에 과정을 위해 예술가가 축출된다. 그 모범적인 예가 **제3의 마음** 1975과 함께 버로우즈Burroughs의 경우인데, 이 작품은 **교차한 작품** 1976, B. 지신(Gysin)과 공저 속에 다시 실리거나 증보된다. 한편으로, 이 두 저자는 자신들을 무대에서 제거하는 제3의 인물 속에서 서로 혼동되고, 다른 한

편, 그들은 텍스트의 구성에서 처음부터 그들을 제거하게 될 기술을 사용한다. 예를 들면, **컷 업스**cut ups는 꼴라주collage와 변환의 체계적이고 기계적인 형태이다. 한 문장의 모든 단어는 저자들과는 무관하게 적용되는 어떤 수학 법칙에 따라 전도된다. 한편으로는 "작가의 개성, 단어들에 대한 그의 시선의 권리를 부정하고", 다른 한편 최대한 언어의 소외에서 벗어나기 위해 언어의 모든 가능성을 탐사하는 문제이다. 우리가 이러한 방식의 내적 모순을 무시한다면, 즉 인간이 더는 존재하지 않는다면 왜 어떤 소외에서 벗어나야 하는가… 중요한 것은 그러한 시도들이 내포한 순수하게 기술적인 소명이다. 주체의 자율성은 기계적인 과정을 사용한 덕분에 추방되었다. 이것은 진정 기술 세계의 특징이다. 그리고 전면에 내세워진 것, 중요한 것은 도구인 언어의 모든 가능성을 추구하는 것이다 – 정확히 모든 기술에 대해서처럼. 그리고 누군가 언어는 도구가 아니라고 항변한다면, 우리가 알고 있는 언어학이나 구조주의의 모든 담론이 그러하다. 나는 차라리 기술적인 담론이 지배적인 기술적 도구를 형이상학의 영역 속으로 이동시킨다고 말할 것이다. 동시에 모든 형이상학을 배제하면서! 이 모든 것은 기술적 정신상태의 특성이다.

…그렇지만 사람들은 어떻게 이러한 파탄을 확인하고도 견딜 수 있을까? 그럴 땐 정말 자신을 정당화해서 달래야 한다. 이제부터, 사람들은 **실제로 말할 것이 아무것도 없다**고 선언할 것이다. 그리고 이건 이론의 새로운 한 걸음이다. 아무것도 말하지 말아야 하고, 말하려고 하지 말아야 한다, 왜냐하면, 형이상학적으로, 의미란 없기 때문이다. 더는 어떠한 가능한 **의도**도 있을 수 없다. 그리고 이 예술이 완벽하게 주관적일 수 있다 하더라도, 최소한 주관성의 한 부분은 저주를 받는데, 그것은 바로 의도, 의미의 추구, 이성, 사고의 부분이다. 예술가는 아무것도 말하지 않기를 추구해야 한다. 완벽하게 부정적인 금욕이다. 그렇지만 이것은 마지막 단계를 내포한다. 즉 의미가 없는 것으로는 불충분하다, 모든 방비

에도 의미의 탈주가 있을 수 있고, 잘못 닫은 마개로부터 가스가 새어 나오듯이 의미가 새어나올 수 있을 것이다. 그것을 조심해야 한다. 왜냐하면, 의미란 없어야 하기 때문이다. 의미는 죽었다. 그러나 아마 완전히 죽지는 않았다. 따라서 그것을 죽여야 한다. 그래서 사람들은 확인과 무력감으로부터, 제거의 의지로 옮겨간다. 이 제거 의지는 어떤 형이상학으로부터 파생되고, 이 형이상학은 하나의 순수한 이론처럼 제시되지만, 순수한 이론이 아니라, 기술 시스템에 완벽하게 일치하는 형이상학이다. 이 형이상학은 인간의 도덕적 가치들과 양심의 가책들 혼란을 기술적으로 증가시킨다. 따라서 우리는 마지막 단계에 도달하는데, 그것은 분명 의사소통의 수단이었던 것에 의한 완벽한 고립의 단계이다. **무엇에 대한** 의사소통인가. 이 예술은 전화선들, 모든 색, 모든 역량, 동축 케이블들, 자동 교환기들의 아주 훌륭한 망으로 자신을 제시한다. 그렇지만 보라, 송신기에서는 말하기 위한 사람이 아무도 없고, 또 듣고 응답할 사람이 아무도 없다. 단순히 대중만이 기술자의 예술과 그렇게 아름다운 전선 다발을 생산할 줄 알았던 노동자들의 능란함을 찬탄하도록 소환된다 … 명백히, 이러한 의미의 제거는 동등하게 성공한 것이 아니고, 모든 예술가에게서 똑같은 충동에 대답하는 것은 아니다. 어떤 사람들에게서는 근소하고 불완전하며, 다른 사람들에게서는 절망적이다. 어떤 사람들은, 안일하게, 약간은 아무거나 생산을 한다. 이때 의미 상실 이론은 하나의 커다란 안전판을 부여해준다. 아무튼, 아무것도 의미가 있지 않는 바에야, 왜 자신을 압박해야 하는가. 이러한 확신은 절대적인 안전을, 종교에서처럼 의심할 필요 없는 확신을 아무런 내용도 없이, 제공해준다. 그래서 누군가 그런 환경 속에서 의미에 대해 말할 때면, 그는 아예 질겁한다. 그렇지만 그것은 단지 안일함만은 아니다. 그 이상이 있다. 즉 지금까지는 의미의 생산자인 예술은 줄기차게 이어지는 어떤 연속성에 접속되어 있고, 의미란 기대치 않았던 어떤 폭발이 아니라, 수 천 년 동안 이어지는 인류의 어떤 이상의 추구에 참여하는 것이다, 따라서 의미란 "문화의 긍정적 본질의 공범임"을 왜 알지 못하는가.마르쿠제(Marcuse) 달리 말하면 모든 의미는 반드시 보수적이고 반동적이다. 문화에 의한 이러한 조건화를 깨부수려면, 간단하게 그것이 무엇이건 모든 의미를 거부해야 한다. 그것만이 특출하게 혁명적이다. 그 이상으로, 예술이 어떤 대상을 재현하는 한, 예술은 그의 의미화 속에서 이 대상을 인정해주는 것이다. 그렇지만 그것은 여전히 보수적이다! 그로부터 미학적 의미화의 거부는 모든 내적이거나 외적인 닮음의 거부를 동반한다. 다시 한 걸음 더 : 우리는 오늘날 서로서로 합쳐지고 혼동되는 예술들의 경향을 알고 있다. 이것 역시 의미의 죽음과 관계된다. 즉 각각의 ''전문가' 가 존재하는 한, 거기서 표현되는 조화, 질서가 있다. 시각은 청각이 아니다, 그리고 상응들은 절묘하면서도, 혼동되지 않고 조화롭다. 사실 이러한 조화, 이런 질서는 어떤 의미의 가능성과 통합의 보장들이다. 그렇지만 누가 의미를 거부한다면, 절대적으로 예술들 속에 무질서를 도입해야 한다. 그래서 예술은, 더는 상징적이 될 수 없는데, 그의 새로운 비-의미를 '몽타주' 속에서 발견할 것이다. 어떤 회화 속에서 신문 조각들을 붙이기,그리고 이러한 '기술' 이 달성한 모든 발전 그것은 새로운 예술 형태가 아니다. 그것은 일상적 현실의 조각들을 주입하여 예술의 의미를 부정하기이다. 더는 외적 대상들의 모방, 이 대상들의 지적, 상징적, 인위적 관계의 창조, 어떤 의미 속에서 이 대상들의 솟아남 따위는 없다. 아니다, 애호가의 바로 앞에 던져진, 색이 덕지덕지 칠해진 신문지 조각이 있다. 이렇게 해서 예술은 자신에게는 완벽히 낯선 어떤 것에 참여한다. 동시에 예술은 자기가 지금까지 해 왔던 의미하는 기능을 더는 하지 않는다. "예술은 잠재적으로 대상들 가운데의 한 대상이 된다. 예술은 우리가 그것이라고 알고

있는 것과는 다른 무엇이 된다"아도르노 예술은 동시에, 그리고 이러한 사
실로부터, 누구의 것도 아닌 예술이 된다. "나는 다른 사람이다. 시는 모
든 사람을 위해 만들어질 것이다." 불행하게도, 공동체적인 모든 것은 컴
퓨터가 되었다. 명백히 우리는 항상 그곳으로 되돌아온다. 만약 예술이
본질에서 의미를 품고 있다면, 컴퓨터는 거기서 할 일이 아무것도 없다.
만약 컴퓨터가 명백하게 우리에게 강제된다면, 그렇다면 예술은 더는 의
미를 가져 오지 말아야 한다. 명백히 컴퓨터는 모든 것을 할 수 있다. 그
건 두고 봐야 한다, 그렇지만 그것을 인정하자. 인간이라고 하는 이 이
방인을 위해 의미를 창조하는 것 말고는 말이다. 그러나 극단에 이른 이
러한 근본적인 딜레마는 이미, 예를 들어, 수학적 음악에 의해 제시되었
다. 표현적 요소들의 재료로의 전환은, 수학적으로 극단화되어, 이미 모
든 표현을 문제시하였다. 구성과 논리의 엄격함은 예술을 화석화하였다.
우리는 소리, 색들, 전적으로 추상적인 형태들의 구성 방식들을 향해 전
진한다. 이 구성 방식들은 물론 모든 의도, 모든 감동을 배제한다. 그리
고 근본적 관계들이 잘 선택된 한에서만 가치가 있다. 분명, 거기서는 더
는 감각적으로 인지할 수 있는 상응은 존재하지 않을 수 있다. 도구, 기
구가 전통적으로 자기가 운반해야 했던 것을 거꾸로 완벽하게 지배한다.
기구는 더는 어떤 목적에 대한 질문도 스스로 제기하지 않는다. 우리는
지금까지 원칙적으로 회화, 음악, 또는 소설에 대해서 말했다. 그러나 연
극과 함께는 더욱 놀랍다. 왜냐하면, 여기서는 연극을 텍스트의 부재로,
동작 자체의 부재로, 나아가서 표정 자체의 부재로 축소해야 하기 때문
이다. 그리고 그건 실현되었다. 다시, 우리가 말했던 로사취Rorschach와 함
께, 무대 위에서 일어났던 일들이 있었다. 마리글리아노Marigliano와 마세
라Maschera의 연극1973년 10월에 보르도에서 제시된 것에서는 새로운 '연극적 시
학'을 생산했던 순수한 이미지에 의한 완전한 비−의미이다. "조각들을

통해 정돈된 움직이는 물질이고, 그 전체성 속에서는 포착할 수 없다.”
반복진행들의 연속, 불연속적인 조각들로서, 후속 없는 문장, 빈약한 음
악, 환각, 무한정 반복된 몇몇 음조들과 함께 연속적 조명들로 비치고,
우발적인 모티브들의 재출현으로 가능해진 연속성의 환기가 있다….

　이 사람들은 말하기가 연극의 본질임을 거부한다. 제스처와 표정 등을 위해
그들은 언어를 통해 의사소통할 수 있다는 생각을 거부한다. 언어를 불
신하고, 그것에 대해 회의한다. 그들은 언어를 조롱한다. “우리는 텍스
트의 연극적 우상을 포기하고, 작가의 독재를 포기할 것이다”라고 아르
토는 말한다. 언어는 부적합하다, 그래서 사람들은 비─의사소통, 단어
들의 결함을 강조하기 위해 언어를 조롱한다. 그러나 왜 이 저자들은 자
신들이 기술에 의한 언어의 비난을 다시 반복하는데 그치고 있음을 알지
못했을까! 그 누구보다도 먼저, 구어란 부적합하고, 부정확하며, 내용이
없고, 그 대신 데생과 도식, 설계도가, 연극에서는 제스처와 무언극! 육체적 표현
얼마나 더 유효한가를 말한 사람은 기술자이다. 대수학을 위해 ‘달변’을
비난한 사람은 바로 기술자이다. 그리고 우리의 예술가들은 그런 강력한
명백함에 자기도 모르게 굴복하여, 자신을 죽이고, 예술과 의사소통, 말
을 살해하여, 마침내는 우리 사회의 거대한 조직적 힘들과 일치하게 된
다! 육체적 표현의 군단들을 편성하면서 비 순응주의자가 된다고 믿는
용감한 젊은 예술가들은 단지 사회에서 기술 승리의 조수들일 따름이다.
여기서는 그저 말로만 혁명적이고, 이때 말은 그들이 폐기한다고 하지
만, 의미하고 있고 의사소통을 담고 있다, 그래서 오직 말로만 기술 제국
을 문제 삼는다.

　그러나 한 편의 시나 화폭에서 어떤 의미를 발견하려고 시도하는 것
은, 그 이상은 없고 그런 그대로 보아야 하는 이 회화나 글쓰기로부터 아
무것도 포착할 수 없다는 것을 확신하려는 것이다. 이제부터는 화가에

게는 오직 그리는 것이 문제 되며, 그리고 뭔가를 그린다는 것이 문제 되는 것이 아니다 시인에게는 단어들을 배열한다는 것이 문제 되기 때문이다. 어떤 생각을 정립한다는 것이 문제가 아니다 덱스Daix에 따르면, 마네 또한 "신, 자연, 그것을 위한 상응은 필요하지 않고, **그리는** 행위에 집착한다. 그의 상상력은 **터치** 속에 있다. 그로부터, 그에게는, 그린 것의 정체성, 사회적, 역사적, 혹은 문학적 의미화에 이르는 것은 의미가 없는 문제이다." 그리고 덱스는 감탄할 정도로 훌륭하게 다음과 같은 대립을 형성한다. "마네는, 보들레르가 **구성된 도덕**으로부터 원하던 바를, **구성된 회화**로부터 기다린다." 오늘날은, 마네가 대승을 거뒀다. 모든 것이 이 길 속으로 들어갔다. 이미지, 기호는 그 자체에 의해, 그 자체를 위해 가치를 지닌다. 그려진 대상은, 회화에 의해 다시 발명되어, 그 자체로서 '존재자의 위엄'을 가진다. 이 대상은 더는 아무것에도, 예술가에게도, 어떤 생각에도 돌려질 필요가 없다. 각자는 이제 기호들이소리들, 단어들, 이미지들… 수단을 통해 전달된 의지적인 메시지의 의미와는 독립된 수많은 정부를 운반한다는 것을 안다. 기술의 작업은 이러한 기호들을 무한정 개량하는 것이다. 현대 예술 작품은 기호의 이러한 독립된 특수한 정보들과 결국에는 배제되어야 할 메시지 사이의 극단적인 단절을 실행한다. 칸딘스키는 "한 점은 사람의 형상보다도 때로는 그것에 대해 더 많은 것을 말한다"라고 말했다. 물론 그에게는 인간의 형상은 선들과 점들의 모음에 불과하다. 그러나 이러한 논리에 따르면, 칸딘스키의 공식 속에는 여분의 군소리가 들어 있다. 즉 '그것에 대해 말한다.' 누구에게, 무엇에 대해? 아무것도, 그리고 아무것도 아니다. 현대 예술은 이러한 점을 향해야 하는데, 거기서 현대 예술은 "의미가 없는 기호들을 발산하는데, 동시에 예술적 존재의 새로운 의미를 제안한다. 이 새로운 의미는 전적으로 추상적인데, 규칙들의 코드 의미이다."물 그렇지만 한 걸음 더 나가야 한다. 후에, "관객에게서 의미의 추구는 작품의 이해를 방해한다.”, 이어서 “예술가는 의미가 아니라 형태를 창조한다.” 그리고 의미에 대한 격렬한 비난이 온다. “의지적으로, 격렬하게 의미를 배제해야 한다.” 기의signifié(기호가 환기하는 개념) 자체가 유명한 언어학적 담론 속에서 그 일관성을 상실한다. 기의는 하나의 ‘현실’이 아니다. 그리고 쏘쉬르Saussure가 “언어학적 기호는 하나의 사물과 하나의 이름을 결합하는 것이 아니라, 하나의 개념과 하나의 청각적 이미지를 결합한다”라고하였기 때문에 사람들은 기꺼이 극단으로 치다를 것이고, 현존하는 또는 앞선 개념을 제거한다. 단순히 그리거나 쓰고자 하는 욕구만 존재하고, 만약 누가 거기에 어떤 의도를 덧붙인다면, 그는 그 욕구를 죽이는 것이다. 문학, 회화는 “생산적인 활동들이고, 그 실천에 선행하는 모든 의미로부터 자유롭다”리카르두, 따라서 단순히 기술적인 실천인데, 기술로서의 충분한 효율성은 의미가 없는 한에서만 달성할 수 있다. “표현의 도그마”어떤 생각, 뭔가를 표현한다는 것는 리카르두에 따르면, 전적인 무능력의 요인이다. 현대 예술가라면 그것을 경계해야 한다. 리카르두는 실제로 어떤 시스템의 세공과 함께 의미에 반대한 이러한 투쟁의 선봉이 될 것이다.144) 순수한 상태의 텍스트. 저자 없는, 독자 없는, 인물 없는 텍스트. 단어, 구문은 그 자체로 생산자들이다. 그것ça이 기능하고, 그것ça이 생산하며, 소설이나 시는 ‘기계들’이다.명백히 기술이 지배한다 기계인 것, 그것은 언어 혹은 텍스트이다. 그러나 그것들은 그 기구들을 가지고 아무 할 말이 없을 때에만 그런 식으로 작동할 수 있다. 작가는 그의 머릿속에 나중에 텍스트 속으로 들어가야 할 것을 아무것도 가지고 있지 않다. 그래서 리카르두는 사르트르에 대해 격렬한 공격을 한다. 왜냐하면, 사르트르가 수단보다는 ‘말해야 할 것’을 더 우세하게 하였기 때문이다. 소부르주아적인 생각이다. “사르트르적

---

144) 리카르두(Ricardou), 『누보 로망의 문제들』(1967), 『누보 로망의 이론을 위하여』(1971).

인 원칙은 아주 특수한 경우의 성급한 일반화일 따름이다. 만약 테이블에서 어떤 사람이 '빵을 좀 건네주세요.'라고 요구한다면, 빵이라는 대상 자체와 빵이라는 기호의 기의signifié의 실천적인 중첩은 대상이 기의를 가려버릴 수 있게 해준다…." 따라서 이러한 언어 사용은 아주 특수한 경우이다! 본질적인 것, 진실한 것은 텍스트이다. 그 자체로서 텍스트이다. 아직 쓰이지 않은 텍스트, 그러나 미래의 불확실한 영역 속에서 텍스트로서 존재하는, 그리고 **태어나기**를 격렬하게 요구하는 텍스트이다. 그리고 작가에게서 글쓰기의 욕망을 자극하는 것은, 바로 이 "명령적으로 써야만 하는 이 아직 쓰이지 않은 것"이다. 텍스트의 내용은 없다, 텍스트를 자극하는 것은 "예견된 방식들"기술의 "기능들의 환기"이다. 이 세계 속에서는 인간은 그의 모든 차원에서 폐기된다. 소설 속에 더는 인물은 없다. "모든 고정적 귀속에 반발하는 완벽한 문법적 인간들을 통해 소설적 인물의 격렬한 대체를" 수행해야 한다. 그리고 물론 저자는 신화적인 인물로서, 텍스트의 특수성들로부터 건설된다. 저자는 질서들의 전달자이고, 계산의 수행자이다. 게다가 저자는 제거되고, '작품'의 일관성 역시도 제거된다. 어떤 순차적인 페이지 매김으로 귀착할 어떠한 이유도 없다. 사람들은 하나의 텍스트를 다른 텍스트 속으로 삽입시킬 수 있다. "어떤 텍스트도 결정적으로 어떤 작품에 속한다고 할 수 없다" 왜냐하면, 어떤 방식으로든 의미의 일관성이란 있을 수 없기 때문이다! 오로지 텍스트 안에서만 텍스트의 존재 이유가 읽힌다. 사람은 최초의 구절들을 메커니즘 속에 도입한다, 이어서 모든 것은 순환들과 반복진행들을 통해, 명암적 대비도 없고 양자택일적 대립도 없이 잘 굴러간다. 그런데 '사람'이란 누구인가? 독자? 결코, 독자가 아니라, 독서의 기술들의 적용자이다. 저자는 텍스트를 위해, 그리고 단어의 자동생산적 역할을 위해 제거되었다. 독자는 읽는 기술들 전체를 위해 제거되었다. 자동 관리

되는 어떤 읽기이다. 독자는 텍스트의 의미 부재를 해독하고 그러면서도 그 존재를 해독할 수 있으려면 어마어마하게 복잡한 기술들로 무장해야 한다. 텍스트의 현실적 차원들이 있는데, 그것들은 이 기술들의 적용에 의해서만 밝혀진다. 그것을 위해서는, "기표들signifants(기호의 청각적 이미지)에게 결정적인 생산적 역할"을 보장하는 것이 문제이다. 그리고 마침내 이 텍스트적 기계들과 독서의 기술들이 자유롭게 작용할 수 있으려면, 명백히 의미가 추방되고, 비워지고, 죽음에 이르러야 한다. 나는 어떤 생각이 기술적 과정에 그렇게 깊이 무의식적으로 종속된 예를 본 적이 없다.

그렇지만 이제 시스템에도, 어쩔 수 없는 어떤 회귀가 일어난다. 현대 예술은 의미를 거부하는데, 우리 사회 속에서 나타난 그대로 조직되어 있다. 그렇지만 동시에 현대 예술은 이 똑같은 사회의 기술적 원칙들에 따라 조직된다. 따라서 현대 예술은 의미의 거부를 통해 **거부**이다, 그리고 수단들의 적용을 통해 **반영**이다. 그리고 바로 그것을 통해, 의미를 완전히 배제하기는 불가능하다! 모든 노력에도 불구하고! 예술가와 이론가가 주장하는 의미의 상실은, 그들이 지금까지 예술이었던 것을 파괴하기를 원하기라도 하였던 것처럼, 결코 최종어는 아니다. 부조리극, 혹은 조롱극은,베케트, 아다모브 습관적으로 이해되는 어떤 의미를 표현하지 않는다, 그렇지만 다른 한편으로, 자기 고유의 의미와 일관성을 부인하면서도, 부조리극은 자기 자신보다 일관성 있는 어떤 새로운 의미를 재구성한다. 만약 누군가 이 비−의미의 예술의 내부에 위치한다면, 그는 거기서 새로이 의미와 일관성을 발견하게 된다. 마치 사람이 기술을 인간이나 자연의 관점에 따라 평가하기를 그만두고, 기술 그 자체의 관점 속에 있게 되면, 기술은 합리적이고 의미로 가득 차게 되는 것과 정확히 똑같다. 그렇지만 기술 그 자체 속에 내포된 의미와 정확히 똑같은 의미이다.그럼에도, 이러한 이동으로 내포된 거리와 갈등이 정확히 이 의미를 보증하기 위해 온다. 즉 컴퓨터적 생산물들에 의해 확인된 예술의 문제적 종말은 인간이 기술적 사실로부터 받는 모든 고통 속에 내포된 고통으로서 인식되지만, 이 예술은, 반대로, 이 고통을 위로해주지 않는다. 그리고 이러한 부정, 이러한 거부가 여전히 어떤 의미가 있었던 것의 거부인 한, 우리는 실제로, 의미를 거부하는 모든 학파와 함께, 새로운 교조주의와 도덕주의 앞에 있게 된다.

그럼에도 여전히 기호들 그 자체의 해체 가능성이 남아 있다. 모든 것이 그것들의 현실, 존재와 맺어져 있었다, 이제 부정이 금방 그것들을 타격한다. 어떤 오케스트라 콘서트가 준비된 음악 도구들을 도끼와 망치로 때려 부수기에 이르면, 혹은 시각 의미론 수업에서 「예술적 방식으로서 파괴」에 관한 세미나를 할 때,오레곤 대학, 1966, 멈포드에 의해 인용됨 혹은 모리스 야로브스티의 수업에서 한 학생이 과자를 땅에 내던지고, 다른 학생은 망치로 TV를 깨부술 때, 우리는 기호 그 자체가 제거되려는 순간을 마주하게 된다. 그리고 우리는 다른 길을 통해서 비-예술, 비-작품, 순수한 부재와 만나게 된다. 그러나 이것은 기술의 효과는 아니다. 이것은 단지 의미 부정의 결과, 연장, 후속이고, 그 부정은 기술로부터 온다. 따라서 이러한 의미의 부재는 예술 그 자체의 부정이다. 여기서 우리는 증명할 수 없는, 근본적 선택 앞에 있다, 그러나 이 선택은 전체 사회와 거기서 탄생하는 예술 사이의 관계에 대한 검사에서 나오는 것처럼 보인다. 프랑카스텔이 예술이란 순수하게 상상적인 투기적 유희가 아니라고 할 때 정말로 옳다. "구성된 조직 전체의 어떤 요소를 마음대로 덧붙이거나 잘라내는 것은 불가능하다… 우리는 미를 대상에 외적인 힘으로 정의할 수 없다… 대상은 항상 인간 전체의 산물이다… 미학적 대상에게 이러한 **전체적 의미화에 참여하기**를 거부하는 것은 절대적으로 자의적이다… 예술은 우선적으로 **정보전달적인 힘이다**… 예술 작품 속에서 사람들은 하나의 제도에 불과한 기술과는 절대적으로 다른 행위를 항상 발견한다.” 주체, 의도, 의미, 의미 있는 정보의 전달, 조작의 저 너머가 없다면, 예술도 없다. 혹은 최소한 지금까지 사람들이 예술이란 단어를 가지고 지적했던 것은 없다. 그렇다면, 우리가 방금 지적했던 움직임은 인류의 기원에서부터 예술로 간주하던 모든 것의 부정이다. 따라서 이것이 결국엔 이 마지막 장으로, 즉 기호 그 자체를 우상화한 다음에, 기호 그 자체의 단절로 이르게 됨은 놀라울 것이 없다. 그리고 이것은 예술과 기술 시스템의 화해할 수 없는 성격을 나타내준다.

3. 기술적 유희주의

우리는 메시지를 전달하려는 사람들에게는, 예술은 혁명적이기 때문에 하나의 유희였음을, 그러나 또 형식적 예술의 이론가들에게도, 예술은 하나의 유희임을 보았다. 실제로, 기술이 우리에게 준 도구들을 가지고 유희하는 문제이거나, 또는 사람들이 그 도구들과 관계를 맺고 있다면, 기술자인 척하는 문제이다. 예술이 하나의 유희라는 생각은 이론화와 그리고 의미의 부재와 들어맞는다. 이것은 체스나 브리지 같은 하나의 게임이다. 게임을 한다는 사실은 아무런 의미도 없다, 사람은 그냥 즐기려고… 게임을 한다, 사람이 그것을 좋아하기 때문에, 그것이 시간을 보낼 수 있게 해주기 때문에, 그렇게 해서 다른 것을 생각하는 것을 피할 수 있기 때문에, 사람들은 거기 여러 사람이 게임을 하기를 바라기 때문에 게임을 한다… 예술도 비슷하다. 그렇지만 동시에 이것은 아주 엄격한 규칙들, 원칙들, 좁게 고정된 실천의 적용을 내포한다. 그리고 게임을 하는 사람의 예술은 이러한 명령적이고 복잡한 규칙들을 적용한 덕분에, 사적이면서 동시에 승리적인 뭔가를 하는 것이다. 우리는 의미의 부재와 이론이 결합하는 것을 본다. 이것들은 오직 예술이 하나의 게임이어야만 설명되고 정당화된다. 그러나 이러한 예술을 게임으로 설명하는 사람들에게서, 가벼운 이탈이 있다. 그들은 심각하게 예술은 그 자체로서 하나의 게임이라고, 예술은 언제나 그래 왔다고, 예술은 오로지 그것뿐이었다고, 인간은 본성적으로 게임을 하는 자이고, 예술은 단순히 이러한 성격의 표현이라고 말한다. 그러나 신중하고자 한다면, 예술에 대한 이러한 형이상학적인 일반화들은 피해야 할 것이다. 마치 모든 사회에 대해서 사람들이 똑같은 예술의 정의를 내릴 수 있는 것처럼, 그리고 그렇게 복잡한 현상과 행위가 모든 사회의 역사적 변천을 통해 똑같은 지적을 받을 수 있는 것처럼 말이다! 더 큰 오류는, 오늘날 예술의 상태로부터, 다음과 같이 결론 내리는 것이다. "우리는 훨씬 더 잘 그 현상의 성격을 이해한다. 우리까지는 사람들은 항상 틀려왔다. 왜냐하면, 그 현상은 오늘날 '유희'가 되었다. **따라서** 예술은 모든 인종에게 항상 그것이었다." 그런데 실제로는 우리는 예술이 지금 된 것에 대해 우리 시대의 특수한 정당화 앞에 있는 것이다. 예술은 기술 사회의 실용주의와 효용성에 의해 하나의 유희로 전락하였다. 그러나 이러한 혁명적인 대범함을 주장하면서, 우리의 해설가들은 예술에 대한 부르주아적 태도를 정확히 취하고 있음을 염두에 두어야 한다. 우리가 이미 지적했듯이, 예술은 인생의 축제와 즐거움의 일부분이었다. 부르주아 계급에 의한 예술의 정신화와 이상화를 비난하면서, 그들은 단지 사람들이 마음 깊이로는 조롱하였던 것에 대해 부르주아 계급이 던졌던 냉소적인 존경을 비난한다. 예술에 부르주아 계급이 인정한 유일한 가치는 정확히 유희와 오락의 가치였다! 몰Moles은 그의 예술 이론을 위하여 "변환과 결합의 유희"라고 정확히 말한다. 사람들은 소비자에게 다양한 요소들 사이의 수많은 결합을 제공한다.145) 그리고 예술적 쾌감에 필요한 흥분을 제공하기 위해서는, 탐사해야 할 막대한 가능성의 장이 있음을 밝히는 것으로 충분하다. 이러한 예술은 가능성의 유희이고, 미학적 탐사의 한 양식이다. 그러나 그것은 사람들이 의미화를 제거해야만, 표현하거나 기대할 어떤 가치도 없어야만 그렇게 될 수 있다. 유희는 의미가 없다. 인생과 마찬가지다. 그러나 복잡한 규칙들이나 '필터들'을 가진 더 재미있는 생산물을 향해 소비자를 유혹해야 한다. 분명 게임은 사람들이 규칙과 제약 전체를 존경해야만 게임이 되기 때문이다. 기술적 수단들이 그렇게도 놀라울 정도로 제공된 사회 속에서, 사람들은 더는 과거의 것과 비교될 작품을 생산해서는 안 된다! "어원적으로 언어적 창조자라고 하는 시인은 더는 전통적 의미의 시들을 거의 쓰지 않지만, 실수가 아니면 그는 그 어느 때보다 예술을 유희로 생각한 사회를 더 잘 표현한다… 그는 구문론적 구조들의 조직자들에게 자신을 팔며, 장 레스퀴르가 좋아하는 5+7 방법과 함께, 의미는 유희의 괴물이 문장에 겪게 할 모든 뒤틀림에 대해 가장 저항이 심하다는 것을 발견한다. 그는 뒤프렌Dufrene 처럼 시를 음성학 속에서 해체한다."몰(Moles) 규칙과 제약들은 수학적이고 기술적인 명령들에 따라 생산된다. 그렇지만, 잘 알다시피, 유희가 가진 경박함과 심각하지 못함을 고상하게 만들기 위해, 사람들은 당신에게 인간은 그렇게 해서 "올림포스 신들이 놀았던 것처럼" 놀게 된다고 큰소리칠 것이다. 물론, 기계들 덕분

---

145) 사람들은 그렇게 리베트(Rivette)의 「아웃 I」을 '퍼즐'로 규정할 수 있었다. 이것은 사실주의적 영화의 다양한 발췌들로 구성되었는데, '코미디언들'의 원 발명들을 포착하고, 또 그로부터 각 관객은 종국에는 스스로 이런저런 선을 따라가면서 자기 자신의 영화를 구성하고, 영화 저 너머의 영화의 열쇠를 찾으며, 작품이 전혀 대답해주지 않는 질문들에 대한 답을 하려고 한다… 음악에서도 정확히 마찬가지다. 부쿠레칠리에브(Boukourechliev)의 「아르시펠」(1968)을 어떻게 순수한 유희가 아니라고 할 수 있겠는가. 그 요소들은 유동적이고, 연주자 마음대로 이동할 수 있으며, 어떤 테마도 없이 무한히 변화할 수 있다. 변화가 결국 극단적으로 테마를 추방하면, 결국 유희들만 남는다.

에 사람들은 자신을 쥬피터Jupiter라고 여길 수 있다. 이 유희들의 생산물들사람들은 예술 작품이라고 말할 수는 없을 것이다은 게다가 일상적인 게임들과 동격이다. 정확히 단어 맞추기, 수수께끼, 퍼즐, 말장난, 낱말 꿰맞추기, 웃기는 풀이 등에 관한 문제다. 루셀Roussel의 텍스트에 대한 리카르두의 설명은 실제로 루셀이 수수께끼, 단어 해석, 말맞추기를 제안했음을 보여준다. '기본적인 단어들' 사이의 상응을 잡아야 하고, 텍스트를 해체해야 한다. 그리고 텍스트가 '배가 해체된다'고 말할 때면, 그것은 알레고리로서 해체된 것은 텍스트임을 의미한다. 그리고 누가 백인과 흑인에 대해 말하면, 그것은 종이와 잉크의 알레고리를 형성하고, 결국 글쓰기를 지적한다. 사람들은 E. 포우가 『황금충』 속에서 만들었던 유희로 초대받아, 숨겨진 텍스트를 읽고, "글쓰기 속의 글쓰기를 해석"하게 된다. 저자는 수수께끼나 숨겨진 텍스트 해석으로 간주하는 텍스트를 쓰고, 당신에게 게임의 규칙을 주지 않는다. 그리고 이 게임의 첫 부분은 그 규칙을 발견하는 것이고, 두 번째는 그것을 적용하는 것이다. 또는 다시 화가는 당신에게 어떤 퍼즐의 조각들을 제시하고, 당신은 거기에 질서를 부여해야 한다.그러나 평범한 퍼즐에서처럼 당신이 어떤 주제의 재현에 이르러야 한다고 상상해서는 안 된다! 로브-그리예는 그의 『뉴욕에서 혁명을 위한 프로젝트』1970 속에서, 소설을 유희로 이끈다. 일부러 흩트려 놓은 카드 게임이다. 그는 시공이 뒤엉킨 일련의 이미지들과 파열된 이야기들을 제공하고, 독자는 그것들을 다시 결합해야 한다… 그리고 쥴리 코르타자르Julie Cortazar는 그 제목부터 그것이 무엇에 관한 것인지 예고한다 : 『결합할 모형』1971. 사람들은 그의 책을 어디서부터건 시작할 수 있다. '텍스트적 블록' 들은 아무런 관계없이 뒤를 잇고, 아무것도 앞서지 않고, 아무것도 설명되지 않는다. 독자는 텍스트들을 자기 마음대로 변형하도록 소환된다. 줄거리의 각 순간은 독립되고, 어떤 특수한 순간으로만 연결될 수 없다. 각 인물은 이중, 삼중적이다. 아무 인물의 아무 행위가 다른 인물의 모든 다른 행위로 생산될 수 있다. 인과관계란 없다. 단지 아주 동그란 복권 구슬들이 있는데, 아주 밀봉되어 있고, 당신은 그것들을 이런저런 상자 속에 마음대로 놓을 수 있다. 각 독자는 이렇게 해서 자기가 원하는 책을 만들 수 있다… "우리 한판 놀아볼까?" 사람이 영 기분이 찜찔할 때엔, 이런 작품들이 주는 인상은 이런 것이다. 반대로 사람이 흥분했다면, 그건 대단한 성취이다. 즉 "마침내 사람들은 독자를 참여시킬 수단을 발견하였다. 사람들은 관객과 청취자를 자극하고, 예술가가 엄선하였고, 잘 닦아 놓았으며, 잘 준비한 재료들을 가지고, 스스로 작품을 만들도록 한다." 건축에서 요나 프리드만Yona Friedman 처럼, 거주자들은 자신의 취향에 따라 환경을 형성해야 한다. 그런데 불행하게도, 그것은 가장 첨단의 기계화된 세계에서만 가능하다. 이때 거주자들은 모든 것을 재가공하고, 자기 취향에 따라 문제 삼을 수 있다. 그렇지만 기술 시스템의 최선의 가능성만은 예외이다! 다시 한번, 사람들은 그들에게 장식을 맡긴다. 그러나 심각한 것들은 그들이 손댈 수 없다. 다시 한번, 사람들은 부르주아 계급에 의해 예술에 부여된 기능을 다시 발견한다! 소설–퍼즐은 거기서 어떤 흥미를 발견하려면 이렇게 다뤄져야 한다. 왜냐하면, 당신은 그 무엇에 대해서건 의미나 해설을 발견할 수 없을 것이기 때문이다. 당신은 거기서 미도, 깊이도, 가치도, 진실도 발견하지 못할 것이다. 왜냐하면, 이것은 당신의 정신을 이완시키기 위해 제시하는 퍼즐, 당신을 움직이게 하고, 당신에게 언어의 복잡성을 말해주기 위해 제시한 퍼즐이기 때문이다. 화가는 광학 예술의 이미지들을 제시할 것이고, 그 속에서는 "예술적 요소는 관객에게 제시된 절묘한 유희이다. 관객은 여러 차원의 메시지들 사이에서, 여러 기호들원들, 크고 작은 사각형들, 일반적인 패턴들 사이에서 지각을 이동시킬 것이다." 몰 이것은 한편으로 모든 신문에서 제안된 '시각적 환상' 게임들과 전적으로 상응하고, 다른 한편 적응력이나 유연성 테스트와 상응한다. 사람들은 또 단어들과 음절들의 연상을 가지고도 할 것이다. 그리고 단어 게임들은 일상적인 행위이다. 그러면 사람들은 상당히 흥미로운 한계를 안게 된다. 즉 글을 쓰는 기계텍스트 자체를 작성하는 컴퓨터에 대해 말하면서, 몰Moles은 만약 담론이 의미를 갖추어야 한다면, 그 기계는 황당한 뭔가를, 받아들일 수 없는 이상한 말을 생산할 것이다. 그러나 담론으로부터 의미를 추방한다면, 담론을 '도구인 단어들' 과 '몽타주의 보조물들' 에 따른 일련의 단어들의 연상과 반복진행으로 간주한다면, 사람들은 '가치 있는' 텍스트를 얻어낸다. 따라서 말장난이 난무하게 되어, 그들은 이제부터 이렇게 장난칠 것이다 : '사람이 그것을 듣는 것은 헛된 일이다 Nul qu' on l' écoute' 대신 '어느 바보도 그것을 듣지 않는다 Nul con l' écoute', '예절d'étiquette과 나쁜 버릇des tics을 바꾸다', '아버지Père의 이름 대신에 최악pire의 이름으로', '기호학sémiologique 대신, 논리들에게 파종semis aux logiques', '기호학sémiotique 대신, 버릇대로 하였다s'est mis aux tics', '그것이 의미한다ça signifie 대신, 그것이 점화한다ça s'ignifie'. 당신은 이런 식으로 얼마든지 할 수 있을 것이다.146) 나에게 충격을 주는 것은, **알마나슈 베르모**Almanach Vermot에 속한, 이러한 말장난들의 믿을 수 없는 빈약함과 어리석음이다. 예술적 유희들로서는, 우리는 정확히 현행의 텔레비전에서 상영되는 유희들과 1900년대 음악 카페의 언어유희들

---

146) 독자가 의미로서 기대한 것에 부응하지 않는 다른 가치만을 가진 수없이 많은 말장난이 있다. 알미라(Almira) 의『노크라티스로의 여행』1975, 속에서는, 무아(나)Moi, 다시 무아Moi, 다시 무아Moi라는 핵심어를 제외한 언어적 횡설수설이 550페이지에 이른다. 그리고 잡지「Tel Quel」 속에서 뽑은 브리세(Brisset) 의 우주생성이론 : "Les dents, la bouche. Les denst la bouchent. L'aidant la bouche. L'aide en la bouche. Laide en la bouche. Laid dans la bouche, Lait dans la bouche, L'est dans le à bouche, Les dents là, bouche." 나는 그에게 이것을 잊어버렸다고 알려줄 수 있다 : L'Edam à bouche… 락스(Lax) 의 시, Quiet − teiuq − silence 등. 이런 텍스트들의 해석을 위해, 우리는 다음과 같이 마찬가지로 절묘한 것을 알고 있다 : 리카르두는 한 소설에서 루즈(rouge) 라는 단어가 취한 다양한 형태들 속에서 상관관계를 설정한다. Rouge − orgue − rogne − gourd − goret − goure − grue 등, 그리고 그는 그것이 무엇에 관한 것인지 포착하기 위해서는 이 단어들을 이러한 선과 관계지어야 한다고 평가한다… 우리는 정말 언어가 말장난의 평계에 불과하다는 점에서, 언어 파괴의 지표들을 보고 있다.

의 수준에 이르렀다. 예술-유희는 조잡한 희극의 수준에 있다. 매우 복잡한 이론을 만들고 난 후에, 가장 현학적인 온갖 단어들을 사용한 후에, 글쓰기의 글쓰기, 언어에 대한 가장 깊은 성찰들을 하고 난 후에, 사람들은 결국 우습게도 쥐가 찍찍거리는 소리로 끝나고 말았다. 사람들은 분명 똑같은 예술가들이 예술 작품에 관한 생각마저도 격렬히 부정한다는 것을 안다. 명백히, 모든 이러한 척후병들이 내는 소리 중의 어떤 것도 오래가거나 살아남을 수 없다. 당신은 당신이 열차에서 한 단어 맞추기 놀이를 정성스럽게 보관하지는 않는다. 당신은 귀 뢱스의 텔레비전 게임들을 무한히 보기 위해 녹화해두지는 않는다. 그런데 우리가 있는 곳은 바로 이러한 수준이고, 그 이상도, 다른 것도 아니다. 그럼에도, 이것은 아주 높은 지식인들을 위한 단어 맞추기이고, 귀 뢱스 게임들은 정평있는 탐미주의자를 위한 것임을 확실히 하자. 그러나 그 이상으로, 게임에 관한 것이기 때문에, 무시하지 말아야 할 부분이 있다 : 관심과 재미. 사람이 게임을 한다는 것은, 음울하고, 권태로운 일상으로부터 나오기 위한 것이기도 하다. 그런데 사람들이 우리에게 제안하는 것은 전혀 즐거운 것이 아니다. 그들은 당신 머리를 쪼개라고, 이해할 수 없는 것을 읽으라고, 사각형들 속에 뒤섞인 수천 개의 작은 십자가들을 보라고 당신을 초대한다… 나는 전혀 즐기지 못한다. 나는 지하철 속에서보다 훨씬 더 권태롭다고까지 말할 수 있을 것이다. 내가 팽제Pinget나 클로드 시몽 Claude Simon을 읽을 때면, 불레즈나 바르보를 들을 때면, 베라 몰라르Vera Molnar나 몬드리안을 볼 때면, 나는 놀랄 정도로 멍청해져 버린다. 이것은 지적 어려움의 문제가 아니다. 나로서는 상당히 어려운, 루셀Roussel의 소설보다 더 어려운 것들을 읽는 일이 일어난다. 이것은 정말 지독하게 권태로운 문제이고, 처음의 호기심이 지나고 나면 공허한 답답함이 온다. 전혀 게임의 가벼움이란 없다. 오, 전혀 아니다! 이 이론가들이 우리에게

제안한 것이 이런 축제라면, 정말 서커스에나 가고, 이러한 ' 예술–이론
적인 유희 '는 내버려둡시다… 거기가 이 파국의 한계 그 자체이다. 누가
이 게임의 즐거움을 느끼겠는가? 나는 오로지 이 게임의 전문가뿐이라
고 말한다. 리카르두는 시몽이 그에게 제공한 조각들을 가지고 정열적으
로 게임을 할 것이다. 그렇지만 그 혼자이다. 현대 문학의 전문가가 아닌
권태로운 관객은 하품하면서 지나친다. 아니요, 우리는 당신과 함께 게
임을 하기를 원하지 않소. 사람이 이런 결과들을 보게 되면, 분명 결국, 결과
들이 있어야 한다. 사람들은 생산을 위한 작업 방법의 전시로만 무한히 만족할 수 없다 이
유명한 질문을 해결하지 않을 수 없다 : 그들이 그릴 능력이 없어서 그런
식으로 그린 것인가? 그들이 무능력하여서 이런 식으로 시를 썼는가? 불
행하게도 그렇다. 그리고 심각함, 깊은 이론은 이러한 무능력을 감추기
위해서만 거기에 있다. 기술 사회는 예술 창조자를 그러한 무능력으로
축소한다. 거기에는 이제는 놀이의 사회자만이 있을 수 있다. 그렇지만
기술 사회는 그의 속에서 사회 자체의 특징을 재생산한다. 놀라운 복잡
성, 수단들의 놀라운 거대함, 짝을 찾아볼 수 없는 지적이고 기술적인 힘
으로, 그 반대를 생산하기 위한 것이다. 조직화의 가장 완전한 이론은 믿
을 수 없는 무질서를 생산한다. 가장 놀라운 컴퓨터가 있어도, 사람은 결
코 그 컴퓨터가 이론적으로 줄 수 있는 것을 주게 하지 못한다. 잡동사니
의 생산이 무한히 증폭된다. 그리고 이것은 우연도 아니고, 무시무시한
자본가들의 못된 의지 때문도 아니다. 즉 그 자본가들이 민중을 위해 좋
게 쓰여야 할 것을 불필요한 쪽으로 돌린 것이 아니다. 그것은 시스템 자
체 속에 내포된 것이고, 시스템이 그러한 대로 남아 있는 한, 이것은 기술 자
체의 증가 때문에 내포된 것이지, 정치적 방향 실수 때문에 의한 것이 아니다 그것은 여
전히 잡동사니를 계속 생산할 것이다. 이론화된 예술은 시스템의 생존을
위해, 그리고 비개인화 쪽으로 개인들을 적응시키기 위한 아주 유용한

묘책 중 하나이다.

4. 형식주의와 의미화 사이의 요동

우리는 여기서 현대 예술의 모순들의 다른 영역으로 들어간다. 한편으로, 우리는 어떤 메시지를 전한다고 주장하는 예술을 보았고, 다른 한편으로, 순수한 형식주의를 보았다. 우리는 찢긴 예술을 기술하면서 이러한 모순들에 대해 이미 말했다, 그러나 이제는 그 예술의 몇몇 새로운 양상들을 정확히 하는 것이 가능하다.

먼저, 이론적이고 기술적인 예술 속에서 형식주의에 관한 것임을 분명히 하자. 사람들은 의미를 제거함으로써 순수한 형태일 수밖에 없는 추구들을 수행한다. 사람들은 결합적인 추구를 하는데, 이것은 기술적 과정 그 자체와 상응한다. 다시 말해, 어떤 규칙들에 따라 어떤 요소들 사이의 가능한 모든 결합을 추구한다. 순수한 형태, 언어의 구조, 소리와 단어들 전체에 관한 추구들은 최소한의 내용이라도 목표할 필요 없이 추구 자체로서만 정당화된다. 이것도 여전히 기술의 아주 특징적인 과정이다 따라서 우리가 이미 보았듯이, 이 모든 것은 모두 인간적 개입의 밖에서 재생될 수 있다. 누군가 예를 들어 잡음들의 배열이나 소리의 결합을 할 때에, 우리는 그것을 단파 방송으로 생산된 것에 대한 시도들에서 보았는데, 어떻게 그것이 형식주의에 대한 문제가 되지 않겠는가? 우리 시대의 근본적인 토론 속에서, 예를 들어 역사에 관한 토론 속에서, 예술은 그 전체 속에서 탈 역사적인, 탈 시대적인 쪽으로 기울었다는 것은 정말 신기하다. 그러면서 예술은 시간 속에 응집된 모든 관계를 한 점에, 한순간에

응축한다고 주장한다. 그러나 의미를 품고 있는 역사와 의미화가 없는 기술 사이에는 어쩔 수 없는 갈등이 있다. 그리고 예술의 유일한 출구는, 선택이 행해지면, 형식주의로 기운다. 물론, 나는 모든 현대 예술가들이 이 형식주의란 용어를 거부하며, 형식주의라는 개념 자체를 거부함을 알고 있다. 그러나 달리 어떻게 하겠는가? 여기서는 어떤 **학파**의 문제가 아니고, 생산의 **현실**에 관한 문제이다. 게다가 이러한 형식의 우월 속에서 장인과 시리즈적 생산이 서로 화해한다. 발명된 개인적인 형식은 그것이 오직 형식에 불과한 한에서, 시리즈적 형태와 대립하지 않는다. 그 작품들만큼이나 다양한 작가들을 어떤 끈이 묶고 있는지 알고자 할 때에, 20여 년 전부터 보아온 회화, 조각 작품들, 데이빗 스미스의 강철 기하학, 로버트 말레리의 뒤틀린 폴리에스테르, 랄프 스택폴의 구석기 유물들 등, 나는 외면적으로 전혀 다른 작품들을 무한정 열거할 수 있을 것이다 그것이 언제나 형태에 대한 순수한 추구 문제라는 것이다.

비정형이라고 선어하는 예술은 실제로는 형태들의 추구이다. 그러나 형태는 더는 유기적이고, 묘사적이 아니라, 추상적으로 된다. '순수한' 형태. 형식적인 형태, 그것은 칸딘스키를 따르면, 더는 어떤 물질적 대상을 그리기 위해 표면 위에 그려진 외곽이 아니다. 그것은 하나의 긴장이고, **그 자체로서** 형태이며, 그것은 존재하고, 움직이며, 영향을 행사하는 하나의 존재이다. "형태는 자신을 형성하기 위해 모양을 만들기를 그만두었다."147) 칸딘스키는 형태를 해방하고, 대상으로부터 형태를 독립시키기 위해, 그것의 윤곽을 순수하게 하였고, 그 윤곽은 벌거벗겨진 흔적이 된다. 형태들은 벗겨진 테마 속에서 현행화되고, 모든 시간적 차원들로부터 배제되며, 역사가 없어진다. 칸딘스키에게서 형태들은, 회화적 기호들과 "정감의 기초적 순간들" 사이의 일의적인 상응으로 진정한

---

147) 이 모든 것에 대해서, 우리는 말디네(Maldiney)의 연구를 따랐다, 『시선, 말, 공간』(1973).

코드로 구성된다. 그렇게 하여 안정적인 등가적 시스템이 있게 될 것이다. 예를 들어, 수직-백색-행위성-탄생 그래서 칸딘스키에게서는 절대적인 의식의 형태들 목록이 작성된다. "현대인은 내적 휴식을 찾는다, 왜냐하면 그는 외부에 의해 피곤해졌기 때문이다. 그래서 그는 이 휴식을 내적인 침묵 속에서 발견할 수 있다고 믿는다…" 그것을 추상 예술이 제공해야 한다. 그런데 여기에는 두 경향이 존재한다. "추상적 구성들의 새로운 객관주의로, 이 구성들은 수와 색적인 관계들에게 그것들을 대상들로 구성하라고 요구하고, 또 항상 실제에 대해 예술의 자율적인 지배를 내세운다.", 이어서 이러한 객관주의를 거부하는 비정형의 예술인데, 이것은 물질에게, 원초적인 요소에게 우월권을 주고, 모든 형태화를 거부한다, 그리고 이것은 실질적으로 미학적 추구의 어떤 깊은 운동이 아니라 기술 세계의 현실 자체와 상응한다. 명백히, 우리는 이렇게 고통스러운 질문을 마주하고 있는데, 이 질문은 어느 정도나 예술이 구조들, 형태들, 차이들에서 위기인가를 보여준다. 그리고 우리는 콩베Combet에 의해 잘 보인, 기술에 의한 **형태들의 사라짐**의 경향과 마주친다! 재료들로서는, 기술적 생산이 항상 "비정형의 반죽"을 제공하는데, 이 반죽은 언제나 원재료의 구조가 파손됨으로써 얻어진다는 것을 콩베는 증명한다. 이것들은 편리한 재료들인데, 그렇지만 장식되기를 강요한다. 그들에게 형태를 주기 위해서는, 색칠하고, 윤을 내며, 산화시켜야 한다. 물질의 감각적인 외양은 색소의 외양이고, 공허 위에 포개진 껍질의 외양이다. 장식 예술! 바로 여기에 우리는 어김없이 이르게 된다. 기구들에 대해서는, 콩베는 그 메커니즘들이 보이지 않고, 보호되는 경향임을 보여준다. 왜냐하면, 너무 예민 하여서.148) "그 기능은 읽을 수 없고, 보이지 않는 채로 남

---

148) 나는 우리의 산업 사회 자체 내에 예술적 의미를 재도입하고자 하는 콩베의 기원에는 거의 동의하지 않는다. 그렇지만 그는 이것이 보이지 않는 것의 미학에 불과할 것임을 인정한다.

는다. 담는 그릇은 그 내용물과 외형상 아무 관계가 없다.” 만물 상자들
인데, 이것들은 미세화와 함께 체적을 줄이는 경향이다. “형태의 미세화
는 그 완전한 사라짐에까지 갈 것이다.”… “대상의 기능이 모든 것을 삼
키고, 형태는 불필요하게 된다 : 더는 전혀 형태는 없다.” “껍질과 봉투의
미학, 형태들, 만물 상자들의 용도폐기… 기능적 형태들은 어떻게 되는
가? 유기적 형태들은 어떻게 되는가?… 우리는 케이스의 미학을 향해 갈
것인가? 기술 진보의 돌이킬 수 없는 움직임이 우리를… 형태들의 퇴행
적 진화로 이끄는 것 같고… 그래서 우리는 피할 수 없는 한 원칙의 발전
에 임해 있는 것 같다… 형태들의 폐기 원칙.” 이 모든 것은, 경험으로 깊
이 자리를 잡았는데, 현행의 미학적 형식주의가 어느 정도나 무상의 형
식주의이고, 인간이나 세계에 근거하지 않는가를 보여준다. 예술은 기
술 자체에 의해 형태의 세계로부터 추방된다, 그러나 바로 이 똑같은 순
간에 의미를 추방한 예술가는 형태의 창조자만 되기로 한다. 나는 이런
조건들 속에서도 누군가 여전히 형식주의라는 용어를 거부한다는 것을
인정한다, 그렇지만 다른 무엇을 사용하겠는가? 그런데 이 형태의 창조
자들은, 의미는 거부한다고 하더라도, 의미화는 요구한다! 『**문학을 위
한 2000 지평**』1974 속에서 알브르스Alberes처럼, 소설의 경향을 ‘환경’과
의 관계 속에 두어야 하는가, 그래서 예를 들면 소설 속에서 주체의 사라
짐, 그리고 나아가서 줄거리와 저자의 사라짐을 마을village과 함께, 그리
고 익명과 연결된 마을의 주제와 함께 확인해야 하는가. 그러나 기술적
환경의 일반적인 부재에 대해 어떻게 놀라지 않겠는가? 예술가들은 이
점에서 정말 퇴행적이다. 그러나 기술은 그들이 그 사실을 알지도 못한
채로 그들을 통해 표현된다. 절정에 달한 불연속이 고전적 소설의 명쾌
한 분석을 대체하고, 상대성이 이성과 완성된 작품의 과거 안정성을 대
체한다. 혹은, 잡지 「**변화**」(1974)와 함께, 학파들을 지적인 운동들과의 관

계 속에 두어야 하는가. 즉 초현실주의는 정신분석학과 참여 문학은 현상학과 누보 로망은 구조주의와 연관을 지을 것인가. 여기서 우리는 팽배한 이상주의 속에 들어 있다! 그러나 아무튼, 남아 있는 것, 그것은 형태가 창조자, 예술가, 소설가가 보는 유일한 출구라는 것이다. 상상적 박물관의 전체적 궁지로부터 빠져나가기 위해서건, 여전히 표현할 수 없는 것, 감정적 충격, 혼란, 우리 문명의 뒤틀림, 기술적인 형태적 뒤틀림, 그리고 사람들이 아직 그 의미나 존재를 포착하지 못한 그런 뒤틀림을 표현하기 위해서건, 형태는 남는다. 그리고 어쩌면 이 현상의 중요성을 이해하려면 아리스토텔레스의 형식 철학과 성 토마스의 형태의 신학으로 되돌아가야 할 것이다. 우리의 기획은 더 소박하다. 나는 사람들이 형식과 의미화 사이의 대립을 비난할 수 있음을 인정한다. 『상징주의 국제연구지』1967 속에서처럼 말이다. 그들에게는, 형태들은 그 자체로 의미적이고, 기억, 상상력은 마침내 누보 로망 속에서 진정한 위치를 발견한다. 사람들은 복잡한 미로가 의미 있는 공간임을 증명할 수 있다 등. 이 모든 것은 분명 정확하다, 그러나 거대한 혁신은 엄밀히 형태들의 창조이고, 구조와 형식으로서 언어 위에서 작업한다는 사실이다.

물론, 누가 충분히 주의 깊고, 기발하며, 섬세한 해설가, 정평있는 미학주의자, 신중한 해석학자라면, 이 '형태들' 속에서 풍부한 의미들을 발견하는 것이 가능하다. 심연과 미로에 대해 명상한다는 것은 어떤 지식인이나 정신적인 사람에게는 언제나 아주 풍요롭다. 그러나 어떤 관계, 의사소통의 가능성에 대해, 또는 더욱더 생생한 것의 포착 가능성에 대해서는 말하지 말자. 어떤 예들이 있는가? 장 티보도Jean Thibaudeau는 『여기 죽은자들이 있다, 거기서 나오는 것은 우리 차례이다』1974와 함께, 멋대로 절단된 텍스트를 따라 우리를 방황하게 한다. 복수적인 텍스트로서, 체계적으로 담론을 파괴하고, "가장 직접적인 무의식과의 관계"

를 찾는다. 일반인을 지칭하는 사람이라는 단어는 가장 깊은 주관성과 동일시된다. 그렇지만 이러한 백지들, 황량한 평원의 사용, 가능한 모든 다양한 활자들의 기호들, 대문자들, 이탤릭체들 등의 사용 속에서 어떻게 어떤 형식주의를 보지 않겠는가. 이미 인용되었던 코르타자르와 픽켈슨도 똑같은 형식주의인데, 드보르와 샤르보노처럼 전혀 다른 지평들로부터 오는 비평의 대상이 된다. 한편으로, 드보르에게는, 우리는 정확히 냉각된 과거 문화의 공연적인 소비 앞에 있다. 누보 로망은, 모든 현대의 형식주의처럼, 의사소통할 수 없는 것을 의사소통하려고 한다. 그러면서 사물들이 지배하는 상태와 일치하는데, 거기서는 모든 의사소통은 실제로 완전히 과대평가되어 있으면서 불가능한 것으로 선언된다. 이러한 의미와 언어의 파괴는 그 실제적인 목적이 실제 우리 사회가 의미가 사라져버린 사회임을 감추기 위한 것이다. 그리고 그런 사회를 밝히려고 하는 것이 아니다! 신-문학파는 글로 쓰인 것을 그 자체로 감상하는 것을 인정하는데, 정확히 우리 세계의 불편한 문제들을 피하도록 해 준다. 어떤 형시주의를 어떻게 그보다 더 잘 특징지을 수 있겠는가? 우리는 우리가 쓴 것밖에 볼 수 없다는데 말이다! 그리고 구조주의에 대한 논쟁으로 들어가지 않고서, 우리는 드보르가 『누보 로망에 대해』 쓴 것을 인용하는 것으로 만족할 것이다. "모든 사회적 실천에 우선하는 무의식적 구조의 독재의 꿈은 구조들의 모델들과 인종학으로부터 **남용적으로** 끌어내질 수 있다… 왜냐하면 아주 간단히, 중간 정도 수준의 보편적 사유… 현존하는 시스템의 찬사 속에 통합적으로 박혀 있는 사유는 모든 현실을 하나의 시스템으로 당연히 데리고 오기 때문이다… 구조는 현재하는 권력의 딸이다. 구조주의여기서 개인적으로 나는 현대 예술의 구조주의를 말할 것이다. 자끄 엘륄는 국가에 의해 보장된 사유이다, 국가는 현재의 공연적인 의사소통의 조건들을 하나의 절대로 생각한다. 메시지들의 코드를 그 자체로 연구하는 구조주의적 방식은, 의사소통이 위계적인 기호들의 폭포 형태로 존재하는 사회의 산물이고 그 인정일 따름이다. 결국, 공연 사회의 역사—너머의 가치를 증명하는 데 공헌하는 것은 구조주의가 아니다. 그 반대로 공연의 사회가 대량적인 현실로 강제되고, 그 현실이 구조주의의 차가운 꿈을 증명하는 데 공헌한다." 나는 공연의 사회의 단순한 파편들인 회화, 조각, 소설에서 이런 예술적 형식주의에 대해 증거로 덧붙일 것이 없다. 그리고 그에 앞서서, 샤르보노 혹은 멈포드는 이런 진전이 일어나기 전에 그에 대해 예고한다. 샤르보노에게서 소설은 저절로 사라지게 되어 있다. 왜냐하면, 소설은 "개인의 표현이지만, 의식하면서, 개인은 사회의 존재를 인식하기 때문이다." 갈등은 고전 소설 속에서 중심적이다. 그러나 이것은 자유주의적 사회를 가정한다. 전체주의적 사회의 변경에서는 소설은 사라질 것이다. 더는 타인과의 관계가 없고, 세상에 관한 입장이 없으며, 신에 대한 신념이 더는 없는 상황을 어떻게 표현하는가. "그 자신으로 축소된 인간에게, 무슨 할 일이 남는가? 더 나은 것이 없기에, 혼자 얘기하고, 더는 할 말이 없음을 말하기이다. 더는 아무것도 없는 그곳에서, 여전히 문학이 있다." 본질적인 것은, 스스로 자신에 대해 말한다는 정체성과 더는 말할 것이 아무것도 없다는 것이다. 이것은 정확히 이 현대 예술이 표현하는 것이다. 주관주의와 '모든 사람/아무것도' 의 극치이다. 분명 "소설가가 행동들을 그대로 그리는데 몰두할 때는, 그는 인간들을 사물들로 간주하는 사회를 반영한다…." 그래서 샤르보노는 한 장 전체를 다음과 같이 제목 단다 : "아무것도 말하지 않기 위해 말하기." 이것이 실제로 이 거대한 소설적 노력을 특징짓는 것이다. 그리고 이것은 절망을 일으킬 수 있음이 틀림없을 것이다. 그러나 아니다. 이 절망은 여전히 인본주의적 표현이다. 절망이란 더는 없다, 왜냐하면, 인간이 이 차가운 빙하 속에서 사라지기 때문이다. 그런데 우리는 여기서 이미 멈포드에 의해 밝혀졌던 중심점에 도착한다. 먼저, 네오-로망의 형식주의자들은 기술자들의 순수한 정신을 가진다. 즉 사람들은 언어, 글쓰기, 수단들 위에서 움직이고, 그것을 할 때는, 모든 것 위에서 움직이는 것이다, 다시 말해 다른 것은 아무것도 없고, 그것이 무엇이건 저 너머란 없으며, 도구만 있다. 현재의 모든 기술자는 그것을 경험한다. 게다가 작가들에게서 모든 고급 기술자들과 기술 관료들에게서와 똑같은 심리적 태도를 발견하는 것은 상당히 흥미롭다. 즉 자신들의 기술을 모르는 사람들에 대한 경멸과 과거의 가치들과 형태들에 매달려 있는 사람들에 대한 연민, 언제나 그 이상으로 나아가고자 하는 의지, 효율성에 대한 염려, 수준에 이르지 못한 사람에게 설명을 해주기를 경멸적으로 포기하기, 실천 그 자체속에 결정적인 진실이 들어 있다는 확신… 사람들은 이 정체성을 정확히 규정할 수는 있을 것이다… 그렇지만 두 번째로, 대중과 형성되는 관계는, 동화 작업, 이런 상황으로 축소되는 작업이다. 네오-로망은 원칙적으로 지식인들에게 이런 기능을 가진다. 즉 그들이 수단의 유희 외에는 다른 것을 보지 못하게 적응시킨다. 다시 말해 그들을 기술 시스템 속에 가둔다. 이런 형식주의적이고 이론적인 예술은 이중적인, 모순적인 역할을 한다. 이 예술은 극도로 기계화된, 극도로 조직화한 우리의 문화에 반대하여 저항한다고 공언한다. 그러나 이 예술은 동시에 권력 시스템의 생산물들을 정당화한다. 그것은 인간을 이 도시들 속에서, 이 환경속에서 살도록 적응시키고, 인간에게 이러한 부조리와 폭력, 익명의 세계가 가능한 유일한 세계라고 설득시킨다. 이 예술은 그에게 인간의 해체, 거대한 블록들거대 기술이 준비하는 바로 그 블록들 속에서 사는 것이 정상인 것으로, 나아가서 예술의 최정상으로 간주하게 한다. 이 예술은 그에게 이러한 환경에 저항하는 것은 어리석은 일이라고 생각하게 한다. 예술은 그에게 자신의 부정인 것을 존재 자체로 받아들이게 한다. 예술은 그에게 쓰레기 투기, 핵폐기물, 고속도로, 오염, 자연환경의 파괴에 의한 저질의 환경을 자연적인 것이고 좋은 것으로 받아들이게 한다. 기계 부품들이나 압축된 자동차들로 만들어진 조각, 자연적인 것이 없는 핵 황무지의 회화는 현대 세계에 대해 예술가가 수행하는 적극적인 포착이 아니다. 그것은 그것에 무감각해지고 환각에 빠진 군중을 적응시키는 한 과정이다. "그러니까 보시오, 쓰레기는 그렇게 무서운 것이 아니오, 왜냐하면 예술 자체도 거기서 자신의 원천을 발견하기 때문에." 그들은 쓰레기의 문화를 정당화한다. 예술가는 더욱더 인간의 특수성을 기술적 중립 속으로 통합하는 사람이 된다. 그래서 진짜 비인간적이기에 극도에 이른 성욕을 한스 벨머Hans Belmer의 둥글둥글한 인형이 표현한다고 하는데, 사실 이 인형은 기술적 표현으로서, 에로티즘을 표현하고 자극하게 되어 있다. J. 부스케Bousquet는 그것에 대해 이렇게 썼다. "여기서는 아주 실제적인 것이 아주 상상적인 것에게 적용한다." 그러나 실재는 기술의 실재로서, 그것은 예술가에 의해 적절히 조종되어, 에로틱한 상상력을 자극한다. 다시 말해 인간에게 파트너로서 기계적 인형을 취하도록 강제하면서, 인간을 실제로 박탈한다.

현대 예술은 **추상적**으로, 예술 자체뿐만 아니라, 과거의 예술 작품들도 파괴하고자 하는 의지로 특징된다. 고전극들이나 오페라에 대해 연극적인 기획들이 그러하다.「파르시팔」혹은「마법에 걸린 플루트」이것은 탈구성, 해체, 탈구조, 탈의미의 문제인데, 그런데 무슨 이유 때문인가? 내가 일상적인 평범한 해석을 피한다면, 과거 예술을 현대화하기, 혹은 계급투쟁에 따라 재해석하기, 혹은 부르주아 문화로부터 나오기 나는 이러한 파괴적 기획에서 단 하나의 의미만 발견할 수 있을 따름이다. 이런 파괴적 기획은 자기가 파괴하는 것에 의해서만 존재한다! 그리고 그 의미란 바로 우리 사회의 지배적 흐름, 즉 기술에 대한 근본적 항의에 버팀목이 되거나, 장애가 될 수 있는 모든 것을 밀어버리는 것이다. 이 예술의 문화적 현대화 기능은 인간을 그 기술적 세계 속으로 통합하는 것이다. 다다주의 시인들, 네오–로망 소설가들, 수학적 음악가들, 이론적 예술의 화가들과 조각가들은 기술 시스템의 전령들이다. 그들에게서는 아무것도 없다. 나는 정말 아무것도 없다고 말한다. 간직하거나 명상할 것이 없다. 그들은 기술 시스템 자체에 의해 만들어진 시스템으로 적응 메커니즘들의 일부분이다. 그들의 최고의 배신은 이러한 극단적 파괴에 자유의 양념을 더하는 것이다. 현대 예술의 거짓은 언제나 어떤 자유의 표현이라고 자신을 주장하는 것이다. 이러한 예술가들, 미니멀리스트들, 구조주의자들, 시리즈주의자들, 객관주의자들 등은 시스템 속에서 그들의 주관적 절멸을 가지고 그들 환희의, 그들 예술 창조의, 그들 영감의 대상으로 삼고, 그렇게 하면서 그들은, 개인적 선택 행위를 통해 운명을 정복했다는 환상을 품는다. 그렇지만 거기엔 아무런 선택도 없다. 거기에는 미리 프로그램화된 결과들의 종속적인 수용만이 있을 뿐만 아니라, 더 나아가서 그렇게 하면서 그들은 인간이 가진 마지막 저항할 힘들을 배신한다. 그들은 회의와 타락을 도입한 트로이의 목마이다. 그들은 권력을 잡은 기술들의 시스템 아래 잠복한 비합리적 광기를 강화한다. 우리는 여기서 정말 주목할 만한 확인 앞에 있다. 기술 시스템은 본질에서 합리적인데, 점증하는 비합리성들을 생산한다. 그리고 그의 합리성이 증가할수록, 비합리성들도 증가한다.149) 그런데 우리는 이 독특한 과정의 정확한 재생산을 바로 이론적 예술 속에서 발견한다. 이론이 증가할수록, 생산은 더욱 비합리적으로, 이해할 수 없고 비합리적으로 보인다. 개념이 수학적이고 시스템화 될수록, 결과들은 더욱 접근할 수 없고 불만족적이다. 이것은 다시 한 번 두

---

149) 기술적 합리성과 비합리성의 관계에 대해서는, cf. B. 샤르보노, 『시스템과 카오스』(1973), 자끄 엘륄, 『기술 체계』(대장간, 2013).

전체의 상관관계를 나타낸다. 그러나 그 둘은 권력 메커니즘의 표현이다. 이 메커니즘은 자가발전을 통해 창조자와 관객을 전통들, 가치들에 묶어놓을 수 있는 모든 것을 제거한다. 그러한 전통이나 가치들은 창조자나 관객에게는 이런 형태와 수단들의 세계 속에서 자신을 재발견하고, 자신의 위치를 정하기 위해 필수불가결한 것이다. 새로운 수단들이 배타적으로 새로운 것을 향하는 한, 그것들은 처음으로, 축적된 인간 경험이었던 모든 것을 지울 수 있는 그러한 힘을 갖고서, 합리/비합리의 뒤틀린 증가 과정을 더욱 증가시킬 수 있을 따름이다. 그런데 이러한 비합리성의 심화는, 문제 예술의 중개를 통하여, 인간을 피상적인 넋두리로 넘겨주고, 우리는 이것을 차가운 에로티즘과 차가운 음악 등에서 만날 것이다) 부재의 시스템에 넘겨준다. 누구도 누구에게 말하지 않는다, 사물들이 저절로 된다. 그것ça에게 말하는 사람, 그리고 이런 사실로부터 개인은 그러나 그가 존재하는가? 더욱더 의미 없는 존재의 덧없는 흐름에 내맡겨진다, 다시 말해 그의 가장 깊은 절망 속에 맡겨진다. 그리고 이것은 게다가 이 형식주의의 다른 기능과 연결된다. 그러니까 결국, 이 예술은 왜 순수하게 형식주의적인가? 사실은, 이 예술은 그 무엇이건 이제는 상징할 수 없기 때문이다.

우리는 왜, 기술 환경 속에서 상징화할 수 없게 되었는지 보았다. 그런데 상징화 없이는 예술은 없다. 현대 창조자들은 형태들의 창조 덕택에 이러한 불모로부터 달아난다. 형태들은 예술적 외양을 간직한다, 그러나 형태들이 그 어느 것에도 되돌려지지 않는 한, 그리고 사람들은 신중을 기해 의미를 제거하였다, 이것은 상징화의 부재를 위해 필수적인 전제이다, 그리고 다시 한번, 현대 예술가들은, 위협적인 태도를 취하는 기세등등한 수탉들처럼, 일제히 자기 자신들이 그걸 원했노라고 소리 지른다! 그 어떠한 상징화도 없으며, 형태는 자기 자신 위에 남고, 어떤 부재의 단순한 기호가 된다.150) 어떤 도시로의 길을 명령적으로 지적하는 도로 푯말. 그러나 그 도시는 핵적 재앙 속에서 사라져버렸다. 할 일이 무엇이 남았는가? 아주 사랑스럽게 푯말의 몸체를 조각하고, 가장 커다란 환상과 함께 지시 판을 그리고 또 그린다… 그러면서 모든 것은 그것으로 축소되었다고 주장한다. 형식주의는 정확히 상징화할 수 없을수록 더욱 증가한다. 형식주의는 자기 자신에게로 되돌아오고, 자신을 소진하면서, 고통스럽게 요구되는, 빵과 포도주처럼 인간에게 필수적인, 그리고 결정적으로 사라져버린 상징주의의 대체물이다.151) 그로부터 이 형식주의자들의 창조적 광기가 나오고, 그들 생산의 서두름이 나온다. 수천의 화폭들, 시들, 영화들, 심포니들을 축적해야 한다, 이 수많은 것으로부터 어쩌면 어떤 상징이 나올 것이다, 혹은 최소한 그들의 소란함이 상징의 침묵을 듣지 못하게 할 것이다. 사람들은 우리가 통과는 할 수 있지만 이제는 소유할 수 없는 이 사이에 낀 공간들의 공허 속에서, 이 암흑 속에서, 자신을 달래기 위해 큰 소리로 말한다, 그러나 유일한 진정한 통제는 상징화의 통제이다.

그리고 형식주의가 이 공허를 점령하고 있기에, 그것이 상징화의 불가능성을 강화하고 합법화하기 때문에, 그것은 마지막의 중요한 결과를 가진다. 즉 수 천 년 동안 회화는 예를 들어 '현실'을 그리는 한 수단이었다.152) 모든 예술은 이러한 인간적 실재와의 관계에 참여하였다. 그런데

---

150) 추상은 결국 부재에 도달하고 만다. 우리는 이것은 미국 포스트미니멀리즘과 함께 발견한다 (Arc 2 전시회, 현대 예술관, 1975). 목탄으로 그린 두 선, 한 종이 위에 붙인 접착 테이프, X자로 교차한 두 선, 이런 것들이 생산된 것들이다, 하얀 사각형 속에 검은 사각형… 극단에 이른 축소, 모든 휴머니즘과 모든 사유에 대한 대립. 순수하게 기하학적인 형태들은 정확히 기하학적인 환경과 상응한다 (그보다 더 앞서기도 한다!).
151) 독자에게 다음과 같이 말하면서 나를 믿으라고 하는 것은 별 소용없는 일일 것이다. 즉 내가 상징주의에 대해 말하면서, 나는 19세기에 상징주의라고 불렀던 예술적, 시적, 회화적 학파를 겨냥하는 것은 전혀 아니다.
152) 정신분석학자들은 실제로 회화가 환자에게 (사실 오늘날에는 정신적인 환자는 없다.) 현실로 되돌아오는 하나의 길을 뚫게 해주는 방법 중의 하나였음을 발견하였다.

엄밀히, 우리 시대의 이론 예술은 정확히 그 반대의 기능을 담당한다. 예술들은 그 덕분에 실재가 사라지고, 이미 약한, 실재에 대한 개인의 장악이 불가능하게 되는 방법들이다. 그래서 실재 대신에 횡설수설하는 주관주의가 대체하거나, 사회적 과정들과 합일이 대체한다.153) 형식주의는 인간적 현실로부터 완전히 떨어져 나오고, 관객들도 마찬가지로 떨어져 나오도록 유도한다. 최소한 지금까지 인간적 실재였던 모든 것과 그 속에서 인간이 자신을 발견했던 환경으로부터이다. 그렇지만 이러한 떨어짐은 기술 환경이 다른 환경을 대체하고, 현실이 기술이 되는 한에서 수행된다. 그러나 이 현실은 인간이 살 수 없는 현실이고, 그 속에서 인간은 완전히 이방인이다. 예술은 이 **실재**와 다시 접합한다, 그러나 그렇게 하면서 예술은 다른 쪽으로 기울었다, 예술은 더는 인간에게 인간적 현실을 알려주는 수단이 아니다, 왜냐하면 이 새로운 현실은, 비록 그에 의해 창조되었지만, 인간에게는 너무나도 낯선 것이기 때문이다. 그리고 이 예술이 난해하고 신비로운 전문가들의 일이기 때문에, 그들은 예술가가 지금까지 전통적으로 행사했던, 해설가, 중개자의 역할을 전혀 하지 못한다. 이 예술의 지고의, 때로는 숭고한 인위성은 예술가에게서 그의 최후의 뿌리들, 그리고 그의 최종의 정당성을 박탈한다.

그런데 이 모든 작업은 허위적이라는 **의미로** 너무나도 완벽히 인위적이기에, 사람들이 그 이상은 가지 못할 것이다라고 주장할 때마다, 그 말은 실천적으로 이 예술의 종말을 의미한다. 말레비치의 하얀 화폭 위에 칠해진 하얀 사각형 이후에, 사람들은 그 이상은 가지 못할 것으로 생각하였다. 그것이 1918년이었다. 바자를리를 보고서 말로Marlaux가 "회화는 끝났다"라고 선언하였다. D. 로슈Roche의 『반—시』이후에, 사람들은 이

---

153) 내가 사회의 과정에 합일과 순응주의에 대해 말할 때, 내가 보기에, 그런 사람은 마오주의자, 좌익, 허무주의자들도 될 수 있음은 자명하다. 그리고 이 현행 사회의 과정에 철저히 순응하지만, 정치적 선택들은 이 현행 사회에 대해 어떠한 영향력도 행사하지 못한다.

렇게 쓸 수 있었다. "지금부터 시를 쓰는 것은 더는 가능하지 않을 것이다." 그러나 미안하게도, 모든 것은 계속된다. 그러나 모든 것은 한술 더 떠서, 강화된 횡설수설 속에서, 간단한 추월 속에서 계속된다. 아무것도 아닌 것은 아무것도 아닌 것을 의미하듯이, 실제로 모든 이것은 가능하게 남는다. 진정한 곡예이다. 더욱더 강해진다. 그렇지만 이것이 다른 무엇보다도, 저항할 수 없는 이 모든 연쇄가 학파적인 것이 아니라, 기술적 수행들 메커니즘 위에 부착된 형식주의에 관한 문제임을 보여준다. 똑같은 정신이다. 어쩌면 전적으로 무익하지는 않을, 마지막 지적이 있다. 우리가 말한 예술가들은, 그렇게 묵직하게, 원칙적으로, 이론적으로 기술 시스템에 순응적인데, '회수된 자들'은 아니라는 것이다. 우리는 앞 장에서 메시지를 가진 혁명적 예술가들은 원칙적으로 회수되었음을 보았다. 여기서는 똑같은 과정은 아니다. 이 예술가들은, 자신도 모르게, 무서운 부르주아들, 자본가들에 의해 이용당하지 않았다. 오히려 그들은 감탄할 정도로 미리 순응적이다, 그들은 기술 그 자체의 순수한 생산물들이고, 완벽하게 시스템에 의해 직접 사용될 수 있다. 그들은 타협없이 자본주의적 세계가 아니라, 기술적 세계 속으로 들어간다. 그리고 물론 기술적 세계는 그들의 장점과 유용성을 크게 인정할 줄 안다. 그 외에는, 그들은 혁명적이라고 스스로 선언할 수 있다, 그건 별 것 아니다.

마지막 모순을 밝혀주는 마지막 문제가 남아 있다. 이 예술과 대중과의 관계. 우리는 여기서 주목할 만한 혼동으로 들어간다. 현대 예술 앞에서, 보통 사람은 무관심하다. 바자를리 작품 앞에서, 그는 산만한 시선을 던지고, 그저 그런 칠해진 종이나 리놀륨 앞에서처럼 지나간다. 그가 자기 목욕탕 장식을 위해서 그걸 필요로 하지 않는다면, 그것과는 아무 할 일이 없다. 현대 음악을 들으면서, 그가 그것을 주의해 듣지 않는다면, 배경 음악으로, 낮은 소리로 받아들인다. 그것은 스윙이나 바하 곡과도 같다… 다시 말해 이 사람은 이 '예술'을 본질적으로 장식처럼 받아들인다. 그리고 사실상 이런 모델들을 따라 컴퓨터로 생산된 '회화들'은 벽지의 자격이 있다…. 누가 그에게 이것은 예술 작품이라고, 위대한 예술 작품이라고 한다면, 그는 어깨를 으쓱이며, 비웃고 만다. 엄밀히 말해, 그는 누가 그에게 이런 사람은 나팔 총으로 그렸고, 다른 사람은 몸 위에 페인트를 바른 다음에 바닥에 놓인 종이 위에서 굴렀다고 설명하면, 5분 정도는 관심을 둘 수 있다. 참 괴상하군! 하면서 말이다. 누가 그에게 정당화하는 담론과 형이상학적 근본들을 듣게 하려고 하면, 그는 이 예술가들을 약간 맛이 간 사람들로 여길 것이다. 약간 더 높은 단계에서, 장 블록–미셸Jean Bloch-Michel은 누보 로망에 대한 그의 비평들 속에서^{직설법 현재. 누보 로망에 대한 에세이, 1973} 보통 교양을 가진 대중의 반응, 비판, 거부를 완벽하게 표현한다. 그것은 권태다. 사람들이 그에 대해 알고 있는 것은, 새로움의 부재 – 뻐김 – 독백 – 도도함 –, 천재성의 부재, 영감의 부재이다. 그리고 흥미로운 것은, '직설법 현재'의 사용인데, 이것은 진정한 존재가 없는 세상을 기술하게 해 준다. 많은 애호가는 실제로 이러한 음악, 회화, 소설의 허위적인 성격에 민감하다. 그런데 여기에 극적인 것이 있다. 즉 이 이론적 예술은 대중의 참여 없이는 살아갈 수 없다. 그것은 정확히 그의 유효성의 유일한 기준이기도 하다. 사실 그에게는 그 진정성을 보장해 줄 것이 아무것도 없다. 더는 어떤 근거도 없어서, 정확하다고 인정된 어떤 생각도,^{고전 작품처럼} 어떤 진실에 대한 믿음도,^{기독교주의에 영감을 받은 예술처럼} 그 사회구조가 보장인 사회체도^{그리스 예술처럼} 없다. 아무것도 없다. 사람들이 내세운 이론은 이 예술에 어떤 근거와 합법성을 주기에는 이 앞선 것들의 역할을 할 수 없다. 그래서 이제 대중이 남는다. 그래서 얻어내야 하는 것은 비일관적이고 불확실한 대중의 가입이다. 오로지 거기서만 이 예술의 가치는 확인될 것이다, 그리고 이것은 이 예술이 엘리트 예술, 특권자들의 예술에 반대한다는 뜨거운 선언들을 동반하는 그만큼 자주 그러하다. 몰Moles이 말하듯이, 사회적 인정만이 예술 작품을 정의할 수 있다. "세상이 아름다운 것들로 가득 차 있다면, 비평가는 예술가로 변형될 것이다, 지금부터 그는 포장된 도로로 된 조각 주변에 어떤 틀을 놓을 것이고, 틀림없는 그의 시선은 그것을 미학적이라고 평가할 것이다. 사람들은 이런 일에는 책임자가 없음을 알게 될 것이다. 이 프로그램은 인류의 **보편적 동의** 때문에 주어진다."비평가는 이러한 보편적 동의의 번역자이다. 그러나 몰은 비전문가인 애호가가 틀 지워진 포장도로 앞에 있었다면 생각했을 것에 대해 자문해 보았을까? "미의 정의가 미의 통계의 근원이다"사실, 이 이론가들에게는 대다수가 그렇게 여기는 것이 미이다 사람들은 "사회적 동의와는 달리, 작품들이 아름답거나 추하거나를 판단하지 않고, 작품들에 관심을 둬야 한다." 오로지 대중의 가입이 어떤 작품이 아름답게, 따라서 예술 작품으로 간주할 자격이 있게 만든다. 덱스Daix 혹은 들르부아도 간접적으로 대중을 중심으로 한 성공을 기준으로 삼는다. 마네, 인상주의자들, 세잔은 위대한 예술가들인데, 왜냐하면 대중대중이라면 누구인가? 갤러리의 화상들, 전시회 전문가들 혹은 '거대 대중' … **보편적 동의**이 그들의 시각에 가입했기 때문이다. 그것으로 충분하다, 이러한 인용들은 제법 설득력이 있어 보인다. 이것은 우리를 두 종류의 고찰들로 이끈다. 먼저, 선택된 기준은 그 외양들에도, 민주적인 기준이 아니다! 이것은 기술적 기준이다. 즉 배타적으로, 성공한 것만 가치 있는 것이다. 기술은 그 전체로서 이러한 효율성 위에 기초한다. 그래서 예술과 같은 영역에서는, 관객의 가입, **대량적이고 수많은** 가입 외에는 다른 효율성이란 없다. 왜냐하면, 이 예술들은 대중매체들에 의해 운반되기 때문이다. 미를 규정하기 위해 사회적 인정에 의거한다는 것은, 민주적 생각이나 명증성의 원칙과는 아주 거리가 멀고, 사실상 기술적 태도이다. 그런데 우리는 이런 혼동 앞에 있다. 즉 현행적으로 존재하는 대중, 우리가 알고 있는 그 대로의 대중, 그리고 그 직접적 현실 속에 있는 **거대** 대중을 고려해야 하는가? 그런데 우리는 현대 예술 앞에서 대중의 반응을 알고 있다. 그렇다면 엄격하게 밀레의 「앙젤뤼스만종」나 「뉴 올리언스」 수준에 머물러 있어야 하는가, 혹은, 만약 우리가 현대 예술이 아주 중요하고, 풍부하며, 가치 있는 것이라고 확신한다면, 그렇지만 바로 이 순간에 우리는 우리 고유의 기준을 버린다! 우리는 대중이 거기에 접근할 수 있도록 형성해야 한다. '사람들이' 그에게 감상하도록 결정한 것을 대중이 감상하도록, 대중을 교육해야 한다! 우리는 로얀Royan 축제에서1975 뒤라이Durailh의 흥미로운 선언을 인용하였다. 그가 말한 바로는 현대 예술에 대해 어떤 '오해'가 창궐한다. 즉 사람들은 현대 음악에 전통적인 듣기를 적용하는데, 그것은 용납할 수 없다고 한다. 따라서 대중을 가입시키기 위해서는 대중의 취향을, 눈을, 귀를 형성해야 한다. 우리는 이미 이러한 모순을 보았다. 그런데 우리는 새로운 기술적 태도 앞에 있다. 즉 모든 새로운 기술 앞에서 그 사용자의 거리낌모터 비행기 조종사들은 처음에는 제트 비행기 운전을 거부한다이 있고, 모든 새로운 생산물 앞에서 소비자의 거리낌이 있다. **이유를 따지기 전에**, 새로운 기술, 새로운 생산품은 **새것이기 때문에** 좋은 것이므로, 인간이 그것을 사용하고 소비할 때까지 그를 주조하고, 그를 설득하며, 적응시키고, 결정하게 하며, 조종해야 한다. 이것은 선전, 혹은 광고, 학교 교육, 평생 교육이 할 일일 것이고, 대중이 이 규격화된 주물에 들어갈 때까지이다. 만약 누군가가 코르타자르나 루보의 독자에게 이건 게임에 관한 문제이고, 텔레비전을 보는 것처럼 이 바둑을 두거나 퍼즐을 풀면서 수 시간을 보낼 수 있다고 설득하기에 이른다면, 결국 그가 승리한 것일 거다. 그렇지만 이건 대중을 가입시키기 위해 그를 제작하는 문제이다, 달리 말하면, 가장 위에서 말한 기준, 즉 **후에만 보편적 동의가**

있다는 기준이 틀렸다는 것이다. 따라서 유일한 기준은 **새로움**과, 군중을 획득하기 위해 이 기구가 가진 잠재력이다. 대중은 호기심에 의해, 괴상한 것에 의해 생-팔의 「아가씨들」, 대범한 외양에 의해포르노 영화, 제도화되는 유행으로축제들, 어떤 귀족계급을 도출해내는 사회적 현상에 의해 (아비뇽에 있었던 사람들과 거기에 있지 않았던 사람들, 그리고 훨씬 더 좋게는, 밥 윌슨의 아주 민주적인 축제를 위해 쉬라즈Chiraz에 있었던 사람들) 끌린다. 다시 말해 이것들은 대중을 조종하는 기술들에 의해 작동되고, 움직여지는, 엘리트를 형성하는 과정들이다. 정확히 이러한 조건들 속에서 이 이론적인 현대 예술은 결국 청중을 발견할 수 있게 된다. 그 자체로서는 이 예술은 이 배제된 대중에게 전적으로 낯선 것이다. 게다가 현대 예술가는 대중을 어떤 대가를 치르더라도 배제하려고 하는 것 같다. J. 리베트가 우리에게 12시간 40분의 영화 「**아웃 I**」을 제시하면, 사람들은 즉시 어떤 점에서 거대 대중이 가입할 수 있을지 안다. 그래서 사람들은 우리에게 리베트가 관객과 스크린 사이에 다른 관계들을 창조한다고, 이건 영화 속에 잠수하는 문제라고, 독창적인 성찰에 호소하는 문제라고 말할 것이다. 왜냐하면, 관객들은 각 두 시간의 상영 시간 사이에서, '주고받으라고' 제안되기 때문이다. 그 시간 동안에 영화는 어떠한 일관성도 없는, 그리고 어떤 이야기의 '실' 도 재현하지 않는 어떤 '음모'를 둘러싸고, 삶 속의 인물들인 역할이 없는 배우들에 의해 발명된 생자체를 극적으로 만들지 않고 얼굴로 묘사하는 것으로 제한되었다… 이 모든 것은 아주 좋고, 아주 새롭다, 그러나 영화에서 12시간 40분 동안 보내야 하는 관객은 무엇인가? 누가, 지적으로, 그러한 시련을 견딜 수 있겠는가, 누가 일관성의 완전한 부재를 참을 수 있겠는가? 사실 우리는 미학주의자들을 위한 미학주의자들의 기획 앞에, 전문가들을 위한 전문가들의 기획 앞에 있다. 어마어마하게 귀족적인 작업이다. 그리고 리카

르두가 현대 텍스트, 특히 누보 로망을 어떻게 읽을 것인가를 보여줄 때
도 정확히 똑같은 일이다. 수많은 예 중에서, 그는 진짜 의미를 발견하려
면 한 소설에서 뽑은 문장들을 같은 작가의 다른 소설에서 뽑은 문장들
과 접근시켜야 한다고 증명한다. 달리 말하면, 백과사전적인 문화, 견고
한 기억이 필요하다.그리고 더 좋게는, 읽은 소설들을 카드로 만들어야 한다 온종일
일하고 난 다음에 이것을 읽은, 그리고 거기에 흐릿하게만 관심 있는 이
가련한 멍청이 독자는 자기가 읽은 것에 대해 아무것도 이해하지 못하
고,그리고 분명 때로는 그는 그런 인상을 받을 것이고, 실망해서 독서를 포기한, 또 이
빌어먹게 신성한 회랑에 들어가지도 못한다! 게다가 사람들은 이러한 비
전문가에 대해 대놓고 면박을 준다. "톡톡 튀는 이야기에 탐닉하는 순진
한 소비자로서는, 그러한 모으기는154) 신성모독과 그리 멀지 않다"리카
르두 신성모독, 그건 좀 심하다, 그러나 끝없이 수수께끼를 제기하고, 상
응들을 찾아야 한다면, 16세기의 연금술사나 13세기의 유태교 신비학자
의 작업을 하여야 한다면, 그것이 독서에서 모든 즐거움을 빼앗을 것은
명백하다! 우연히 리카르두는 다음의 질문을 한다 : 그러나 결국, 이것은
엘리트적인 것이 아닌가? "어떤 귀족주의적 비관주의자는 모든 적극적
인 독서는 결국 작가에게나 마련된 계급적 특권에 불과할 것이라고 주장
할 것이다. 반면, 혁명적 낙관주의자는 모든 독서는 당연히 글쓰기라는
모두를 위한 자극을 읽을 것이다." 다음의 미끄러짐을 주목합시다 : 그
렇게 어렵고 집중된 분석들을 하기 위해서는, 어마어마하게 유식해야 한
다고 주장하는 바로 그 사람은 리카르두 자신으로서, 귀족적인 비관주
의자이다! 그렇지만 사람들은 왜 모든 프롤레타리아가 루셀을 읽고 즐거
워하지 않고,155) 왜 이러한 문학적 유희들이 극소수에 의해서만 실천되

---

154) 다시 말해 비교와 유형학을 위해 카드화하여 탈구조화하기.

155) 물론 나는 사람들이 이러한 반박에 대해 할 대답을 알고 있다 : 프롤레타리아는 지배 이데
　　올로기에 의해 둔해져 있고, 사물화되어서 이러한 루셀의 주석에 즐거워하지 않는다. 나

는가를 자문한다. 리카르두의 생각은 사실, 자신의 기술이 아주 간단하고, 아주 명백하며, 아주 합리적이어서, 모두에게 접근 가능하다고 믿고 있는 기술자의 일상적인 맹목을 표현한다. 사실, 대중은 실제로 이러한 특권층들의 예술로부터 배제되어 있다. 우리가 앞에서 보았듯이 이 예술의 유일한 정당화는 그럼에도 대중의 가입이고, **보편적 동의이다!** 그러나 보다시피, 사실 이 대중은 이해하지도 못하는데, 사람들은 그 대중이 의미가 배제된 이 이론적 예술을 수동적으로 조금씩 흡수하고 거기에 적응해감을 본다. 그는 가입한다. 이것은, 대중 신문들의 스타일에서, 그리고 10년 전부터 영화들에서 아주 눈에 띈다 그는 흐름 속에 들어간다, 왜냐하면 흐름이 그러하기 때문이다. 대중을 의미 없는 작품들 속에 가입하도록 하기, 그것은 사람이 이미 의미 없는 생을 살고 있기 때문에 가능하다, 그러나 그것은 그만큼 더 생의 탈의미를 심화시킨다. 극히 예술적인 형식주의는 시청자 자신이 쓰고 유희하게 한다는, 참여하게 한다는 공언된 의지에도, 그러나 그의 전제 자체들에 의해 즉시 불모지화 된다! TV의 작업을 강화하고 완성한다. 유희하게 하고 창조하게 한다? 보통 사람은 즉시 질문할 것이다 : "예, 그렇지만 왜요?" 이 새로운 노력에 참여하기 위해서 어떤 동기가 있을 것인가? 그것이 의미가 없으므로 동기도 없다. 동기를 발견하는 바로 그 동기가 아니라면 그리고 동기가 없다면, 대중이 행위 속으로 들어갈 어떤 기회도 없다. 달리 말하면, 이 이론적 예술은 수동성, 소비자의 태도만을 강화하고, 가장 극단적인 과잉들 앞에서 그런 독에 대한 면역은 무관심으로 이끈다, 그리고 이런 무관심은 공언된 의미의 부재와 엄밀하게 상응한다.

는 대중이 이러한 유희에 들어갈 소위 사회주의라고 하는 그 어떠한 나라도 알지 못한다고 대답하지는 않을 것이다. 아비뇽 축제와 같은 것이 자유주의적 자본주의 체제에서만 가능해 보인다는 것, 그리고 리카르두의 분석과 같은 것이 중국에서는 발간될 수 없다는 것도 말하지 않을 것이다. 이것은 너무 조잡하다. 그러나 나는 누가 나에게 어떤 체제 속에서 (도식화된 천국이 아니라 구체적인 체제) 모든 사람이 이러한 추상적인 창조, 절대적이면서 동시에 의미가 박탈당한 창조성으로 들어갈 수 있을지 설명해주기를 기다린다….

V. 예술가와 비평가

1. 예술가156)

결국, 이 세계에서 예술가는 누구인가? 이 찢겨진 예술의 창조자, 이 예언적 흥분들과 이 알쏭달쏭한 수수께끼들의 창조자는 누구인가? 한 편으로, 그의 이미지는 무엇이고, 그의 이상적 유형은 무엇이며, 다른 한 편, 기술 시스템 속에서 그의 실제적 상황과 역할은 무엇인가. 여기서 특히 재미있는 것은 우리가 순수한 상태의 환상적 담론을 만나게 될 것이라는 점이다. 물론, 이 시대의 지식인 중에서 가장 앞선 사람들이 하는 담론이고, 담론 자체의 현실을 제외하고는 어떤 현실과도 아무 관계없는 담론이다. 그리고 다시 한 번 우리는 예술이 모든 기술 시스템을 특히 잘 밝혀주는 상황 속에 들어 있다. 우리는 이 예민한 주제에 대해 이러한 특수한 관점에서부터 차근차근 시스템에 대한 우리 명제들의 정확함, 그리고 담론과 기술의 관계를 확인할 수 있을 것이다.

첫 번째 본질적 주장은, 예술가란 절대적으로 자유로운 인간이며, 그리고 기술들로 말미암아 그 어느 때보다도 오늘날 더 자유롭다는 것이

---

156) 자유와 인간의 전문가로서 예술가에 대한 이 문장은 B. 샤르보노의 『문화의 역설』(1960)에서 많이 빌려왔다.

다. 명백히 예술가가 수단을 이용할 줄 알면, 기술 사회 속에서 무한히 큰 자유를 누린다고 주장할 수 있을 것이다. 그리고 이것은 모든 영역에서 주장되는 자유이다. 예를 들어 수단의 행사 속에 있는 자유이다. 즉 화가나 조각가, 건축가는 그 선배들이 꿈꿀 수 있던 모든 것을 추월하는 기술적 수단을 소유한다. 예술가는 실현 불가능할 것을 두려워하지 않고 자유로이 발명할 수 있다. 새로운 기술은 그에게 재료에 대한 놀라운 통제력을 준다. 돌이나 중력의 장애를 극복하려고 더 이상 잔재주를 부리거나 우회적 수단을 사용할 필요가 없다. 기계는 건축가처럼 조각가도 모든 불가능에서 해방한다. 그리고 기술은 새로운 재료들을 그의 처분에 맡겨둔다. 전통적 재료가 자신의 개념에 맞지 않는다면, 그는 인조 재료에 호소할 수 있다. 이 인조 재료는 동형이고, 중성적이며, 어떤 특수성이 없어서, 완벽하게 조소적이고 유연할 것이다. 그래서 예술가는 고안할 때 완벽히 자유롭다.157) 그는 수단이 자신을 실행의 주인으로 만들어 줌을 안다. 그래서 실행은 그의 생각만큼이나 대범하고, 예측불허이며, 기발하다. 예술은 더 이상 자신에 특수한 재료를 사용하는 정해진 방식으로 구성되지 않는다. 어떤 이중적 변형이 일어난다.158) 먼저, 예술가는 기술에게서 재료에 대한 적극적 개념이라고 할 수 있는 것을 받는다. 재료는 그 자체로 예술의 요소가 되고, 그 혼자서 예술 작품이며, 게다가 빈 공간, 즉 재료를 둘러싼 공간이 재료에 더해진다. 즉 재료는 주변 공간에 가치를 부여하는 일종의 힘이 되는데, 예술가의 손길이 재료 그 자체에 닿지 않았을 때조차 그러하다. 건축가는 건물을 창조하려고 벽에서

---

157) 물론, 자유는 모든 것 그리고 어떤 것에 대해서든 주장될 수 있다. 예를 들어 연극에 관해서 보자면, 앙드레 스테제(André Steiger) 그룹인 Tact는 사람들이 그에게 연기하라고 준 작품을 검사하고 거기서 자르기를 하여, 자기들이 무대에서 연기할 것을 다시 짜고 나아가 제한한다 … 사람들은 저자와 쓰인 텍스트의 테러리즘에서 벗어나기를 원한다. 사람들은 그 테러리즘을 배우들과 연출의 테러리즘으로 대체한다!

158) 프랑카스텔, 앞의 책, 216쪽 이하.

해방되는데, 건물에서 중요한 것은 외부 공간과 내부 공간의 소통이고, 내부 공간은 빛 덕택에 살아날 것이다. 그런데 이때에 조각 역시도 불룩을 비우고, 단순한 철사 흔적으로 귀착한다. 다른 변화는 기술적 세계 속에서 예술가가 자신의 재료를 창조할 수 있다는 것이다. 그는 더는 자신의 작업 이전의 제한된 여건에 묶여있지 않다. 그는 기술자에게 자신을 완벽히 강제하게 해주는 힘을 받는다. 그래서 이러한 이중의 움직임에 의해, 그는 더는 외적 제한을 알지 못한다. 그의 창조는 모두 그의 수중에 있고, 그는 자기가 원한 것, 생각한 것, 발명한 것을 창조할 수 있다. 아무튼 그는 이것이 실현될 것임을 안다.

　차후로, 예술가는 예술이 '형태들-기호들'에 의지한다는 것을 알며, 더 이상 실재 이미지가 아니라, 상상력이 만든 이미지의 세계의 구성을 향한 길로 들어섰다. 이 예술은 관객과 창조자 사이의 직접적 대화에게 자리를 넘겨주려고 지워지는 기호들의 창조자인데, "인간 자체, 그의 역사, 그의 상황, 그의 자유, 그리고 자연이 그의 정신에게 내세우는 저항마저" 요약한다.롤랑 바르트 이제는 오직 시각적이거나 음향적인 형태의 건축 문제인데, 거기서 예술가는 완벽한 자유, 전능한 힘을 행사한다. 그리고 이론은 열려지는 가능성의 장, 창조자의 자유 자체이기도 한 가능성의 장을 표시하고, 나아가서 탐사한다. 사람들이 실재와의 모든 관계를 끊고, 존재하는 모든 과거 예술과 관계를 끊는 한, 예술가는 실제로 자신이 하고 싶은 것을 할 수 있게 자유롭다! 그는 자신의 순수한 상상력에 맡길 수 있고, 그래서 어떠한 시각적이거나 음향적인 대상이라도 끌어 모을 수 있다. 새로운 재료, 새로운 도구는 이러한 상상력의 고분고분한 모든 벡터를 제공한다. 그래서 이러한 자유는 수많은 학파, 연구, 그리고 실패를 양산한다. 주기적으로 전문가들은 이러한 자유를 요구한다. J. 미셀은 거리의 회화와 조각에 대해 이렇게 제목을 달았다: "정복된 자유?"「르 몽드」(1970년 1월) 말로Malraux는 1959년에 "회화는 그의 자유를 발견하였다"라고 선언하였다. 그리고 탱글리Tinguely는 이러한 자유의 좋은 주제였다. 그리고 물론 예술가 자신도 관객을 이러한 자유로 불러들인다고 주장한다. 퐁피두 센터는 의사소통과 발명의 기계를 제공한다고 주장한다. 예술가는 더 이상 표현의 형태와 수단의 발명가가 아니라, 물질과 기구의 발명가로 변신한다. 화학적이거나 물리적인 발명가로서, 예술가는 스스로 자기가 필요한 물질을 창조한다. 모든 것은 그의 자유의 충동 앞에 굴복한다. 그는 철저히 아무 것에도 제한되지 않고, 어떤 제약도, 어떤 선례도, 어떤 명령도 그를 제한할 수 없다. 사람들은 물질에 대해 자율성을 획득함과 동시에 형태와 의미를 추방하였다. 유동적이고, 무한한 어떤 장이 열린다.'이 장은 작품에게 그의 실체와 의미를 준다'라고 사람들은 가끔 선언한다 "비정형의 예술은 역사적으로 복잡한 첫 번째 스타일이다. 그의 어떤 요소도 미리 결정되지 않고, 거기서는 기호가 의미에 선행하며, 그 모호성을 가정한다." 비정형 예술은 절대적으로 창조자이다. 왜냐하면 그것은 아무 것에도 종속되지 않기 때문이다 … 그러면서 사람들은 예술의 죽음을 예고했던 헤겔의 주장에 맞서이미,그렇지만 약간은 너무 이르게, 그 상황을 옹호하는데, 예술은 죽더라도 예술가는 존재한다고 주장한다! "예술가, 다시 말해 창조력과 자유의 존재들은 인간의 수호자이다."레마리 나아가서 예술가는 이 사회의 변방에 위치하고, 사회의 모든 면을 비난하고, 이 사실 덕분에 자신의 자유를 획득한다. 명백히 사람들은 약간 걱정하면서 왜 그러한 자유가 아무런 스캔들, 갈등, 충돌을 일으키지 않나 자문할 수 있다. 진정한 자유가 아무런 스캔들을 일으키지 않은 것은 사회 역사상 처음일 것이다! 우리는 그에 대해 다시 말할 것이다. 마티외Mathieu는 자신의 서정 추상의 공식을 설명하면서 이 자유를 표현한다. 즉 자신의 회화는 그 어떤 주제에서도 출발하지 않기 때문에 추상적이고,

자신의 회화는 준비되고, 고정되며, 예견된 모든 것에 반대하기 때문에 서정적이다. 따라서 자유는 이중적이다. 사람들은 어떤 모델에 복종해서는 안 되고, 모든 스타일, 모든 학파, 모든 제도를 문제 삼는다 … 자유는 창조하는 능력이 되고, 새로운 가능성들이 솟아나게 하는 능력이 된다. 그렇게 해서 사람들은 새로운 문화를 재창조할 것이다. 우리는 원초적 창조를 경험한다. "위기의 대재난, 존재의 축제." 예술가는 허공 속에서 창조한다. 그리고 각자는 누가 당신을 허공 속에 놓는다면, 당신은 믿을 수 없을 만한 자유를 누릴 것임을 안다… 그 어떤 것에도 예속되지 않는다는 예술가의 믿을 수 없을 정도의 자만심이다. 그런데 그는 자기를 제한하는 것에 대해 간단히 속는 것이다. 그는 100년 전부터 해온 분석을 할 따름이다. 그리고 마티외가 자신의 절대적 독립을 표현하고자 한 때에도, 그는 에어 프랑스, 관광 산업 홍보물과 우표, 다시 말해 기술 사회의 소비재를 만든다. 이것이 그에게 문제 제기를 하지 않다니 참으로 놀랍다!

마찬가지로, 이러한 자유, '무엇이든지'의 자유는 존 케이지의 작품에서도 표현된다. "각각의 존재, 그리고 각각의 소리는 우주의 중심으로 간주될 수 있다. 유일한 중심 – 작품은 없다. 그렇지만, 다수의 중심이 서로를 존중해야 한다. 이런 악보를 연주하려면 각자는 완벽하게 자유로워야 한다." 거기서부터 사람은 무엇이든지 할 수 있다. 그러한 작품 「아틀라스 에클립티칼리스」1962는 "오케스트라의 한 명에서 98명의 음악가를 위해 쓰였다. 2시간 40분 동안 2만 5천의 자유로운 소리이다. 사람들은 이 작품들을 하나씩 또는 동시에 연주할 것이다. 1976년의 로셀 축제에서는, 「아틀라스」, 「윈터 뮤직」, 「4목소리 45를 위한 솔로」가 동시에 연주되었다 … 다시, 케이지는 문학 텍스트를 잡고서, 고대 중국의 점성술에 따라 수행된 우연한 작업에 따라 음절과 철자의 혼합을 시도한다 … 그것이 바로 자유이다! 자유에게 죽음을! '사회적'이고 '정치적'인 것에 관심을 지녔다는 케이지의 주장에도 불구하고, 우리 현실의 이해에 대한 완전한 부재에 의해 생산된, 이러한 경멸, 비일관성, 비존재 앞에서 사람들이 소리칠 수 있는 것은 바로 그것이다. 예술의 해체에 대한 단순한 공헌, 예술과 기술 사이의 충격의 표현! 그 이상은 아무것도 없다!

따라서 상황은 명백하다. 모든 것이 가능하다. 모든 것이 허용된다. 사람들은 지적으로, 사회적으로, 그리고 물질적으로 모든 것을 할 수 있다. 그 소재와 마찬가지로 규칙들에 대한 추상 작업은 완전한 공허로 인도한다. 그렇지만, 모든 것을 할 수 있다는 것, 그것은 아무 것이나 할 수 있다는 말이다 … 예술가가 그린 선은 실재 그 자체이다. 그것은 단순히 실재이기 때문에 의미를 짊어진다. 그것은 옛날에는 의미가 없었다. 그러나 그것은 실재가 된다! "아무나라는 전하는 이미 아무것이나에서 나온 것으로, 그것인 것에 그 이상의 원인도 없이 속하고, 회화 전하가 밝혀주는 것이다."G. 바타이유 "모든 것이 허용된다"는 카오스와 상응한다. 행복한 정신들에게는 이 카오스는 건강하고 행복한 것이다.토마스 B. 헤스 불평하는 자들은 바로 일관성과 의미의 애호가들이다. 분명 대중 자신이 이 아무것이나를 필요로 한다는 것은 명백하다. 그리고 유치원에서부터 불레즈의 음악이 음악에 속한다고, 탈 코아의 회화가 회화에 속한다고 교육 받으면, 젊은이들은 본능적으로 회화나 음악이 아무것이나 될 수 있음을 아는 것은 명백하다. 사실 색이나 소리는 아무렇게나 거칠게 다뤄질 수 있고, 대중은 교육시키는 것으로 충분하다.왜냐하면 모든 미나 즐거움의 기준이 미리 제거됐기 때문이다 일은 끝났다. 그렇지만, 나는 여기서 하나의 거친 논쟁을 제시하고자 한다. 우리는 지금까지 '위대한' 예술들에 대해서만 말해왔다. 그렇지만, 무시할 수 없는 하나의 예술, 즉 요리법이 있다. 그것 역시도 감각 중의 하나와 상응한다. 그런데 결국, 왜 그것은 심각하게 다뤄질 수 없는가? 요리법은 사회적 집단의 구성자이고, 식사는 공동사회의 근본 중의 하나이다. 요리법은 문화의 근본적 예술이다. 그것을 알려면 레비-스트로스를 읽어볼 필요도 없지만, 그는 그것을 아주 잘 증명하였다. 그것은 결국, 대중문화의 세계에 깊이 뿌리 내렸던 예술이고, 거기서 모든 사람의 높은 미학적 자질이 행사되었다. 요리 예술은 사라져버렸다. 사람들은 더는 가르뷔르 수프나, 트리푸의오베르뉴식 내장 요리 대 성공들을 알지 못한다 ⋯ 그리고 사람들이 원하건 말건, 산업화와 통조림의 생산은 이상하게 입맛을 축소한다. 요리의 일차 원료 자체도 변조된다.산업형 축사에서 사육되는 동물 고기들 이것은 예술 재료에서 자유에 대해 열광하는 사람들을 생각하게 해야 할 것이다⋯ 그렇지만, 우리는 ‘모든 것이 허용된다’ 에 머무르기로 하자. 따라서 요리에서 시도해보자. 예를 들어 다음의 요리법을 적용해보자. 파라디클로로벤젠 컵을 잡고, 거기에 커다란 튜브에 담긴 합성고무풀을 푼다. 맛을 돋우도록 약간의 아르코빈산을 첨가한다. 불을 약하게 줄인다. 이어서 풀려진 폴리스틸렌을 큰 조각으로 자른다. 교환된 엔진 오일 속에 담근다. 소스를 넓게 바른다. 그리고 뜨거울 때 먹는다 ⋯ 당신은 귀를 고통스럽게 하고, 눈을 공격할 수는 있다. 그렇지만, 당신은 아무것이나 먹을 수 없다. 그것이 현실의 한계이다. 그러나 당신이 진실에 더 가깝게 접근할수록, 당신은 더욱 더 추상 작업, 고찰, 명상의 중심들에 도달하고, 더욱 더 질서는 ‘정신적으로’ 되며, 동시에 우리가 거짓말하고, 악을 행하며, 파괴할 가능성은 더욱 더 커진다. 왜냐하면 진실이나 정신적인 것은 분노한 위처럼 스스로를 방어할 수 없기 때문이다! 그리고 사람들은 그것을 잘 이용해 먹는다. 사람들은 언어를 해체한다. 명백히, 의미와 의사소통은 황산을 집어넣은 목구멍 같이 즉각적으로 반응하지 않는다. 현대 회화, 문학, 음악은 ‘모든 것이 허용된다’ 에 복종하기 때문에, 내가 말한 요리법과 똑같은 종류이다. 그러나 그 효과는 단지 신경적이고, 이어서 심리적, 지

적, 윤리적, 그리고 최종적으로 정신적이기 때문에, 그리고 이 단계들 각
각에서는 어떤 것도 지진계 위에서 기록되지 않기 때문에, 사람들은 그
것을 신경 쓰지 않는다. 단순한 적응의 문제라고 사람들은 선언한다. 대
중은 무지하다. 그래서 대중을 교육시켜야 한다.그러나 무엇에? 그런데 이
것은 그만큼 더 해롭다. 이것은 그만큼 더 경멸할 만하다. 따라서 오늘
날 그것을 벗어나는 한 명의 예술가라도 있을까? 아무도. 엄밀하게 아무
도. 그리고 그가 벗어나려면 어떤 기준을 가져야 할까? 미리 모든 것이
파괴되었다! 우리 시대의 예술가는 "모든 것이 가능하고, 모든 것이 허용
된다" 때문에, 자유 속에 들어가는 것이 아니라, 절대적으로 경멸할 만
한 범주에 들어간다. 그 이유는 그가 청중과 관객에게 경멸을 표현하기
때문이다.의사소통, 참여 등의 명분을 걸고. 참여는 그 자체로는 문제가 아니고, 유일한
문제는 무엇에 참여하냐는 것과 무엇을 의사소통하는 것이냐이다. 그렇지 않으면, 우리는
경멸 속에 들어 있다 그러나 그 이상이 있다. 이러한 자유는 존재하는가? 어
떤 사람들은 벌써 불신할 것이다. 미에스 반 더 로헤는 다른 많은 사람을
따라 다음과 같이 말했다. "너무 많은 자유를 갖는 것은 좋지 않다. 제약
은 건축의 가장 좋은 자극제이다." 그리고 만약 실재나 전통이나 의미가
더 이상 어떤 제약도 강제하지 않는다면, 예술가는 스스로 자신의 작은
게임 규칙을 만들 것이고, 외적 기준이 더 이상 없다면, 사람들은 완전히
무상으로 만들어진 이론의 그물로 그것을 대체할 것이다. 우리는 더 후
에 어느 정도나 현대 예술가가 결정되어 있으며, 어느 정도나 그의 자유
가 허구적이고, 순수하게 주장된 것이며, 그리고 더 좋다면, 어느 정도나
그 자유가 자신을 해방하려고, 그 어느 때보다도 무겁고 비극적인 진정
한 제약을 정당화하고 가리려고 아무런 어려움도 제시하지 않았던 사람
들을 향해 선언되는가를 보게 될 것이다.
  그리고 이러한 조건들 속에서 첫 번째 놀라운 양상은, 우리가 어떤 자

유 앞에 있다는 것인데 … 예술가는 그 자유에서 벗어날 수 없다. 그래서 이 자유는 예술가를 어려운 상황 속에 넣는다. 명백히, 결코 예술가는 그러한 문제를 만난 적이 없었다. 그리고 우리가 앞서 서술한 문제와 합쳐지면서, 첫 번째 문제는 전통들의 상실에서 유래한다. 과거에는, 어떤 미학적 스타일로 직접 나타났던 윤리적이고 사회적인 전통들의 그물 속에 잡혀 있던 예술가는 기준점이 있었고, 규칙과 형식에 복종하였다. 이 규칙과 형식은 그의 가능성을 제한하였지만, 동시에 이런 저런 점에서 그의 천재성을 발휘하게 허용해주었다. 전통은 그에게 저 너머로 가기 위한 발판을 제공해주었고, 규칙은 그의 창조력을 시험하게 해 주었다. 따라서 거기에는 단순히 장애만 있는 것이 아니라 발판도 있었다. 기술 문명은 천천히 발전한 윤리적 형태와 사회적 통제로서의 일상적 윤리를 파괴하였다. 그 문명은 예술가를 소위 자유 속으로 던져 넣었다. 그러나 본질적으로 공허로 만들어진 자유이다. 예술가는 모든 것을 할 수 있다. 그러나 더 이상 전통적 환경 속에 박히지 않게 되자, 그는 지속성 부재의 고뇌를 피할 수 없게 된다. 그는 제로에서부터 다시 출발하게 되어 있다. 왜냐하면 모든 것이 기술적 충격들에 의해 문제시되었기 때문이다. 그래서 사람들이 다시 원시 예술에 대해 생각하고, 가장 고대 형태의 가치를 재발견하는 것은 우연이 아니다. 사람들은 마찬가지로 무에서 출발해야 했던 사람들, 세상을 박탈당한 눈으로 보았던 사람들, 이 시작 속에서 미학적 표현을 찾았던 사람들 가운데서 교훈을 찾을 것이다. 왜냐하면 오늘날의 예술가는 새로운 시작 속에서 찾아야 하기 때문이다. 확실히, 우리는 실제로 원시 인간과 비교되는 상황 속에 있음을 인식해야 한다. 원시 인간은 그에게 아직 알려지지 않았던 자연과 싸워야 했다. 오늘날 우리는 자연을 대체한 전반적 현상과 싸워야 한다. 그것은 기술 문명으로서, 우리는 거기에 아직 적응하지 못했다.

더 멀리 나가야 한다. 즉 이것은 되돌아와서 자기 자신을 파괴하는 자유이다. 아도르노는 그가 "비-자유로의 뒤집힘"이라고 부른 것을 완벽하게 증명하였다. "역사적 변증법의 제물이 된 음악은 이 변증법에 참여한다. 12음의 기술은 진정 그의 운명이다. 그것은 음악을 해방하면서 노예로 만든다. 주체는 합리적 시스템을 통해 음악 위에 군림하는데, 이것은 그 자신이 이 시스템에 굴복하기 위한 것이다 … 기술은 자기 마음대로 재료를 처분하면서 스스로 실현된다. 기술은 재료의 결정이 되는데, 이 결정은 소외되어서 주체와 대립되고, 주체를 그 자신의 제약에 복종시킨다. 작곡가의 상상력은 재료를 자신의 구성적 의지에 완전히 복종시켰다. 그런데 구성적 재료는 상상력을 마비시킨다 … 음성적 재료의 맹목적 전황을 깨뜨린 작업들이 규칙들의 시스템을 통해 이차적인 맹목적 자연이 된다 … 대중음악이 인간에게 가한 폭력은 아직도 그의 사회적 대척점에서, 다시 말해 인간에게서 벗어난 음악 속에 존속한다…." 사실, '모든 것이 가능하다'는 '어떤 것도 중요하지 않다'를 의미한다. 절대적 자유는 다른 것에게 그만큼 절대적 종속을 의미한다. 상상력의 취기는 단순한 망상일 따름이다. "상상력의 왕국은 쫓겨난 가련한 왕인 나의 것이다." 오로지 쫓겨난 왕만이 자신의 상상력으로 스스로의 영광을 누린다. 그리고 사실 이것은 현대 예술가의 조건이다! 이 선언된 자유는 무한한 힘의 폭발이 아니라, 하나의 사회적 역할이다. 즉 예술가는 합리화된 세계 속에서 자유의 전문가이다. 우리는 개인에 대한 가능하고, 만족스러운 재현을 갖는 것이 중요하고, 자유를 확인하는 것이 중요하다.159)

---

159) 우리는 여기서 다른 길을 통해 현대 예술의 모순과 찢김에 도착한다. 우리는 앞장에서 예술에서 주체의 제거에 대해 길게 연구하였다. 그러나 이제 우리는 반대의, 그리고 보충적인 흐름을 발견한다. 즉 예술가의 개성의 고취. 누구도 예술가가 아니고 주체가 되어 창조하지 않으면 않을수록, 예술가는 절대적이고 자유로운 사람의 모델이 된다. 이것은 나아가서 기술 시스템의 특수성인, 어떠한 화해나 종합 없이 반대적인 것들을 나열하기의 한 표현이다.

이것은 너무나 슬플 것이다. 세상은 힘들고, 닫혀있으며, 기발한 착상이 없다. 세상은 기술적이고, 엄격하며, 적대적이다. 우리는 우리의 개성을 표현할, 혹은 우리의 자유를 작동할 여가나 가능성이 없다. 그래서 우리는 우리의 모든 희망을 자유와 개성 전문가에게 옮겨놓는다. 바로 그것이 예술가의 역할이다. 우리는 자유 없이 살 수 없다. 즉 하나의 인간이 되는 것을 포기할 수 없다. 예술가는 자유 역할의 전문가이다. 현대 예술가가 하는 것은 작품 창작이 아니라, 사람들이 그를 볼 때 그에 대한 관심을 자극하는 일이다. 따라서 작품을 희생하는 대신 거창한 무대화나 기괴한 몸짓이 나온다. 작품은 무대 연출자나 배우들에 의해 제공되는 대신에 그들 뒤에서 지워진다. 수많은 인터뷰도 그것과 상응하는데, 그 인터뷰를 통해 우리는 현대 예술가의 삶의 아주 미세한 부분까지 알게 된다. '나 좀 봐 주세요'가 절대적으로 지배한다. 과거에는 먼저 작품을 생산하는 데 전념하던 예술가가 이제는 한 인간이 되기를 원한다. 그리고 이것은 우리가 비트 세대 시인들에 대해 말했던 것, 특히 민감한 의도, 즉 자기 자신의 생으로 예시적인 작품을 만들고자 하는 것에 상응한다. 그리고 이것은 마약이나 알코올, 또는 그 이상을 통해서도 실현될 수 있다. 결국,그리고 흔히 그렇게 되는데 시를 쓰거나 선을 긋는 것은 전혀 필요하지 않다. 거기 있는 것으로 충분하다. 마약 중독자는 부르주아의 무서운 도덕을 위배하기 때문에, 그 사실로 말미암아 자기 생의 위대한 예술가이다. 삶의 시인. 사람들은 더 이상 작품을 창조하지 않는데, 대신 행동을 하고 사건을 생산한다 … 확실히, 드라공Dragon 길 위에서 일어나는 사건은 히로시마에서 생산된 다른 사건과는 차원이 다르다. 그러나 이러한 성찰은 명백히 바보 같은 것이다. 어떠한 비교도 없다. 순간의 절대이다. 마찬가지로 순수한 상태의 사건은 자유로운 예술가의 절대적인 개성에 대한 순간적 조명을 생산한다. 그러나 이렇게 순간적인 것은 카메라

플래시처럼 빨리 사라진다. 예술가들을 그렇게 극단적으로 빨리 지워버리는 것은 단지 유행의 변화와 악착같은 정보 과잉만은 아니다. 그것은 예술의 개념 자체이기도 하다. 그들이 지나가고 난 다음에 무대 전면에 있던 것은 아무 것도 남아 있지 않는다. 화가들, 소설가들, 시인들은 그들이 상승한 10년 후에는 폐기되고, 광고를 하지 않는 한 망각된다. 음악가들, 영화인들은 조금 더 잘 유지된다. 건축가들에 대해서는, 사람들은 그들이 기억에서 사라진 후 아주 오래까지 그들 작품의 효과를 겪는다. 그가 누구든 간에, 자유의 사회적 기능을 담당한 예술가는 스스로를 틀밖의, 대중적 판단 밖의 인물로 제시한다. 그의 운명은 너무나도 독특하여 누구도 그것을 이해할 수 없고, 그것을 판단할 수는 더 더욱 없다. 그는 대중의 양심, 혹은 최소한 그의 표현이 된다고 주장한다. 그러나 그러려면 그는 전시되고, 고려되어야 하며, 매번 관심을 끌도록 새로운 폭발을 발명해야 한다. 최근 몇 해 동안에 특히 소득이 짭짤한 것은, 바로 정치적이거나 종교적인 개종이다. 사람들은 공산주의자가 되기도 하고, 오늘날은 아주 드물어졌다 그 당의 열렬한 추종자였다가 반공산주의자가 되기도 한다. 그러나 특히 성공한 사례는 거대한 공연적 효과들, 또는 회화나 인터뷰, 텔레비전, 소설들과 함께 기독교로 개종하는 것이다. 그리고 물론 새로운 파스칼들이 넘쳐난다. 자명한 것은, 사람들은 금방 그들에 대해서 더는 말하지 않는다는 것이다.160) 이 모든 것은 자유의 확인이다. 예술가는 '예술 작품'을 생산하는 것 말고는 모든 준비가 되어 있다. 그는 한 사상가 또는 기술자일 것이고, 그의 행위는 문제들을 해결하는 것이고, 그의 자유는 모든 것을 문제 삼는 것으로 이뤄진다. 우리는 이미 뒤뷔페에게서 이러한 방향을 발견하였다. 팝 아트의 창시자 중 하나인 라우첸버그는 "모든 것을 문제 삼기"에서 시작하고, 그의 첫 화폭들은 어떤 데

---

160) 참조: 자끄 엘륄, 무의식에 대하여, in『루즈몽의 D.에게 바친 혼합물들』(1977).

생이나 색도 없는 단순히 하얀 공간들이다 이어서 소비 사회를 비난하는 작품들을 생산하기 시작했다. 차후로 그는 '문제들을', 대상 조종에 관한, 그리고 서로서로 작용하는 물리적 문제들을 제시하였다. 그러나 수학적 음악가들 역시 적합한 도구를 창조하려고 문제의 형태로 생산적 작업을 제시한다. 바르보Barbaud는 음악 제작에 적합한 특수한 수학을 사용할 것이고, 수학이 제안한 것을 존중할 것이다. 크세나키스는 존재하는 수학적 도구를 사용할 것이지만, 그는 수학을 일종의 보조제로 생각하고, 수학이 제공하는 결과를 영감에 따라 변형할 것이다. 장텔Jeantel은 이해를 위해 수학적 도구를 찾으면서, 음악이 만들어지는 방식을 연구할 것이다 … 가장 중요한 것은 사람들이 자신에게 제기하는 문제와 그것을 해결하는 방식이다. 작곡하는 행위는 작품 자체의 존재에 의문을 제기한다. 몇 가지 해결책의 끝에는 작품의 부재가 있다. 침묵, 그것은 예술가의 기술적 통제의 퇴적물이다. 그러나 자유에 대한 예술가의 지고의 다른 표현은 예를 들어, 스스로를 구원자라고 선언하는 것이다. 어떤 운동에 참여할 뿐만 아니라, 진정한 구원자이고 마법사이다. 예술가는 전지전능하게 세상을 변하게 할 수 있다고 믿는다. 더 이상 상징적으로가 아니라 실질적으로이다. 세상이 변하고 혁명이 이뤄지려면, 정치적 표현이나 한 편의 시를 생산하는 것으로 충분하다. G. 마티외는 과장적으로 다음과 같이 선언한다. "구원은 존재하는데, 예술가 속에서만 가능하다. 왜냐하면 형태의 창조가 그의 소명이기 때문이다. 그의 깊고 잠재적인 열망 속에서 공동체와 일치하는 어떤 언어가 자발적으로 탄생할 것이다…." 예술가는 인간들이 서로 이해하고, 인간과 환경 사이에서 조화가 정착되게 한다 … 최소한, 진정한 조물주이다. 그러나 가장 주목할 만한 것은 문제의 '해결사', 창조자, 구원자, '형태-언어'의 발명가로서, 모든 것은 예술가의 주관성에 의해 지배되고, 이 점에서 그는 우리 사회와 모든 문화적인 것에 대해 전지전능하고 자유롭게 자신을 제시한다. 그는 자기 고유의 언어를 창조한다. 그는 개인적 형태에 이르게 된다.그 형태를 알아볼 수 있고 없고는 아무 중요성이 없다 그는 무엇보다도 자신을 표현하는 데 주력한다. 건축가조차도 우선 자기를 표현하고자 한다. 말로Malraux는 정확히 이렇게 말한다. "현대 예술은 마네가 모든 것이 되고자 한 때, 그의 모델이 아무것도 아닌 것으로 축소될 때 시작된다."161) 예술가는 모든 자리를 차지한다. 중요한 것은, 그의 속에서 기적적으로 일어나는 것이다. 아무튼 이 절대적 메시지 속에서 아무것도 말해지지 않기 때문에, 이러한 전능한 자유 속에서 예술가는 절대적 원시인으로 자기를 주장할 수 있다. 따라서 그의 관점이 무엇이건,메시지를 가진 예술, 혹은 형식적인 예술 다른 누구도 누리지 못하는 이 자유는 그로 하여금 모든 사회 시스템의 어쩔 수 없는 항거자로 만든다. 무엇을 하건, 생산하건또는 생산하지 않건, 하고 이 예술가는 말한다. 그는 모든 사회를 "문제시 한다." 모든 것이 이러한 무한한 항의에 의해, 이러한 전복의 소명에 의해 침범 당한다. 예술가는 스스로를 유배당한자로 보고, 혹은 험악한 이 사회에서 철저히 단절되었다고 본다. 모든 예술가는 저주받은 시인이거나 화가이다. 18세기와 19세기에 땀과 피, 고뇌로 물들었던 부류가 오늘날에는 어떤 해도 끼치지 않는 금전등록기가 되었다. 누가 예술가가 되는 순간, 그 사람은 명백히, 그리고 아무 문제없이 저주받은 예술가가 된다. 왜냐하면 이 무서운 자본주의 사회는,혹은 소비에트 사회주의 사회, 이 둘 모두 오늘에는 마찬가지이다 자유롭고 자발적인 이 창조자를 파괴할 것이기 때문이다. 샤테르통Chatterton이나 말필라트르Malfilatre 같은 사람들은 넘쳐나는데, 그러나 그들은 다락방에서 굶어 죽지 않는다. 모두가 그들을 텔레비전을 통해 안다. 자유로운 예술가와 사회 사이의 목숨을 건 사투를 수백만의 텔레비전 시청자들

---

161) 그리고 이 주제에 대해 G. 피콩(Picon)의 부정은 아무 힘을 쓰지 못한다.

이 열렬히 보고 있다. 명백히 이 자유롭고 저주받은 예술가는 사회의 모든 수혜를 누린다. 알비Albee는 베트남 전쟁이 한창일 때에, 혁명적 작품으로『마오 대통령의 인용들』을 만든다. 그러면서 그는 미국의 패권주의를 공격하고, 마오가 진실을 소지한 유일자임을 증명한다. 그리고 이 혁명적 작품은 버팔로 축제에서 재생되는데, 문제도 없고, 검열도 없으며, 박해도 없다. 그러나 모두는 이러한 비–순응주의와 자유의 어마어마한 행위에 대해 매우 즐거워한다. 저주받은 항의자는 미학적, 공연적, 대중적, 재정적 성공의 전면에 위치한다. 그럼에도, 다음을 생각할 여지가 있다. 혹은 그들은 진정으로 사회를 공격했는가. 그렇다면 이 사회는 어떻게 해서 이 혁명가들에게 상을 주고, 금으로 덮으며, 월계관을 씌워주는가, 혹은 그 공격은 공허 속에서 이뤄지고, 외양과 거짓으로 그런 척하는 것에 불과한가? 그리고 사회는 그들이 사회를 진정으로 위험하게 만들지 못하도록 그만큼 더 비싸게 치를 것이다. 그렇다고 이것은 우리 예술가들을 흔들리게 하지 않는다. 그들은 모든 것, 즉 혁명적 인식과 사회적 성공을 지녔다. 이것은 오늘의 일만은 아니다. 방다Benda는 이미『성직자들의 배신』에서 지식인들과 예술가들이 이제는 시스템의 일부가 되었다고 증명하였다. 그러나 새로운 점은, 자유로운 인간의 구현으로서 예술가는 사회의 일꾼이 되었고, 정평 있는 항의자로서 모든 수혜를 누린다는 것이다. 그는 고삐 풀린 예술을 통해 족쇄에 채인 사회를 공격한다. 그러나 이러한 풀어짐은 아주 유용한 심리적 발산이고, 안전을 위한 배출구이며, 동시에 사회가 되고자 하는 것에 완벽하게 순응하는 생각들의 확산이다. 이것은 피아제Piaget의 예견에 대한 이론을 생각하게 한다. 피아제는 예견은 생물학적 기능에 속한다고 설명한다. 배발생적인 전개는 차후의 기능들과 상태들에 대한 체계적 예견에 불과하다고 한다. 좋다! 예술가는 최상으로 그것이다. 그는 이러한 기능을 지녔고, 확실히 혁명적인 기능은 없다. 그러나 정확히 예견적 기능으로서, 틀림없이 있을 것, 사회가 그 안에 담고 있는 것, 사회가 낳게 될 것의 예견이다. 그래서 예술가는 더욱 더 기계화되어가는 사회의 거대 기계 속에서 일종의 기계적 과정에 불과한 이러한 모험에 소금을, 매운 것을, 취향을, 작은 죽음의 짜릿함을 주려고 극화하고 비극적으로 만든다. 피에르 불레즈처럼 체제 전복에 대해 권위를 가지고 말할 수 있는 사람은 바로 성공한 사람이다. 모든 권위에서 축하 받으며, 모든 보상을 받으며, 모든 체제에서 환영받는 그는 도처에서 전복해야 한다고 평화스럽게 선언한다. 사람들은 자신이 순수하고 간단한 상투적 표현 앞에 있지 않은지 자문하지 않을 수 없다. 다시 말해, 전복, 혁명 등은 1860년대의 질서, 도덕, 미처럼 우리 시대의 순응적 단어이다. 반체제적 예술, 예술가의 절대적 자유, 그리고 명예, 권력, 돈 사이의 결탁은 일종의 권리가 되기조차 한다. 문화부 장관이 정부를 비방하고 혁명을 선언하였던 예술가들에게 금전과 다른 지원을 해주지 않을 것이라고 선언하자 일어난 아주 우스꽝스러운 미니-스캔들을 생각해보는 것으로 충분하다. 이런 식으로 이해되었다: 돈이냐 혹은 항의할 자유냐, 그 둘은 안 된다. 그러자 귀여운 항의의 외침이 나왔다. "우리는 절대적으로 그 둘을 다 원한다." 절대적으로 성공과 혁명적인 좋은 의식이다. 반-예술, 반-문학은 반-사회처럼 자신들이 부정하고 도전한다는 것에서 재정적이고 기술적인 풍부한 자원을 끌어당긴다. 우리는 이 사회를 비난하도록 사회에서 지불받기를 원한다. 자유의 대변인인 일꾼들이다. 『사슬에 묶인 위비』에서 자유로운 인간들의 진정한 합창. 이것이 바로 1973년의 우리 예술가들과 작가들이 대변했던 것이다. 불레즈처럼, 뷔토르는 보편적 성공과 항의의 전문가이다. 미국은 그를 화려한 꽃으로 덮어주고, 포드 재단은 그를 베를린에 초청한다. 그는 예술과 문학의 세계에서 뿐만 아니라, 사회 전체에서 하나의 권위이다. 따라서 이 위대한 명망가는 동시에 절대의 항의자임은 자명하다. 나는 결코 사회에 의한 회수의 문제가 아니라, 그들이 이 사회의 구조, 근본적 움직임과 완전히 일치한다고 말한다. 팝 예술가들은, 소위 자칭 혁명적이라고 하지만, 단순히 돈을 벌면서 자본주의 사회로 들어간 것이 아니다. 그들은 이미 그 행동과 예술 개념에서, 겉으로는 비평적 외양을 하면서 소비사회의 찬미자였다. 팝 음악가들이 사회 시스템에 대한 모든 저항 가능성을 파괴하는 자들이었던 것과 마찬가지다. '성상 이미지'는 어떤 의식을 자극하는 것과는 거리가 멀게, 소비의 종교에 부차적 적응을 생산하였다. 예술은 경제적 생산물, 상품이 되었을 뿐만 아니라, 반체제적 예술은 자유를 확인하면서, 훨씬 저 너머에서 본질적 기능을 수행한다. 즉 그것은 이 감탄할만한 사회가 결과적으로 자유 사회라는 것을 보증해준다. 왜냐하면 이 사회는 군중의 찬탄하는 눈에 자유와 혁명의 영웅을 성스럽게 만들어주기 때문이다. 현대 예술가가 이러한 유희 속에 그렇게 쉽게 자신을 바치고, 이러한 역할과 운명 속으로 들어가는 것은 감탄할만하다. 그리고 특이한 후각을 지니고, 나무랄 데 없는 본능을 지닌 이 '사회'라고 하는 이상한 동물은 거기서 절대 실수하지 않는다. 사회는 영웅과 성인, 순교자 그리고 예시적 개인들과 자유로운 인간들이 있어야만 살 수 있다. 이 모든 것이 구경꾼을 즐겁게 해주기 위한 '보여주기', 진열대, 거리 행진이라는 조건에서이다. 반면, 예술가는 그의 연구 자체를 통해서, 그의 기술과 재료와 기계의 사용을 통해서, 그의 수학화, 의미의 제거를 통해서, 이 사회의 골격 자체, 구성적 여건과 근본적인 일치를 이룬다. 이 영역에서, 일치는 아주 황홀할 정도로 이뤄진다. 예술가는 양다리를 걸친다. 그래서 저주받은 자는 명예 훈장을 수여받고, 노벨상을 받는다. 그는 미래를 순탄하게 만든다. 그는 아방가르드에 속한다. 다시 말해 그는 금방 닥칠 순응주의를 예고한다. 아방가르드의 이데올로기는그리고 분명 랭보, 로트레아몽, 반 고흐는 아방가르드라고 생각하지 않았다 정확히 이러한 관점을 내포한다. 즉 본대의 주력이 가는 길 위에서 한 걸음 더 앞으로, 그 이상은 아니다. 그러나 아방가르드는 그 길을 그리거나 발명하지는 않는다. 그것은 정확히 본부가 가는 길을 따른다! 진정한 아방가르드는 자신을 모르는 것이고, 그것이 아방가르드였다는 것을 나중에야 안다고 말할 수 있다. 그런데 정말 재미있는 것은, 모든 '진정한' 현대 예술가가 스스로를 아방가르드라고 주장하고, 모든 과거와 단절하고, 모든 사회와 단절하기를 바란다는 사실이다. 모두는 미학적, 윤리적, 정치적 항의자이기를 바라고, 유일한 모험가로 살기를 주장한다. 그러나 실제로는 정확히 이 시대의 기술성을 번역한다. 그렇기 때문에 외양에도 불구하고, 아방가르드적인 어떠한 투쟁도 없다. 초기 『에르나니』Hernani 나 『탄하우저』Tanhaŭser는 더 이상 없다.

자카르Jacquart는 연극에서 아방가르드를 이미 만들어진 모든 것에 대한 대립과 단절로, 이어서 좋은 취향에 대한 저항으로 정의한다. 그러한 저항은 대중에 대한 공격으로 표현된다. 그러나 '70년대의 아방가르드'에 대해서 말한다면 그가 옳다. 이것은 젊음의 문제와도 같다. 즉 가장 혁명적인 젊은이들은 늙게 되고, 1900년의 아방가르드는 본대의 주력보다 더 보수적인 후방–후방–가르드이다!

그러나 오늘날 누가 감히 미래에 대항할 것인가? 진보에게는? 따라서 아방가르드에게, 아직 결코 보이거나 들려지지 않았던 것의 창조자에게, 그리고 그는 이러한 사실로 말미암아 반드시 옳다 그렇지만, 컴퓨터에 의해 생산 또는 재생산되고, 반드시 재생산 될 수 있는 것의 창조자에게 누가 감히 대항할 것인가. 예술가적 자유의 최고의 표현에게.162)

---

162) 잡지 *Diagraphe*에 기재된 200명의 작가가 보여준 아방가르드에 대한 홍미로운 앙케트. 그 결과는, 먼저 오늘날 아방가르드의 성격에 대한 선언들 전체이고, 사람들은 그것을 정치적이라고 생각하는 데 일치한다. (그러나 이러한 정치적인 아방가르드의 기준들은 전적

지칠 줄 모르고 반복되는 이러한 주장들과 자만 그리고 성공! 앞에서, 우리는 약간은 더 엄격한 분석을 해야 한다. 현대 예술가는 자유롭고, 개인이며, 아방가르드나 반체제적인 것과는 거리가 멀게, 우리가 보았듯이 현대 예술 이론에 의해서, 그리고 그가 표현하는 기술 시스템의 정상적 결과로서, 잘 확정된 환경에 엄격하게 속하고, 완전하게 결정되어 있으며, 궁극적으로는 그의 존재 자체 속에서조차 부정된다. 아방가르드는 아무 놀라울 것 없는 사회적으로 규정된 환경을 구성한다. 아방가르드는, 이것은 예외 없이 오늘날의 모든 예술가들을 포함한다 미학적 환경과 지식인 인텔리겐차 속에 새겨져서, 자신의 어휘, 전문용어, 그 만나는 지점들, 인맥, 살롱예를 들어 1946년의 마담 F. 굴드, 보호자를 소유한다. 이것은 명백히 새로운 것은 아니며, 우리 사회 예술가만의 특이 사항은 아니다. 그러나 아마 다른 때보다 훨씬 더 눈에 띈다. 작가가 어떤 '환경' 속에 들어 있으면, 그 경력은 보장된다. 100여개의 작은 예 중에서 나는 하나만 들 것이다. 무명작가는 편집자에게 결코 활자에 있어서 기발한 것들을 받지 못

으로 동어 반복적인 좌익 후진-가르드를 신호하는 것 같다. 왜냐하면 아방가르드는 언제나, 단순히 아무것도 문제 삼지 못하고 새로운 상황에 적응하도록 약간의 유희만을 허용하면서, 가장 나쁜 후진-가르드와 아주 가깝게 남아 있기 때문이다. 그러나 그 정치적 정의 속에서, 아방가르드는 대중 예술과 완전한 일치를 이룬다. 르보트(Lebot)는 아방가르드가 대중 예술과 상응한다는 견해 표명과, 대중의 이데올로기적 원칙, 대중적 의사소통의 특수한 이데올로기를 환기한다. 내 생각에는 이것이 정확한 아방가르드의 역할이다.(두 번째 선언 전체는 아방가르드 속에서 모든 것을 문제 삼을 수 있는 알 수 없는 신비로운 사회를 보여준다. 그러나 이 사회는 그것이 알려지면 아방가르드이기를 멈춘다. 즉 알려진 공통의 평범함은 상상력의 박물관과 대중매체와 충돌하게 된다. 문제의 예술가들과 작가들이 진정으로 숨겨져 있다면, 그들은 정확히 대중적인 문화적 침투에 비해 어떤 역할도 하지 못한다. 그런데 공연 산업과 진보의 이데올로기는 사람들이 끊임없이 아방가르드적 재능을 추구하게 만든다.
이러한 아방가르드에 대한 텍스트들 중에서, 오직 미셸 투르니에(Michel Tournier)의 것만이 흥미를 준다. 여기 두 발췌가 있다.
"『리트레』 사전을 열어 봅시다. '아방가르드. 해양 용어. 감시를 위해 항구 입구에 세워 둔 낡은 배.' 모든 것이 말해졌다. 낡은 배, 사방에서 물을 맞으면서, 늙은이들의 피난처 입구에서 통제를 한다…" "불행히도 아방가르드가 경찰의 기능을 담당해야 한다면, 그것은 혁명의 이름으로 가장 반동적인 공포를 퍼뜨릴 것이다. 그것은 명확했다. 또한 여전히 명확하다."
반대로, 전혀 다른 의미에서 아방가르드를 심각하게 여긴 사람도 있다. 에스티발(Estivals), 『1945년 이후 파리의 문화적 아방가르드』(1962).

할 것이다. 그러나 그 환경 속에 들어 있고, 그 패거리에 받아들여진 작가는 놀라운 특혜들을 누린다. 그 사람들은 여러 색으로 인쇄하고, 새로운 특징을 구성하며, 전혀 보지 못했던 기호들을 삽입한다 … 비용은 상당하다. 성공이 확실한 작가이니까? 대량 출판이 확실해서? 전혀 그렇지 않다. 그 작가가 패거리에 속하고, 그의 상상력이 이 환경의 미학적 관습에 상응하기 때문이다. 그 환경과 관련하여 모든 작품이 쓰이고, 작성되며, 그려진다. 그 중 어떤 사람이 이것을 썼다. 그래서 나는 이것을 쓸 수 있다 … 이 환경의 회원들 사이의 상호관계가 상상의 박물관보다 훨씬 더 중요하다. 이 회원들에게는 렘브란트나 바흐보다는 어떤 칵테일바에서 만난 친구와의 관계가 더 중요하다. 가장 재미있는 모습들 중 하나는 라 카스La Casse와 르 세네Le Senné의 서로 치켜주기이다 … 한 소설가는 자기 동료들에게 열광적인 서평들을 받고, 그 동료들 역시 책이 나오면 다른 모든 신문에서 열광적인 다른 서평들을 받는다. 그런 일은 너무 뻔해서 그에 대해 더 말할 필요도 없다. 다만, 이 놀라울 정도로 자유롭고, 전능하며 독립적인 존재가 아주 엄밀하고 협소한, 결정적인, 그리고 그에게 어떤 코드를 강제하고, 거기서 자기 영감의 모든 것을 끌어오는 그런 환경에 따라서만 존재한다는 사실을 지적하자. 가장 야성적인 화가, 가장 반체제적인 시인, 가장 추상적인 음악가가 정말 파리의 모든 살롱을 뻔질나게 들락거리고, 거기서 가장 최선의 태도가 주어지고, 받아들여지고, 탐사될 것이다. 환경에 의한 결정은 놀라울 정도로 효과적이다. 그래서 누군가 학파, 스타일, 독창적 출현을 생각하려면, 먼저 누가 누구를 자주 만났고, 누가 누구의 집에 초대받았는가를 알아보아야 한다. 그러나 기술 사회와 아무 관련 없는 그것은 이제 그만 하기로 하자. 다만, 우리 현대 예술가들의 조건화는 아주 대단해서, 그들은 실제로 동시에 그리고 복합적으로 기술 시스템에 의한 새로운 조건화와 살롱이나 동료 같은 '환경' 의 전통적 조건화를 겪는다는 것만을 말해두자. 달리 말해, 제약 없는 자유 속에서 하늘에서 떨어졌다는 이 요정은 실제로는 완벽하게 이중적인 모델에 순응한다. 거기에 대중과 주문자들에 의한 조건화도 더해야 한다. 사람들은 흔히 현대 예술가의 자유를 향한 진보를 메세나에서 대중으로 이동으로 기술하였다. 그러나 대중은대중 자신도 비평가에 의해 만들어지고 … 기술 시스템에 의해 만들어진다 극단적으로 출판인, 콘서트 조직자, 갤러리 주인 등에 의해 조건 지워진다 … 여기서도 여전히 전제적이고 배타적인 성격은 극단적이다. 나는 사람들이 오늘날에는 알려지지 않은 천재적 예술가가 더는 없다고 선언할 때 감탄한다 … 우선 모든 것은 상업적 결정에 종속된다. 자본주의 체제여서? 그러나 다른 체제에서는 더 나쁘다. 모든 것은 유일한 심급에 의해 통제되는 이데올로기적 순응에 종속된다. 이러한 사회에 통합되어, 예술은 반드시 자본주의와이것이 주류이다 사회주의 사이에서 양분되어 있다. 자본주의는 가치들의 예술적 증권시장이다. 명백히 전통 작품들의 보관 창고라는 미술관의 지속적 문제 외에, 현대 사회와의 새로운 관계를 지적해야 한다 : 경제적 팽창의 결과로서 미술관. 상품으로서 예술 작품. 투기.장 미셸은 그의 주목할 만한 앙케트에서 놀라운 예들을 제공한다 : "예술과 우연의 유희", 「르 몽드」(1976년 3월). 경제적으로 팽창한 모든 나라에서 현대 미술관 개관과 함께 특히 창작의 부추김: 문을 여는 모든 현대 미술관은 작품 수 천 점의 잠재적 수요처이다 … 그래서 때로는 돈보다는 작품 수가 더 적은 때도 생긴다 … 그리고 상업 광고의 과정이 예술가를 제작한다. "전시회, 서적, 기사, 방송인터뷰, 리셉션, 한 마디로 모든 문화적 의사소통의 저장고를 통해 일단 예술사의 과정 속에 통합되면 … 작품들의 가격은 상승한다." 그리고 바로 이것이 작품을 예술 작품으로 성스럽게 만드는 것이고, 예술가를 그러한 그대로 만드는 것이다…! 예술가는 신비로운 인물로 상업적 가치의 생산자이다. 자본주의 국가에서는 그렇게 말할 것이다. 정말 그렇다! 물론이다. 그러나 왜 사회주의 국가에서 사람들은 거의 아무것도 생산하지 않는가? 문제이다! 그리고 반드시 대중은 소비자이다! 그런데 회화에서 사실은 음악에서도 사실이다. 즉 "경제적 기적"은 미국, 독일, 네덜란드, 스페인, 일본에서 "음악적 기적"을 동반한다 … 현대 예술은 자본주의와 맺어져 있다. 모든 사람은 그것을 안다. 그러나 사람들이 믿는 것보다 더 깊숙하게이다. 그리고 여기서 우리와 관계되는 것은 기술과의 관계이다. 장 미셸은 아주 잘 말했다. "기술 문명의 로봇화에 의해 고통스러워하는 사회는, 악귀를 몰아내는 힘을 가진 진실의 거울에서처럼, 그 문화적 생산의 요동 속에서 자기 자신을 본다." 두 사례에서, 국가 혹은 거대 산업은 진정한 현재의 메세나가 된다. 비양쿠르의 새로운 르노 공장은 그 좋은 예이다 : 진정한 동시대 미술관. J. 미셸이 하는 묘사는 아주 주목할 만하다. "입구의 대형 홀은 거대한 키네틱 조각품으로서, 방문객을 전체적인 예술적 환경에 잠기게 한다. 천장에는 섬세한 삼각형의 투명 합성수지의 하얀 비가 내리고, 벽들에는 검은색, 푸른색, 흰색 선과 사각형들이 있고, 간헐적으로 진동하는 조각된 글쓰기가 있다 … 우리는 이런 작품을 보지 않는다. 그 작품이 우리를 모든 방향에서 감싼다. 우리는 그 안에 있다.

"층계에는 산업 세계의 예술가인 아르망의 두 벽화가 있다. 그의 '축적'은 물 펌프들과 모터의 실린더들을 장식처럼 변형시킨다. 컴퓨터실에는 장 뒤우아슨의 철판에 유약을 입힌 인상적 벽화들이 있다. 소토, 르파르크 등의 키네틱 작품들로 장식된 직원 식당 … 그리고 끝으로 건물 최고층에는 간부 식당 부속실이 있다."

"이 층은 화려하다 : 크롬, 검은 가죽, 그리고 흰 대리석이 30년 전부터 정해진 미에스 반 더 로헤의 내적 건축 전통에 따라 놓여 있다. 폴리크롬 메탈 위의 바자를리의 장식적 그림들은 디자인과 산업 예술이 탄생하던

때의 바우하우스-베를린의 분위기를 재구성하는 것 같다."

달리 말하면, 우리는 순수하게 장식적인 예술, 기술 환경을 표현하고, 산업 세계에 적응한 예술, 그리고 그러한 사실에서 어떠한 단절, 갈등, 변증법적 반대도 도입하지 않는 예술을 본다. 이것은 정말로 우리의 명제들을 완벽하게 나타내는 것이다. 즉 기술을 표현하는 예술로서 기술 속에 통합되고, 그 속에 인간을 통합할 목적의 예술이다. 기술로 적응시키는 과정. 거기에 예술가의 작업 현실이 상응한다. 미국 화가 R. 마더웰과의 대담이 아주 재미있고 감동적이다.「르 몽드」(1977년 6월) 거기서 이 화가는 한편으로는 우리를 둘러싼 카오스에서 시각적 질서를 추출하는 것에 대해 말하고, 그것을 이상화하며, 창조적 자발성 속에서 순수한 아이가 다시 된다고 하고, 완전한 인간이 된다고 한다. 이어서 작업 조건에 대해서는, 그는 아주 정직하게 자기는 일종의 사업가로서 4명의 조수, 풀타임 비서, 9개의 스튜디오를 가지고 있고, 거기서 직원들이 자신의 회화를 제작하고, 하루에도 수백 통의 전화를 한다고 인정한다. 정신적 순수주의가 기술적-상업적 기업으로 전환되었다.

뭔가를 요구하고, 취향을 선도하는 사람은 분명 '대중'은 아니다. 그런 사람은 대중을 위해 좋은 것을 평가하는 상인이나 아파라치크apparatchik, 골수 공산당원이다. 기적이란 없고, 천재적 작가가 전혀 알려지지 않을 사회는 언제나 존재한다. 그러나 메세나에 의한 조건화는 '대중'의 그것과 중복된다. 기술적 충동을 번역한 대부분은 시장에서 팔리기 어렵다. 아방가르드 회화나 조각은 그런 것을 전혀 사지 않을 '대중'을 멀리 한다. 주문이 그것을 대체한다. 주문을 하는 자는 가장 흔하게는 제도이다. 프랑스 미학의 1%는 화가들, 조각가들 등으로 징집되고, 그것은 국가나 거대 기업들이 지불한다.

19세기에 부르주아를 아주 경멸했던그렇지만, 그 덕분에 살았던 예술가들은, 부르주아 자본주의 시스템의 일부였다. 오늘날 기술 시스템도 마찬가지다. 예술가와 주문자 사이의 공통분모는 미학적인 것이 전혀 아니라, 배타적으로 기술적이다. 마찬가지로 '프로듀서'에게 자리를 만들어야 한다. 샤에퍼Schaeffer가 완벽하게 강조하듯이, "예술적 창조자는 그의 독립성은 아니라면, 최소한 주도권은 상실하였다. 이 주도권은 요구를 하면서 자신이 하는 제안에서 모든 영감을 퍼 올린다고 믿는 프로듀서에게 속한다." 그런데 실제로는 통계들과 상업적 평가들 속에서 하는 제안이다. 기술적 환경은 작품의 수단들을 강제할 뿐만 아니라, 수단이 복잡하고 거대할수록 자유는 더욱 작아진다는 것을 상기해야 한다 그 환경 속에서 지배하는 선결적 개념들에 의해 더욱 많이 강제된다. 그런데 기술적 창조 과정에서 나온 이 선 개념들은 예술가와 주문자에게 공통적이다. 거기서 벗어나고픈 누구든 흥미를 잃게 되고, 미학적 미래를 상실하게 된다. 사람들이 말하길, 기술은 건축가에게 건축적이고 경제적인 자신의 법칙을 강제한다고 한다. 그러나 어떤 정신의 침투, 사물과 정신을 인식하는 방식의 확산을 통해 다른 모든 예술에게도 마찬가지다. 오늘날에는 자신이 조작하는 수단의 세계에서 자유롭게 우뚝 설 수 있는 전능한 조물주는 더 이상 없다. 예술가 역시 우주선 속의 우주인처럼 협소하게 미리 조건지워져 있다. 그는 각 상황마다 그리고 각 순간마다 자기가 할 일을 정확히 안다. 그는 그것을 아는데, 왜냐하면 기술적 명령어가 그의 속에 들어 있고, 그것도 아주 깊숙이 들어 있어서 그는 실제로 오직 그것만 표현한다. 심리적으로 이러한 수준에서 결정되고, 외적으로는 이념적 명령이나 상업적 필요에 의해 결정되기 때문에, 예술가는 그 어떠한 자유도 누리지 못한다. 그는 이러한 이중적 흐름에 가장 잘 상응하는 것을 생산한다. 그리고 이것은 우리가 주관주의라고 말했던 것과 불일치하지 않는다. 그 둘은 반대로 아주 잘 어울린다! 화가가 직접적으로 기술 시스템을

표현하지 않는다면, 그는 자신의 순수한 '내적' 주관성으로 돌려보내진
다. 그렇지만, 마찬가지로 시스템에 의해 조건 지워진다 추상적인 것은 우리에게 화
가의 내적 표현 혹은 풍경을 준다. 언제나 어떤 환경과 관계의 표현이 있
었다. 순응적인 구상적 예술이 관계되지 않았을 때조차도 그러나 화가는, 만약 그
가 이 새로운 기술적 환경을 직접 전달하고 싶지 않다면, 자기 자신 속에
갇힌다. 그가 전달하고자 하는 것은 준거 없는 내적 모험으로, 자기가 속
한 세계의 외적이거나 의식적인 인상이 아니고, '순수한 상태의' 자신의
개성이다. 사람들은 심리적인 어떤 회화를 가질 것이다. 그러면 이 화가
들은 그 자신 속으로 고립된, 그 자신 속에서 부정된, 결국 자기 자신과
의 관계만 표현할 수 있는 인간 존재의 증인들이다. 따라서 기술성은 동
시에 주관성으로 돌려진다. 그리고 우리는 여기서 예술가에게 지정된 역
할, 즉 비인격화된 사회에서 사적인 인간이 되는 것을 다시 발견한다. 그
러나 상호적으로, 이것은 주체로서 예술가 자신의 제거이다. 이 자유로
운 인간은 그가 전에 그랬던 것보다 훨씬 더, 모든 수준에서 완벽하게 조
건 지웠을 뿐만 아니라, 더 나아가 기술들의 증가로 말미암아, 다른 사람
들과 똑같은 자격으로, 주체로서 부정된다. 그러나 그럼에도, 이 부정되
고 존재하지 않는 저자가 우리가 앞에서 환기했던, 완벽하게 구성되고,
협소하게 조건지우는 이 환경에 속한다는 것을 확인하는 것은 아주 흥미
롭다. 그리고 더 나아가서! 칼비노의 기사Chevalier de Calvino처럼 존재하지
는 않지만, 완벽하게 효율적인 저자가 자신의 저작권을 가지며, 누가 자
신의 지고의 창조에 존경을 표하지 않으면 극도로 공격적이 되는 것은
자명하다. 그리고 물론 이 창조는 창조가 아니라, 익명의 유희에 불과하다!

따라서 한편으로는, 예술가가 자신의 도구 뒤에서, 그리고 집단성 뒤
에서 예고된 지워짐이 있는데, 이것은 기술 세계에서 인간에게 가해진
상황 자체의 반영이다. 어떻게 예술이 한 개인이 다른 개인에게 전하는 메시지로 남

을 수 있겠는가, 기계들과 작품들이 개인적인 것과는 아무 관계가 없는데 말이다. 그러나 다른 한편, 기술적 구조와 완벽하게 일치하는 이러한 명제 전체는 그 촉진자들의 행위에 의해 구체적으로 부인된다. 이 촉진자들은 익명성 속으로 지워지지 않는다. 그들은 여전히 유명인과 스타의 전통적 왜소함을 과시한다. 아주 예민하고, 질투하며, 이기적이고, 출세주의자이며, 원망하고, 의기소침해지는, 그들은 여전히 인간들이다! 그러나 그들은 자유에 대해 이러한 원숭이 짓 외에 다른 이미지를 줄 수 없다. 기술은 그들을 더욱 더 유명하고, 정평이 난 예술가의 역할 속에 가둔다. 이 역할은 이런 성격을 내포하며, 다른 나머지에 대해 말하자면, 그들은 인간 절멸의 완벽한 반영이다. 그들은 새로운 **즐거운 지식**을 전파하면서 인간 절멸의 즐거운 예언자들이 된다!

2. 예술 비평가의 필요

이 광대한 전체 속에서, 예술 비평가는 최종적으로 주요한 역할을 한다. 예술가는 비평가에 비하면 이차적 요소에 불과하다. 비평가는 양식과 명성을 만들고 해체하기 때문이다. 우리는 비평가의 일반적 문제에는 접근하지 않고, 단지 기술 사회의 예술에서 그가 차지하는 위치에만 접근할 것이다. 분명 우리는 텍스Daix의 맹렬한 주제를 발전시키지는 않을 것이다. 그는 가장 훌륭한, 가장 지적인, 가장 진보적인, 가장 혜안인 비평가들은 **언제나 틀린다**라고 증명한다. 그래서 그는 보들레르와 졸라에 대해서, 그들의 회화에 대한 지성 속에서 그것을 증명한다! 그 논증은 흥미롭고, 누군가 현대 예술을 **만드는** 자는 비평가라고 주장할 때는 생각할 뭔가를 준다. 그러나 그것은 우리의 주제와는 직접 연관이 없다. 다만, 독자가 이 주제에 대해 자문하도록 내버려두기로 하자. 시작을 위해, 차라리 예술비평가는 최근에 나타났음을 확인하자. 문제의 음악이나 소설, 회화나 시에 박학한 자이고, 알 수 있는 모든 것을 알며, 자신의 상상의 박물관에서 진정한 유자격자인 이 사람은 모든 기술의 전문가이고 세세히 알면서도, 스스로는 생산할 수 없지만, 자신의 견해를 알리려고 대중 법정을 사용하면서 평가를 발표하고, 작품의 의미와 철학을 밝혀내며, 공익이나 문화를 위해 좋은 것, 그리고 미래를 위해 세계의 유산이 될 것을 선언한다. 그는 이 유산에 자신의 설명이 아니면, 아무 것도 더할 줄 모른다. 17세기에는 몇 명의 유사한 나타남은 있었지만, 예술 비평가는 존재하지 않았다.163) 사실 그는 부르주아와 산업, 그리고 대중 사회의 산물이다. 그는 샤르보노가 증명하였듯이 문화의 소유자로서, 그의 의식적이고 의지적인 현실은 실제로 이 사회와 같은 시기에 시작한다. 비평가는 부르주아 계급의 변동과 상응한다. 바쁘고 다른 일에 매달린, 그리고 유용한 것에 집중한 부르주아는 귀족만큼 예술에 대한 이해가 없었다. 귀족에게는 예술을 설명할 필요가 없었다. 반대로 부르주아에게는 설명하고 이해시켜야 했다. 그리고 이 상인들에게 중개인이 있듯이, 예술에서도 그들에게는 비평가가 필요했다. 이 부르주아 계급이 유일한 고객이기 때문에 더욱 그러했다. 그는 예술을 구매한다. 그리고 부르주아에게 예술 작품을 구입한다는 것은 하나의 투자이다. 따라서 그는 틀려서는 안 된다. 비평가는 먼저, 문제의 작품의 가치가 지속될 것임을 보장해주는 사람이다. 그는 다른 사업 에이전트로서, 투자의 질에 종사한다.164) 마지막으로, 비평가의 마지막 역할은 대중 사회의 발달과 연

---

163) 사실 나는 첫 번째 예술 비평가는 이탈리아에서 15세기에 나타났음을 안다. 그러나 이것은 오늘날과 똑같은 역할을 하지 않았다.
164) 물론, 나는 여기서 예술 비평을 좁은 의미로 말하고, 빌리니가 한 것처럼 보지 않는다. 그는 거기서 항구적인 사회적 기능을 보는데, 그것은 예술을 한 시대의 가치에 따라 평가한다. 그러나 그가 예술 비평이 실제로 어떤 예술사의 근본이고, 예술사는 또 실제로 예술 비

결된다. 예술은 더는 몇몇 특권인의 일이 아니다. 그들은 메세나의 살롱에서 모짜르트가 그의 마지막 심포니를 연주하는 것을 들을 것이다 … 아니다. 그것을 들을 자는 이미 19세기에 널리 퍼진 대중이다. 그런데 이 대중은 대중적 행사 쪽으로 향한다. 그것들을 대중에게 미리 알게 하고, 그가 극장에서 듣거나 전시회에서 보게 될 것을 미리 예고하며, 그를 오게 하거나 만류하며, 이어서 그에게 다음날 그가 보거나 들었던 것을 알아보게 해야 한다. 예술 비평은 현대 예술을 위한 광고 에이전트이다.

비 민중적인 대중문화가 발전됨에 따라, 어떤 새로운 것이 나타났을 때, 불확실하고 결정하지 못한 대중을 위해, 어떤 의견을 개진하는 중간자가 나타나지 않을 수 없다. 그런데 이러한 대중문화는 끊임없이 새로운 산물들을 스스로에게 제공해야만 한다. 따라서 중개자의 역할은 피할 수 없고 근본적이다. 그는 J. 모노Monod가 『**우연과 필연**』에서 잘 기술한 역할을 한다. 우연 속에 던져진 수천의 예술적 경험이 있다. 그중에서 비평가는 하나나 둘을 추천하고, 그 사실 덕분에 이 작품은 지속적이 되며, 최소한 유행을 탄다. 나는 비평가들이 큰 겸손 속에서 자기들은 아무런 힘이 없다고 외치는 것을 안다! 그렇지만, 일은 그렇게 되어간다. 모든 '저주받은 예술가들' 은 서포터로서 몇 명의 비평가를 지녔었다! 게다가 이것은 오늘의 작품에서 내일의 예술을 알아볼 줄 몰랐던 그 선배들의 실수에서 배운 바가 있는 만큼 더욱 맞는 말이다. 게다가 그 당시의 작품은 철저히 진보의 이데올로기에 물들어 있었고, 더욱 더 현대 기술의 혜택에 감격하였다. 현대의 비평가는 어찌 되었든 예술에 대한 담론 전문가이다. 이 담론 속에서 비평가는 유행을 결정한다. 그러나 유행은 동일성 사회의 한 양상인데, 거기서 같은 것은 정확히 흐름 속에 남아 있으면

평사라고 할 때(왜냐하면 예술사는 예술과 가치들 사이의 관계에 관한 것이기 때문이다), 그는 자신도 모르게 현대로 돌아온다. 왜냐하면 어떤 역사를 설립하고자 하는 바람은 실제 우리 사회의 그것이기 때문이다.

서 달라지는 것으로 이끈다. 비평은 19세기에는 오늘날 사람들이 그렇게 혐오하는 '좋은 취향'을 정의하였다. 그러나 그의 역할은 지금도 여전히 똑같다. 게다가 그는 이 사회에 의해 관용되고 요구되는 생산물인 비-순응주의의 극단에서 '잘 생각하기'를 정의한다. 하나의 유행은 언제나 비평가에 의해 던져진다. 비평가는 겉으로는 다양한 형태와 학파의 대양 속에서, 좋은 것과 따라야 할 것을 지적한다. 비평가는 가능한 고객들에게 독창성의 한계를 지적하면서, 그렇게 예술을 만들고 해체한다. 기술 사회의 대중에게는 어떤 종류의 자발성도 존재하지 않는다. 비평가의 담론과 예술 자체의 관계는 너무나도 필수적이어서, 예를 들면 A. 몰Moles은 예술이 살아 있는 증거로 보기도 한다! 그가 말하길 사람들은 도처에서 예술의 죽음을 선언하였다. 그런데 우리는 "전례 없는 원칙들과 에세이들의 만개를" 본다. 이 원칙들과 에세이들은 그에게 예술의 살아 있음의 증거로 사용된다. 그런데 이 원칙들은 비평가들의 사실이다. 그들은 예술에 대한 무한한 담론을 생산한다. 그러나 이것은 예술이 아님을 잊지 말아야 한다. 더 나아가서, 우리가 자주 그러하듯이 누가 어떤 것에 대해 장중하게 말한다는 사실은 그것이 거기에 없다는 신호 아닌지 자문해야 한다. 사람들은 자유나 정의가 존재하지 않는 정치 체제에서만 자유나 정의를 칭송한다. 수백 명의 비평가가 꽃을 피우고, 모두가 섬세하고 지적이며 박학하고, 대범함과 깊이를 경쟁한다. 그런데 사람들이 그렇게 많은 말을 하는 것이, 간단하게 말해 존재하지 않음을 감추는 장막 아닌가? 아무튼, 우리는 이 분석에서 현대 예술이 예술인지 아닌지를 알고자 하지 않았고, 또 이런 출구도 없는 길에 들어가는 것은 여기서는 적합지 않다.

　비평가는 예술에 대한 담론 전문가이다. 그러나 예술의 경향에 따라, 그리고 그 속에서 예술이 발전하는 체제에 따라 3개의 서로 다른 담론이 존재한다. 그에서 예술 비평의 서로 다른 3가지 역할이 있다. 한 역할은 메시지를 설명하는 문제이고, 다른 역할은 비—메시지를 설명하는 것이며, 원칙적인 체제들 속에서는 정통성을 유지하는 문제이다. 우리는 첫 번째 방향에서는 현대 예술가가 어떤 메시지를 전달하기 원함을 보았다. 그러나 사람들이 말하고자 하는 것이 무엇인가를 불쑥 말하는 것은 불가능하다. 그것은 예술의 일이 아니다. 오비녜[P.Aubigné]의 『비극들』의 갑작스럽고 단순한 방식은 더 이상 우리의 일이 아니다. 아주 복잡하고, 게다가 우리 사회의 무한한 복잡성과 상응하는 메시지가 아마도 유혹적인 방식으로, 그렇지만 명백하지는 않게 제시되어야 한다. 게다가 그것은 실제로 너무나도 절묘하여서, 확실히 대중이 거기에 어떤 메시지가 있다는 것을 이해하려면 어떤 번역자가 있어야 한다. 예를 들면 타피에에게서 극적 감정, 고통, 유배, 부정의 무게를 우리에게 인식하게 하려면 페르미지에[Fermigier]의 깊이가 있어야 한다.

설명적 담론이 없다면, 미니멀리스트와 포스트미니멀리스트의 회화와 조각들이 정말 아무것도 아님은 명백하다. 사람들은 우리에게 이것은 '정신적' 예술로서, 예술이 너무 감정에 복종한 후에, 오직 개념에만 복종한다고 말한다. 좋다. 그러나 나는 어떤 점에서 하얀 종이 위에 있는 X자 모양의 붉은 선이 조금이나마 개념적인지 알 수 없다. 그렇다면 나에게 설명해야 한다. 예술가나 설명 전문가가 나에게 지적인 과정, 용법, 작품의 논리를 설명해주지 않는다면, 그것은 지적으로 분간할 수 없거나, 명백한 성격이 전혀 없다. 이것은 사람들이 '행위의 시학'이라고 부르는 것이다. 나는 여전히 좋다고 하자. 그러나 왜 종이 위에 두 줄을 긋는 행위가 공장에서 선반공이 하는 행위보다 더 위대한 시적 행위인가? 여기서는 의도의 영역이고, 담론에 의해 벗겨진 마술적 변형의 영역이다. 사람들은 이런 말의 논리적 사용을 혐오한다. 그렇지만, 결국 현대 화가가 넘겨준 난해한 도해를 설명하는 데 더욱더 좋은 것을 발견하지 못했다! 이 예술은 원시적 존재나, 미학적 허구의 필요를 표현한다고 말한다면 … 설명적인 철학을 명상하지 않고서야, 누구도 이러한 소위 미학적 허구에 의해, 말하자면 우리 사회의 가장 비인간화되고, 가장 기술화된 것의 단순한 반영에 의해 설득되지 않는다.

예술가가 소지한 메시지를 밝혀낸 사람이 비평가였던 모든 사례를 언급하려면 나는 끝을 볼 수 없을 것이다.165) 영화에서도 그렇고 연극에서도 그렇다. 우리는 더 이상 주제가 있는 연극, 확실히 드러난 의도를 가진 카뮈와 사르트르를 견딜 수 없기 때문에, 그러나 이들도 1900년의 주제가 있는 연극, 나아가 입센Ibsen에 비하면 이미 얼마나 복잡하거나 가려져 있는가… 우리는 메시지가 있기를 수락한다. 그렇지만, 인생 그 자체처럼 절대적으로 모호해야 한다. 따라서 오직 능란한 비평가만이 번역할 수 없는 베케트 등을 번역할 수 있다. 그의 작품에는 신비란 없다. 단지 우리는 거기에 메시지가 있다는 것을 안다. 때로는 하나의 신호가 메시지가 있음을 우리에게 알려준다. 그 메시지가 무엇인지가 아니라… 브레드Bread와 퍼핏Puppet의 무대에는 입에 시가를 문 큰 키의 무서운 인형이 나타난다 … 전문적인 번역가가 우리에게 그것을 명확한 형태 속에 놓는다. 그리고 우리는 가리기와 밝히기, 예술과 예술의 설명이라는 이중의 효과에 참여한 것에 만족한다. 동시에 그것은 이미 지성성과 혁명의 표현으로 이뤄진다. 결과가 좋으면 모든 것이 다 좋다. 그것이 우리에게 그것을 확인해 준 비평가의 보증서이다.

뭔가를 말하기를 거부하는 예술인의 비정형 예술에 비평가가 개입하는 것은 훨씬 더 절묘하다.166) 만약 비평가가 없다면 우리는 완전한 침

---

165) 외양이 일관되지 않은 작품에 대한 기념비적 해석의 예로서, 4권의 거대한 책으로 된, 마르셀 뒤샹의 작품 카탈로그를 들 수 있다!
166) 우리는 훨씬 위에서 메시지를 가진 예술에 대해서건, 혹은 이론적 예술에 대해서건, 예술

묵과 비 의사소통 속에 있을 것이다. "어려움에 의한 매력, 나아가서 예술 작품들의 이해불가능성은 세상과 인간 존재의 지금까지 알려지지 않았던 비밀, 새로운 의미를 발견하고 싶은 욕구를 드러낸다. 사람들은 비밀에 입문하기를 꿈꾸고, 첫눈에 예술과는 아무 공통점이 없어 보이는 이 모든 원초적 경험, 이러한 예술 언어 파괴의 숨겨진 의미를 관통하기를 꿈꾼다."미르사 엘리아드 이렇게 우리는 해석학적이고 신비주의적인 예술 앞에 있었다. 그러나 이 예술은 이제 그 이상으로 무슨 의미이건 모든 의미를 거부하고, 비난하며, 뭔가 말할 것이 있다는 것을 거부한다 … 그리고 비평가의 믿을 수 없을 만큼 모호한 역할은 거기 놓인 대상에게 뭔가를 말하게 하고, 이 비非—의미의 의미를 밝히는 것이며, 횡설수설하는 무질서 속에서 상징을 드러내는 것으로 이뤄진다. 물론, 말해진 담론이 어떠한 합리성을 지님을 거부하면서도, 완벽하게 알쏭달쏭하고, 의지적으로 의미가 없는 작품에 대해 알 듯 말 듯한 담론을 생산하는 것으로 이뤄진다. 만약 비평가가 거기에 없다면, 대중도 완벽하게 존재하지 않을 것이다.167) 의미 그 자체처럼! 근본적으로, 비평가는 이 작품들에 대해 미술관에서 바쁜 걸음으로 뛰어다니는 대중 앞에서 안내자 역할, 1900년

가는 자신의 작품에 대해 스스로 무한정 설명한다는 것을 보았다. 그리고 그는 이제 이 두 상황에도, 비평가에게 엄청난 도움을 받는다.

167) 비평가들이 대변하는 헛된 지성의 엄청난 양은 항상 나를 놀라게 한다. 여러 예 중의 하나 : 라우첸버그의 우산과 금속 조각들을 결합한 알레고리에 대해 비평가 포르주(Forge, 현대 예술 전시회, 암스테르담, 1968)는, "이것은 라우첸버그의 가장 특징적 작품들 중의 하나이다. 놀라운 것은 금속이나 우산처럼 그렇게 강력하고 공격적인 형태들이 회화적 표현과 잘 어울리는 점이다. 그러면서도 그것들은 완전하고, 다치지 않았다는 것이다. 내가 열거했던 친화력이나 상관성의 어떤 것도 한 형태의 다른 형태에 대한 지배력을 이끌지 않는다. 사물들, 전이들은 평등한 것으로서 서로 서로의 곁에서 살고, 전개되고 호흡하는데, 가치를 드러내는데 자유로우며, 그 옆에 있는 자의 '개성'에 압살당하거나, 권위적이고 통일적인 어떤 의도에 압살당하지 않는다. 우산의 조용한 양상은, 태양처럼 둥글며 전면에 있고, 금속의 찌르는 듯한 힘에 의해 혼란해지지 않는다. — 거기에 무관심은 존재하지 않지만. 더욱 더 금속 에너지는 우산의 무심함에 의해 무뎌지지 않는다. 알레고리는 실제로 번창하는 어떤 도시의 자유와 자아 결정의 알레고리일 수 있었다."
사람들은 어느 정도의 궤변과 웃기는 일이 이러한 담론을 점유하는지 알 수 있다. 이 사람은 어떤 대가로라도, 결국 단순히 조롱하고 싶은 어떤 사람이 생산한, 알레고리를 해석하고 싶어 한다.

의 장터에서 마술 환등기의 혼란스러운 이미지들 앞에서 곡예사 역할, 혹은 더 고상하게는 중세에 그림책의 의미를 설명해주는 신부 역할을 한다! 각각에는 볼 것, 들을 것, 느낄 것, 취해야 할 것과 느끼고 취해야 할 사람의 적응력, 지식, 문화, 감수성 사이에는 깊은 단절이 있다 … 비평가는 그 단절을 메운다. 작품은 자기 자신에 대해서는 말하지 않는다. 그 대신 비평가가 말한다. 그는 다른 한편 이 작품을 예술의 흐름 속에 놓고, 예술가가 의지하는 꼭 필요한 동반자가 된다. 주관주의에 대해서도 마찬가지다. 예술가가 자신의 유일하고 독특한 경험을 자신의 배타적이고 전달할 수 없는 주관성을 표현한다고 주장하는 것은 참으로 대단하다. 그러나 만약 그가 거기에 머물러 있다면, 누구도 그가 말하는 것을 들을 수 없을 것이다. 왜냐하면 누구도 그의 주장을 들을 수 없기 때문이다. 다행히도 비평가가 거기에 있다. 그는 이러한 주관성을 적합한 기술을 사용하여 포착하고, 많은 대중이 자신 속에 감금된 이 절대적 유일자에게 참여하도록 외면화시킨다. 따라서 비평가는 저자가 감춘 텍스트 작업을 해석한다. 그는 최소한 이론적으로! 저자를 지우고, 텍스트를 그 자체로서 남겨 둔다. 혹은 저자의 무의식적 행위의 표현을 추구한다. 그는 "말할 것이 아무 것도 없다가 말한 바"를 해석하고, 또는 의미 없이 말해진 것을 통해 말해지지 않은 것을 밝혀낸다. 우리는 이미 정신분석학 너머에 있다.

　나는 현대 예술이 만약 비평가가 없었다면 다른 방향으로 진보했을 것이라고 전혀 생각할 수도 없다. 달리 말하면, 현대 예술가로서는 그의 뒤에 어떤 설명자가 있다는 것을 아는 것은 대단히 편리하다. 이 설명자는 생산된 것이 무엇이건 간에, 거기에 어떤 의미를 부여하고, 상징을 해석하는 일을 맡는다. 흔히는 상징이 없다 문제의 예술가가 우리 사회와 예술적 환경의 진화 속에 들어 있다면, 최소한 그렇게 될 것이다. 이것이 보장되면, 예술가는 더는 애를 써서 표현하려고, 즉 '근본'에 연결된 어떤 '형태'를 생산하려고 머리를 싸맬 필요가 없다. 그래서 그는 아주 쉽게 근본이란 없고, 예술이란 순수한 형태라고 선언한다. 왜냐하면 그는 비평가가 비–의미 속에서 의미를 발견하고, 아무 것도 말하길 원하지 않는다고 주장하는 순수한 형태 속에서 근본을 발견하는 전문가임을 알기 때문이다! 비평가는 정확히 그네 곡예사의 안전용 그물이다. 사회체에 의해 보증된 모델에 순응하는 예술가는 그를 살게 해 준 속물 대중을 위험 없이 모독하는 여분의 즐거움을 갖는다. 그리고 그 즐거움은 항상 예술가들의 주장이었다 비평가는 이 모독을 더욱 북돋으려고, 그리고 그건 어떤 전대미문의 현실에 참여하는 관객을 위해 사람이 가질 수 있는 최고의 존중임을 증명하려고 거기에 있다. 그러나 이 역할을 하려면 비평가는 예술의 기술자가 된다. 그는 어떤 예술가보다 그 역사와 기술, 그리고 근원을 더 잘 안다. 그리고 예술이 추상적일수록, 더욱 더 기술자는 필수불가결하게 된다. 게다가 기술자는 이 예술의 기술을 아는 것뿐만 아니라, 나아가서 자기 자신의 해석 기술도 다듬는다. 차후에 그는 다른 사람이 갖지 못한 도구를 소유한다. 비평가는 자본주의 부르주아 사회의 필수불가결한 인물이었던 이후에, 기술 시스템의 대표적 추종자가 된다. 그는 예술과 예술 이해를 가지고 하나의 기술을 만들고, 여하한 순진한 독서나 비전이란 없는 것이라고 생각하게 만들며, 혹은 최소한 그런 것은 잘못이라고 생각하게 한다 그는 가치만큼이나 성공의 독점자로서 스스로를 제도화한다. 다시 말해 정확히 기술자의 역할을 한다. 즉 예술가는 그에게 가공되지 않은 재료를 제출하고, 비평가는 자신의 기술을 이용하여 이 재료를 가다듬어 사용하도록 만들고, 기계를 조립하여 최대 효율성을 다시 말해 대중에 대한 충격을 주게 한다. 비평가는 그의 현재 역할을 통해, 특히 추상 예술에 대해, 그의 기술적 역량의 기반 위에서 독점적 중개라는 사회적 기능을 한다.

그는 예술과 문학의 기술자로서, E.N.A.국립행정학교 출신의 고급관료나 다른 기술관료와 비교될 수 있다. 그리고 그들 모두처럼, 그는 모든 예술을 이런 기술들 전체로 축소시킨다. 의미의 거부와 '말해야 할 것'의 거부가 비평가와 예술가 사이에서 정확히 핑퐁처럼 일어나는 것은 전혀 우연이 아니다. 비평가는 그의 우월성, 사회적 역할, 대체할 수 없음을, 예술 속에 신비로운 것은 아무 것도 없고, 속인이 접근할 수 없는 제2, 제3단계의 상징은 아무 것도 없음을 증명함으로써 확실히 한다. 그리고 예술가도 자신의 대중을 놀리는 이러한 기술성을 통하여 확보된 똑같은 역할을 한다.168) 이러한 기술관료적 역할은 명백히 의미를 배제한다. 왜냐하면 의미는 한편으로 기술을 벗어나고, 기술 없이도 포착될 수 있기 때문이다. 비정형과 추상 예술은 완벽하게 비평가의 요구에 부응한다. 그렇기 때문에 신비평에 관한 유명한 논쟁은 내가 보기에는 전혀 헛된 일이다. 그것은 달리 될 수가 없다. 즉 기술 사회에서 비평가는 반드시 기술자가 되고, 그는 예술을 단지 형태와 해석학으로 축소한다.169) 그 논쟁은 기술 시스템의 유효성 자체에 관한 것이다. 신비평은 사회적 기술주의의 문학적이고 문화적인 단순한 한 모습이다. 그것은 사회적 기술주의에 대해 새로운 것은 아무 것도, 특히 혁명적인 것은 아무 것도 가져오지 못한다. 그리고 문학 과학을 창조한다는 바르트의 주장은 실제로는 어떤 기술의 적용 속에서 소진된다. 게다가 이 논쟁에서 사람들은 너무 프랑스의 비평에만 집중한다. 그러나 그 움직임은 이미 20년 전에 미국에서 시작되었다. 신비평과 함께 랑송Ranson은 작품을 그 자체로서 고려해야 한다고 주장하였다. "모든 역사적, 사회적, 이데올로기적, 전기

---

168) 우리는 『부르주아의 변신』에서 어떤 점에서 부르주아는 예술이 정확히 그것이기를 요구하는가를 길게 증명하였다. 때문에 그에 대해 다시 말하지 않겠다.

169) 이 논쟁은 프랑스에서는 R. 피카르(Picard)의 『신비평 혹은 신 사기』(1965)에 대해 롤랑 바르트가 『비평과 진실』(1965), 이어서 S. 두브로브스키가 『왜 신비평인가. 비평과 객관성』(1966)으로 대답하면서 시작되었다.

적 고려와는 독립해서 … 소설가의 재료는 사회도, 심리도, 이데올로기도 아니고, 단어와 문장 구조이다. 사람들은 작품의 형식적 구조에서 본질적 특징을 찾아내려고 한다 … 상징이란 더 이상 이해하려고 해석해야할 코드화된 어떤 이미지가 아니다. 반대로 가능한 모호한 의미들의 복수성, 훗날 바르트가 말할 복수적 언어임을 인식해야 한다.”J. 카보(Cabau) 신비평에 대한 프랑스의 논쟁은 최소한 이 흐름 속에 많은 경향이 있음을 보여준 장점은 있었다. 왜냐하면 한편에는, 의미는 없고, 혼자 말해지며, 자율적 언어는 모든 창조자의 밖에 구성된다는 주장이 있다면, 그에 대해 오로지 언에 속에만 갇히게 내버려 두지 않으려는 의지가 있고, 글쓰기와 경험을 결합하려는 의지, 인간을 통해 작품을 설명하려는 의지도 있기 때문이다.두브로브스키 더욱 놀랍게도 팽고Pingaud는 목적이 진정한 의미를 발견하는 것이라고 주장한다. 아무튼 핵심은 저자가 말한 것이 그가 원한혹은 원할, 혹은 원했을 것과 결코 혼동되지 않는다는 것이다. 그리고 저자가 말한 것을 통해 그가 말하기 원한 것을 포착하는 것이 신비평이다. 그러나 아무튼 우리는 아주 주목할 만한 두 가지의 확인에 이른다. 첫 번째는 분명 비평가의 탁월한 역할로서 그는 창조자인 예술가보다 훨씬 위에 위치한다. 바르트는 아주 즐겁게 그것을 말한다. 일종의 위계가 있는데, 단어에서 언어로, 언어에서 작품으로, 작품에서 비평으로 가는 위계이다. 비평은 “문학적 창조의 궁극적 행위이고, 작품이 구성하는 상징 위에 포개진 상징이다.” 비평 없는 작품은 불모와 같다. 왜냐하면 작품은 그것을 창조한 사람이 아니라 그것을 읽는 사람에 따라 연구되어야 하기 때문이다. 작품을 구성하는 것은 독서이다. 따라서 비평은 섬세한 꽃이고, 궁극적인 점이며 예술적 과정의 지고의 창조이다 … 그건 정말 찬탄할 만하다. 명백히 그것을 도처에 적용해야 한다. 그러나 두 번째 확인도 못지않게 흥미롭다. 즉 신비평은 원칙들과 방법들이 일종의 집단을 이루는데, 워낙 흥미로워서 차후의 저자들은 거기에서 벗어나겠다고 감히 주장할 수가 없다. 만약 그랬다간 바르트가 경멸한 중간 정도의 독자가 빠진 늪으로 빠지게 된다. 신비평은 실제로 사물에 대한 자신의 관점을 저자에게 강제하고, 저자는 신비평이 강요하는 대로 글을 쓰며, 또 신비평의 가치를 확인하려고 글을 쓰는 것 같다. 상당히 흥미로운 진행으로서, 우리가 훨씬 앞에서 내세웠던 것을 확인해준다. 즉 예술가는 어떤 외적 기술에서 시작하여 기능한다. 아무튼, 이제는 이러한 창조 스타일을 강제하는 자는 기술관료적 비평가이다.

마지막으로, 비평가는 본질적인 다른 역할을 한다. 그러나 이번에는 진보된 이데올로기의 국가들 속에서이다. 우리가 금방 말했던 것에 의해 이미 예고된 역할 그는 작품의 이데올로기적 정확함의 수호자이다. 그는 정통성의 보증인이다. 그의 유일한 역할은 이제 이런 작품이 이데올로기적으로 정확하고, 그래서 대중에게 넘겨질 수 있음을 확인하는 것이다. 따라서 작품의 운명은 배타적으로 비평가의 판결에 종속된다. 그러나 자신의 기능을 정확히 행사하려면 비평가들은 따라야 할 일반적 노선을 결정해야 한다. 그들은 이 순간에 권력과 예술가 사이의 매개자가 된다. 그러나 차라리 사회체의 매개자로서 자처한다. 이것은 이데올로기적 현상에 기반할 뿐만 아니라, 예술작품이 사회에서 어떤 역할을 담당한다는 사실에 기반 한다. 그리고 예술 작품은 교육적그리고 선전적 가치를 지니고, 사회주의 건설과 민중 교화에 봉사해야만 중요성이 있다. 예술 작품은 사회체에 통합되는데, 그의 기원에 의해서라기보다는 그의 도달점에 의해서이다. 그리고 비평가는 이러한 유용성, 통합의 보증인이다. 이런 모든 다양한 방향을 통해서 비평가는 예술 세계에서 가장 중요한 인물이 되고, 그것은 사회 기술화의 모든 수준에 상응한다.

따라서 신비평이, 비평가란 사회적 통제 기구이고, 사회가 사유의 표현과 가치의 보전을 위해 스스로에게 부여하는 궁극적 감찰이라고 비난하며 구비평을 신랄하게 공격하는 것을 보면 참으로 흥미롭다 … 엄밀히 말해 이러한 기능을 명백히 아주 테러적 방식으로 행사하는 자는 전통적 대학 비평가가 아니라 신비평가이기 때문이다! 신비평에 의해 이해된 배타적 역할 속에서, 이러한 흐릿한 귀족주의 속에서, 비평가는 분명 사회의 에이전트이다. 그런데 전통적 비평가가 전통 사회의 그것이었던 반면, 신비평가는 기술 사회의 그것이다. 그런데 이 사회에 문제를 제기할 위험이 있는 모든 것에 대해 극단적인 배타주의와 함께이다. 그리고 현행 비평가가 아방가르드처럼 보일수록, 더욱 더 그는 기술적 권력의 보수주의자이고, 이 사회에서 예술 창작의 원칙 창조자이다. 그리고 마지막으로, 차후로 자신은 자신이 말한다고 주장한 것을 결코 말하지 않을 것임을 확신하는 예술가, 자신은 자신이 원하는 것을 표현하지 못할 것임을 아는 예술가, 혹은 표현할 것이 아무 것도 없다는 것을 아는 예술가, 그리고 이러한 사실에서 아무 것이나, 아무렇게나 쓰고 그릴 수 있고, 그것을 과학적 해석자에게사실은 기술자 넘겨줄 수 있는 예술가 앞에서, 우리는 다음과 같은 흥미로운 사실을 목도한다. 즉 비평가는 작품의 명확한 의미가 부재한 것을 엄밀한 규칙의 기술적 틀로 대체하고, 동시에 예술이나 언어의 어떤 형이상학으로 대체한다. 이것은 자연적 여건에 대한 기술 시스템의 발전 과정 그 자체이다.

Ⅵ. 요약 – 정해지지 않은 미래

　현대 예술이 그렇게 복잡한 가운데 우리에게 줄 수 있는 강한 감정은 정해지지 않은 미래라는 감정이다. 기술적 세계와 같은 세계, 즉 엄격함과 정확성, 예견가능성과 지성의 외양을 띤 세계 가운데서 예술은 그 과정을 뒤집는데, 헛되이 뒤집는다. 예술은 또한 그 모호성 가운데서, 이 세계의 밀폐된 건축에 최종점이 될 수도 있고, 또는 그를 통해 어떤 역사가 재생산되는 불확실의 틈이 될 수도 있다. 그러나 나는 이러한 틈이 피상적인 것에 불과하지 않을까, 그것이 실제로는 장식적인 외피의 틈이 아닐까 두려워한다. 실제로 단단한 콘크리트 벽은 뒤에서 전혀 공격받지 않는데 말이다. 상황을 냉정히 **파악하려고** 시도해야 한다. 그런데 우선, 우리 앞에는 감정적 견해들만 있다. 프랑카스텔–멈포드의 반–명제는 잘 알려져 있다. 르 코르뷔지에 대한 프랑카스텔의 공격정치적 반동주의자인 동시에 기술주의자로서, 그의 이론은 19세기의 사회적 신화들을 전개하고, "파리에 반대한 부적응자들의 증오의 해석자"이다, 멈포드에 대한 공격사회유기체론자이고 평범한 인문주의자, 진보의 맹신자(?), 주관적이고 비과학적인 사람, 그리고 마지막으로 기디언에 대한 공격인간을 궁지에 몰아넣고 사지를 절단해버린 기술의 비난자, 증거도 없이 명증성들을 주장하고, "사유와 동시대 감수성의 진보 단계 평가에서 협소한 시각"을 가진 자, 이런 공격은 기술에 대한 열정, 모든 문제를 해결할 사회주의 승리에 대한 정치적 확신, 세상을 변형시킬 예술의 힘에 대한 완벽히 신화적인 믿음에서 나온다. 그는 예술적 기술을 포함한 모든 종류의 기술이 주요한 목적을 위해 봉사하고, 예술과 기술은 사회적인 긍정적 활동의 연합을 통하여 새로운 인간 세계를 생산하도록 조화롭게 서로 결합하며, 인간은 모든 때에 "그의 전지전능한 힘"을 행사할 것이라고 맹목적으로 믿는다 … 우리는 이미 이 모든 이데올로기에 대해『기술 또는 세기의 쟁점』에서 판결을 내린 바 있다. 그곳으로 다시 돌아갈 필요는 없다. 그러나 그에 맞선 멈포드의 견해는『기술과 문명』, 이어서『예술과 기술들』1952에서는 잘 절제되었는데,『기계의 신화』에서는 아주 감정적이 된다. 아마도 절망하였기에 감정적이다. 그는 반–생명에 대해 예찬하면서 '반–예술'이 되어버린 현대 예술에 대하여 격렬한 비난문을 작성한다.170) 이러한 반–생명은 그로서는 물리학에서 반–물질이 나타난 것과 같은 순간에 나타났다. "비–예술, 반–예술은 수많은 교양 있는 사람이 이미 허약한 그들의 현실 집착을 포기하도록, 모두 포기하고 우묵한 주관성에 투신하게 하는 방법들이다 … 오늘날 진정한 것이라고 불리는 경험은 좋은 것, 진실한 것, 아름다운 것의 제거이다 … 아울러 건전한 것, 균형 잡히고 양식 있는 것, 합리적인 것, 동기가 있는 모든 것에 대한 공격이다. 이렇게 뒤집힌 가치의 세계에서는 악이 지고의 선이 된다 … 뒤집힌 도덕이다." "반–예술은 극–기술화되고, 극–조직화된 우리 문화에 반대한다고 공언한다. 그러나 동시에, 그것은 권력 시스템의 지고의 산물을 정당화한다. 즉 반–예술은 현대인을 거대 기술이 유발한 거주 환경에 적응시킨다. 쓰레기 투기로 망가진 환경 … 핵 폐기물, 고속도로 등 이 모든 것은 구성적으로 동질화되게 되어 있다…." "거대기계가 위협하는 주관적 절멸을 고유의 대상으로 삼으면서, 반–예술은 개인적 선택 행위를 통해 운명을 극복한다는 환상을 획득한다. 권력 콤플렉스에 도전

---

170) 멈포드는 실제로 1945년 이후 동시대 예술 전체를 반–예술이라고 지칭한다.

하고, 일상성의 규칙성을 부정하는 것처럼 보이면서도, 반–예술은 프로그램화된 그 결과에 복종하며 수락한다.”

우리는 여기서 근거 있는 어떤 견해를 본다. 그리고 그것은 기술 사회에 대한 깊은 이해를 가정한다. 그러나 그것은 명증한 것들의 회귀에 어떤 선, 미, 건강한 것 등 항구적인 가치들 위에 세워져 있다. 그러나 실제적으로 오늘날의 기술과 예술에 대한 평가는 더 이상 지금까지 인간이라고 불렀던 것의 척도에 따른 항구적이고 보편적인 가치들에 기초할 수 없다. 오직 신념만이 그런 가치들을 그러한 대로 주장하게 해준다 우리가 항구적 가치에 따른 평가에 빠지지 않고 순수하게 묘사적인 것에서 나오기를 시도한다면, ‘과학적’ 방식은 이것으로밖에 이를 수 없다: 우리가 대충 짐작할 수 있는 만 년 전부터, 일정 수의 가치, 그리고 어떤 인간의 모델의 다듬기와 함께, 무의식적으로 실현되었던 어떤 근본적인 프로젝트가 있기라도 했던 것처럼, 거의 지속적인 일종의 진화가 있었다. 그러나 … 것처럼을 강조합시다 그것은 환상이 아니다. 그것은 사실이다. 어떤 방향으로의 행진이 있었다. 이제는 아름다웠고, 좋았고, 인간적으로 간주되었던 모든 것이 문제시되고, 배척된다. 분명, 만 년이 흐르는 동안 위기와 정지, 후진의 시기가 있었고, 그때도 사람들은 모든 것을 문제시 했을 수 있다. 그러나 나는 당시에 일어났던 것과 지금 일어나는 것 사이에는 커다란 차이가 있다고 믿는다. 우리 수단들의 힘, 위기의 보편성, 부정의 극단성, 해체의 물질적 과정과 지식인들과 지도자들체제와는 상관없이 똑같다 사이 이데올로기의 일치는 과거의 위기들과 우리 시대의 위기 사이에 질적인 차이를 나타낸다. 따라서 오늘날에는 사람들이 지금까지 인간적이라고 여겼던 것에서 벗어나는 역사적 과정의 비난이 있다. 바로 이것 앞에서 우리는 오늘날 일어나는 것이 절대 속에서 ‘선’인지 혹은 ‘악’인지 알지 못하고 선택해야 한다.

현재 회화, 조각, 음악 등의 이름 아래 일어나는 모든 것과 사람들이 전통적으로 그렇게 불렀던 것 사이의 단절은 너무나도 극단적이어서 공통의 척도는 하나도 없다. 말로Malraux의 전적인 오류는 지금 일어나는 것을 비교 예술사를 통해 이해하려고 했다는 점이다. 그는 다른 모든 사람보다 더 많은 재능을 가지고 현재의 현상을 예술사 속에 들어가게 하려고, 그리고 그것을 역사에서 나온 담론으로 설명하려고 하였다. 그런데 그 오해는 막대하다. 다른 모든 활동과 똑같은 전적 단절이 예술에서도 존재한다. 기술은 우리를 극단적으로 새로운, 결코 보지 못했던, 생각하지 못했던 세계로 인도한다. 과거의 지식은 더 이상 아무 소용없다. 사람들은 그것을 정확하게 이성중심주의logocnetrisme의 종말이라고 불렀다. 50만년 동안, 인간은 특히 말하는 동물이었다. 그리고 그의 모든 생산은 이성중심주의logocentrisme에 의해 명령되었고, 특히 예술이 그러했다. 이제 '추상' 회화와 '구체적' 음악은 이것의 우월성에 종말을 고한다. 이것은 단지 한 학파가 다른 학파에 대립하는 것이 아니라, 이성중심주의에 의해 탄생한 문화 전체와의 단절이다. 회화, 음악은 죽었다. 철학 역시도! 그리고 우리는 다른 것을 한다. 이것은 더 이상 언어와는 아무 관계가 없으며, 행위적 수단들에서 배타적으로 나온 것이다. 로고스logos와 언어는 끝났다. 이제는 행동이다. 그러나 더 이상 개인적, 영웅적 행위가 아니다 그리고 기계적 행위이다. 차후에 우리는 천천히 형성되어 온 선, 미, 인간적인 것을 힘들여 지킬 가치가 있다고 생각하던가, 혹은 역사를 한 방에 지워버리고 제로에서 다시 시작해야 한다고 생각하는 것이다 … 이것이 문제다. 음악의 영역에서, 사람들은 "심각한 고전적 음악"을 믿었다. 그러나 이것은 역사의 어느 한 순간으로 돌려진다. 트랜지스터와 하이파이의 시대에는, 항구적인 음향적 마그마 속에서, 음악의 경험마저도 망각하지 않는가. 그리고 현학적 음악에 대해서 아는 사람이 전문가가 된다. 이러한 기술적 음악 교육은 음악적 감동을 죽인다. 거들먹거리는 지식은 존재의 현실을 죽인다. 아는 자는 가장 현학적인 대척점을 분석하지만, 더 이상 음악 전체가 무엇에 상응하는지 보지 못하고, 또 그것이 여전히 누군가에게 도움이 되는지도 알지 못 한다 … 이러한 현대 예술의 최선은 이 사회에서 인간의 고통을 명확하게 표현할 수 없는 것으로 표현하는 것이다. 기술의 비인간성에 의한 십자가 형, 고통인데, 예술은 더 이상 형상화하지 못하고, 상징화하지 못하지만, 그 생경함, 잔인함 속에서 표현한다. 그리고 예술은 더 이상 유희나 거리를 허용하지 못하고, 청중이나 관객의 면전에 이러한 고통을 내던진다. 그리고 더욱 심하게는 이 고통을 번역할 뿐만 아니라, 억압을 통해, 팝 음악의 거대한 볼륨을 통해, 크세나키스나 바르보에 의해 생산된 신경질적 발작을 통해 고통 그 자체를 청중에게서 생산해 내고, 관객에게서 고뇌를 생산해낸다. 고뇌는 이 사회 인간들의 유일한 의사소통의 길, 유일한 공통의 척도가 된다. 그러나 이러한 일은 예술이 부정적인 반–역사성을 기록하고, 엄격한 위계질서를 창조하는 한에서 일어날 수 있다. 그래서 예술은 이 기술 사회의 현실을 강화하고, 확인한다. 항의나 의식화 과정과는 거리가 멀게, 예술은 참여자에게 아직은 외적이었던 이러한 기술적 현실을 그의 내부에서 확인함으로써 마지막 문을 닫아버린다. 예술은 실재에 대한 환상을 창조하고, 환상적인 것에 현실성을 준다. 그것은 인간이 기술 세계 속에 파고들어감으로써 그것을 이해하는 것을 방해한다. 반면, 그것은 인간을 외양과 무의미한 것에 고정시킨다. 그것이 바로 다른 무엇보다 정치적 메시지를 가진 예술의 역할이다. 기술적 갈등 때문에 겪은 실제적 고뇌는 정치적 행위 쪽으로 방향을 틀고, 미학적 탈선 수단은 고뇌의 동기들을 더욱 강력하게 재생산함으로써 인간을 기술 시스템 속에 더욱 깊이 통합시킨다.

예술의 의미를 제거하는 것은, 실제로는 "왜 지금까지 인간이 살았는 가"를 제거하는 것이다. 그것은 실제로 인간을 제거하는 것이다. 분명 거기에는 "철지난 낭만주의"가 있다. "즉각적 감수성의 깊은 원자들 속으로 잠수합시다." 그러나 바로 그것에서 인간은 빠져나오려고 했다! 도덕이나 미학적 규칙들의 상대화와 축소, 혹은 "인위적이고 자의적으로 우리가 건축한 것"이 되어버린 실재 그 자체의 상대화와 축소처럼, 인간의 상대화와 축소. 더 이상 얼굴도, 말도, 나무도, 구름도 없다. 이 모든 것은 관습적이었던 것이다. 이제는 오직 선, 색, 인식의 요소, 그리고 인간이 그것들을 결합하려고 자의적으로 스스로에게 부여하는 어떤 질서만 있다. 그렇다면, 분명 사람들은 브리지 게임의 규칙들의 자의성과, 실제로 살았던 현실을 '구성하는' 인간으로 하여금 현실을 살고 그것을 통제하게 허용했던 규칙들의 자의성을 혼동하는 것이다 … 현대 예술은 작품의 '테마' 라는 의미의 주제와 실행자, 작곡자, 참여하는 청중으로서 적극적인 주체를 죽이고, 무상의 결합적 추상에게 자리를 넘겼다. 좋다. 그러나 그것이 생산한 것을 잘 보아야 한다. 분명 사람들은 절대적으로 순수한 예술적 창조에 관한 문제라고 주장할 것이다. 이것은 명백하다. 완전히 허구적인 세계의 창조로 이르는 절대적 인위는 절대적 순수함을 허용한다. 그러나 결코 인간은 완전한 순수성의 환경 속에서 살 수 없었다. 오로지 수학적 기호만이 거기에 이를 것이다. 이러한 순수성 속에서는 대상만이 가능한 그리고 나아가서 유일하게 흥미로운 주제가 된다. 그것은 생산의 기술, 의사소통의 과정, 창조의 방법 등이다. 그리고 이것은 주체의 제거와 기술적 시간의 배타성을 위해 경험된 시간의 제거와 상응한다. 사람들이 이러한 미학적-기술적 순수성에 이르면, 전제들 전체와 또 기대된 결과들 전체는 그러하다. 그런데 이러한 주체와 시간의 해체는 특히 극단적 순응화를 초래한다. 현대 예술의 모든 전제가 필연적으

로 청중과 관객의 순응화를 초래하는데, 모든 경향의 예술가들은 비-순
응자들이라고 주장하는 것을 보면 참으로 희한하다. 그러나 정치나 경제
체제에 대한 순응이 아니라, 훨씬 더 깊은 기술 구조에 대한 순응이고,
현행 사회의 주류 흐름에 대한 순응이다. 이 흐름을 어떤 예술 이론가들
은 사회적이고 현행적인 합의라고 부르며, 유일한 예술의 기준이라고 한
다. 그리고 사실상, '영원한' 미와 선 등의 가치가 있고, 거기에 비해서
사람들은 그 합의를 측정한다. 혹은 사람들이 순응해야 할 집단의 합의
가 있다. 즉 무엇을 생산하고 무엇을 즐겨야 할 지 알 수 있는 다른 가능
성은 없다! 그리고 예술이란 수단을 통한 이러한 순응은 이 예술이 충격
의 효율성 추구 속으로 들어가도록 의미의 드라마들과 모호한 상태들에
서 나오면 그만큼 더 엄격해질 것이다. 분명 생산 수단에는 기술만 있는
것이 아니기 때문이다. 기술적 이데올로기는 행위를 계산된 효율성의 의
지에 종속시킬 정도로 예술가들 속으로 파고들었다. 본능적으로, 직감적
으로, 화가는 이러한 터치가 이런 효과, 이런 인상을 생산할 것임을, 음
악가는 이런 화음이 이런 감동을 일으킬 것임을 느꼈다. 그러나 그는 자
신이 그런 감동을 느꼈기 때문에, 그에게 그러한 충격을 주었던 색에 자
신이 사로잡혔기 때문에 대부분 그런 사실을 알았다. 우리는 이 모든 것
을 변화시켰다. 이제는 심리적인, 의사소통적인, 그리고 다른 기술들 덕
분에 관객은 완전히 소유되고, 벗어날 수 없는 감각의 그물 속에 잡히며,
육감적인 일련의 사건들 속에 갇히게 된다. 그래서 몰Moles은 "거기에 실
제로는 사용되지 못했던 컴퓨터의 기술적 역할이 있다"고 생각한다. 방
향이 잡혔음은 확실하다고 하자. 그리고 그 때문에, 한편으로, 사람들은
예술이 무엇인지, 그것이 무엇과 상응하는지 더 이상 알지 못한다고 말
할 수 있을 것이다. **그의 영역은 바뀌었다.** 그러나 다른 한편, 엄밀히 말
해 예술을 어떤 유희로 다시 데려오기는 가능하지가 않다. 핵폭탄으로

이르는 과학적 행위를 하나의 유희로 간주하지 않는다면 말이다. 예술은 인간을 기술적 복합체 속에 통합시키는 주요한 기능들 중 하나가 되었다. 그렇기 때문에 예술은 동시에 순수한 스트레스 해소적인 메시지의 소유자이고정치적−철학적인, 그리고 또 어떠한 의미도 전달하지 않으면서 완벽하게 의미가 없다. 명백히 적극적인 유일한 현실인 기술은 인간에 의해 그 모든 차원 속에서 담당될 수 없기 때문이다.

생경한 요소로의 회귀, 해석되지 않은 기초적 여건으로서 소음, 그래픽적 기호, 색 얼룩, 소리가 된 단어, 이 모든 것은 그들에게 어떤 의미작용을 강제했던 문화적 관계에서 벗어났고, 이런 기능화의 일부가 된다.171) 우리가 보았듯이 이러한 태도는 흔히 진보로 간주된다. "음악가는 음악의 기본과 기원, 즉 생경한 음향적 블록으로 되돌아오고자 모든 관습과 단절하는 대범함과 정직함을 갖는다." 그러나 실제로 이것은 인간을 기술 시스템의 알 수 없는 것 속으로 잠수시키려고, 그를 의미했던 모든 것에서 인간을 떼어내는 작업이다. 그는 더 이상 자신의 과거의 근거를 가져서는 안 되고, 더 이상 일어나는 것을 도덕적, 미학적, 이데올로기적 기준점에 따라 판단해서는 안 된다. 그러한 기준점은 그가 기술적 폭발에 대한 통제를 유지하게 해줄 것이다. 반대로, 지나가버린 문화적 의미작용 너머로 '되돌아온다'는 미명 아래, 그리고 더욱 논란의 여지가 없는 기초 위에서 사람들은 그의 주변에 있는 모든 표정점과 기준을 파괴한다. 그러나 이런 작업을 한 사람들, 그들의 대범함으로 그렇게 칭찬받았지만, 근본적으로는 순응주의인 현대 예술가들은 진정 기본적인 다음의 두 질문은 결코 제기하지 않는다. "왜 실제로 순수한 소음, 생경한 소리를 들은 '원시인'은 언제나 소음과는 다른 것을 건설하고 다듬을

---

171) 내가 이것을 쓸 때, 나는 사회학적인 기능주의의 일반적 이론에 의거하지 않는다. 그러나 나는 실제 우리 사회에서 기본적 요소들의 일종의 기능화를 확인한다. 특히 예술이 그러하다. 이러한 요소들은 시스템 속에서 그들의 기능과의 관계에서만 가치를 갖는다.

필요를 느꼈는가, 왜 그는 거기에 의미를 추가하려고 하였는가, 왜 그는 결코 이 '생경한 것'을 재생하는 것에 만족하지 않았는가?" 그리고 더 나아가서, "예술은 결국 해석하고, 다듬고, 상징하는 것을 포기하는가?" 명백히 바로 여기에 우리가 와 있기 때문이다!

그리고 특히 언어에 대한 교묘한 공격은 이러한 시스템으로 통합하는 것의 최고봉이다. 예술의 혁명적 메시지라는 거짓은 자신이 바벨탑을 축성하는 것으로 만족한다고 한다. 그러면서 다른 쪽 끝에서는, 라캉Lacan적 행사들이 그 상황을 확인해준다. 언어는 파열되었다. 언어는 폭발하였다. 더 이상 아무 것도 전달하지 않는다. 분할된, 되돌려진, 고통 받은, 와해된 단어 외에는 더 이상 전달할 것이 아무것도 없기 때문이다. 사람들이 기계적인 것으로서 뒤집거나 건설할 수 있는 것은 '구조들' 외에는 아무 것도 없다. 언어는 기계적인 것이 되었다. 그러나 언어는 이러한 꼬리표 외에 다른 아무 것도 갖지 않는 것이 명백하다. 그리고 구성자가 구조의 선택을 통해서 뭔가를 발견한다 해도, 그것은 분명 그가 말하고자 원했던 것이 아니라, 해석자가 기술을 통해서 포착한 저 너머의 것이고, 이것은 그 사람이 감추었던 것을 밝힘으로써 그것에서 인간을 박탈하는 것이고, 혹은 아마도 오로지 기술자만이 이 사람의 진실이라고 보장하는 뭔가를 밝힘으로써 그를 제거하는 것이다. 따라서 이 기술자에게, 정신분석학자나 다른 사람인 그에게, 맹목적인 신뢰를 보내야 한다. 그는 다른 사람은 알지 못하는 것을 본다고 주장한다. 이러한 작업의 의미적 현실이란 바로, 지금 이 사람이 기술과 그 충격에서 예술과 언어를 문제 삼는 것은, 바로 그 자신이 기술에 의해 문제 삼아지기 때문이다. 그의 존재가 비존재에 근접하는 정도에 따라, 그는 미학적 공허와 메시지의 부재를 생산한다. 인간의 존재 자체가 소진되어서, 그는 기호들과 메커니즘 만을 기능하게 놓아둘 따름이다. 그래서 인간은 스스로에게 자신의 비존재를 설명하고, 그리고 이것은 메시지를 가진 예술의 본질적 역할 중 하나이다 자신의 자율적이고 개인적인 행위를 문제 삼기로 재구성한다. 예술이 바로 의미작용의 최고 높은 자리 중 하나였기 때문에, 예술은 자율적이고 새로운 행위의 외양을 하면서, 이러한 문제 삼기의 중심에 있다. 문제 삼기 외에는 다른 의미 작용이란 없다. 왜냐하면 기술이 실제로 인간 존재를 문제 삼기 때문이다. 따라서 모든 의미의 이러한 문제 삼기는 행위의 영역에서 완전한 순응주의와 겹친다. 그리고 다른 식으로는 될 수가 없다 기술적 시스템이 잘 기능하려면 필수적인 순응주의이고, 그 최고의 표현을 이제는 존재하지 않는 과거 권력을 겨냥하는 혁명적 태도의 재생산에서 발견할 수 있다. 더 이상 존재하지 않는 것에 대해 혁명적 폭발을 겨냥하기, 그것을 차후에 아무 해도 없는 상황에 따라 유지하는 것은 기술적 과정의 요인들 중 하나이다. 명백히 기술은 인간 존재를 문제 삼음과 동시에, 때로는 이것을 인간은 고의적으로 수락한다 반체제적 고찰을 통해 실제대로 인정되거나 명명되지 못한, 그러나 이 새로운 환경의 구조를 이루는 힘인 권력에게 완전히 순응하게 한다. 이러한 조건에서 현대 예술은 증인이면서 공범이다. 그것은 의식의 포기의 증인, 인간이 과학적 패러다임의 발전을 통해서가 아닌 다르게 이해하고, 기술적 구조를 통해서가 아닌 다르게 조직하기를 포기하는 것의 증인이다. 그것은 기술시스템의 편재함의 증인이다. 왜냐하면 의미의 특성으로 남아야 할 것이 기술적 구조들의 유희가 되었기 때문이다. 현대 예술은 존재적 공허의 증인이다. 왜냐하면 사람들이 끝없이 "더 이상 말할 것이 없다"라고 선언하는 것은, 살아야 할 것이 더 이상 아무 것도 없기 때문이고, 전개되는 인간의 과학은 그것의 위험스러운 확인이다. 우리는 소설 속에서 어떤 영웅의 할 이야기가 없다. 왜냐하면 더 이상 살아 있는 현대의 영웅이 없기 때문에 이야기도 없다. 그는 우주인처럼 그에게 일어난 것을 통해 존재한다.

우리가 예술 속에서 인간이 대상이고 예술가 자신이 대상이며, 사람들이 이러한 실재의 부재를 흉하게 그리는 것을 받아들인다는 것은, 바로 한편으로는 대상을 통해서, 다른 한편으로는 기술이 인간을 다루게 하는 방식을 통해서 인간 비우기의 증거이기 때문이다. 달리 말하면, 그것은 사람들이 그렇게 중요성을 부여했던 인간의 부재를 확인하는 것이다.로브-그리에 그러나 이것은 완전한 부재는 아니다. 즉 인간의 부재와 대립하여, 비난받지 않은 합법적 형태와 구조, 그리고 기술 그 자체가 존속한다. 따라서 예술은 공범이고, 사기의 역할을 한다.예술은 이 역할을 필연적으로 모든 사회 속에서 한 것은 아니다 이것이 예술의 다른 얼굴이다. 예술은 인간의 허무화, 비존재, 사물화의 공범이다. 그것은 인간이 살도록 허용해주는 것이 아니라, 반대로 이러한 박탈 속으로 더욱 더 밀어 넣는다. 예술은 현재 존재하는 것을 정당화하고,기술의 승리 인간에게 몇몇 보상을 주어서 인간이 견딜 수 없는 자신의 상황을 발견하지 못하게 하며,TV, 영화 인간에게 저항, 주도권, 자유라는 환상을 준다. 그러나 매번 이런 환상의 생산물은 인간 스스로가 혹성적인 하나의 사건에 불과하다는,우연히 나타난 균류들 그리고 그는 무엇에 의미나 가치를 부여할 수 없다는 확신을 강화한다. 그림 전시회에 가지 않는 사람들도, 시리즈 음악을 듣지 않는 사람들도 대중의 수준에서 대중매체가 다시 전달해준 이러한 패배주의에 젖어 있다. 예술은 기술이 인간에게 한 것을 더욱 깊이 파고들고 내면화하게 함으로써, 인간이 그것에 분개하거나 느끼지 못하게 함으로써, 실제 상황을 이상주의적으로 정당화시킴으로써, 가장 순응적인 행동을 자유로 재포장함으로써 공범이 된다. 이렇게 예술은 지배적 요소의 직접적 표현이다.그 요소는 이데올로기적이 아니고, 부르주아 계급의 지배도 아니다 기술은 이렇게 완전히 이데올로기적인 것을 생산하고, 거기에 대해 인간은 더 이상 어떤 거리도 취할 수 없다. 왜냐하면 과거 예술의 것이었던 상징화와 거리두기의 과정이 이제는 상징화를 하지 않고 완전히 효율적인 기술적 행위에 의해 가치 없어지고, 의미 없게 되고, 무미건조하며, 나아가서 우습게 되어버렸기 때문이다. 또한 다른 한편으로는 이러한 과정 자체가 기술 시스템에 편입되어버렸기 때문이다. 기술 시스템도 자기 자신과 자신의 발달을 위해 상징화와 거리두기를 이용한다. 기술 시스템이 진보하려면 이것들이 필요하지만, 그것들이 시스템 내부에 얌전히 있는 한에서이다. 이러한 묘사와 분석 이후에, 우리는 현대 예술은 아무 것도 아니라는 결론에 이르고, 그의 차원들과 표현들 어디에서도 창조자나 해방자, 해방의 수단은 찾을 수 없다는 결론을 내릴 수밖에 없다. 현재 상태에서는 예술이나 인간을 위한 어떤 출구도 없다.

아무 희망도 없다고? 일견 그렇다. 그러나 언제나처럼 희망은 있다. 그러나 이 희망은 일련의 **결정**과 **선택**을 내포한다. 우리가 맹목적으로 '그것(ça)이 말한다', '인간은 하나의 사건이다', '우연과 필연'이 전부이다. '모든 것이 정치적이다', '모든 것은 계급투쟁으로 해결된다', '예술은 현대적이어야 한다', '모든 것은 상대적이다'. 등을 계속 암송한다면, 그렇다면 실제로 아무 기다릴 것도, 할 것도 없다. 예술은 그의 비평적 힘과 말을 기술 시스템과 단호하게 단절하고, 생경한 것과 교환적인 것 속에서 기능하기를 멈추고, 새로운 재료와 기계에 대해 열광하기를 멈출 때만 그의 비평적 힘을 재발견할 수 있다. 그렇지만, 사람들은 가치들, 윤리, 그리고 의미 속으로 다시 떨어지는 것을 막을 수는 없다. 여기에 선택이 있다. 물론, 이것은 다음을 의미하지는 않는다: 전통적 가치들의 반복, 이미 예전에 주장됐던 의미로 회귀, 부르주아 윤리! 아니다. 예술은 정말 발명적이어야 한다. 현대적인 것을 넘어서 그리고 다른 것은 아무 것도 아니다. 다른 나머지는 코미디이다. 예술은 비-의미에 대항한 의미 포착의 장소가 되어야 한다. 그리고 이런 사실에서 기술 시스템과 단절,

그 비난의 장소가 되어야 한다. 예술가는 단순히 의미의 압력 상실의 압력계로, 기술들의 연속적인 파도로 유발된 지진을 측정하는 단순한 지진계로 남아서는 안 된다. 예술가가 '현대적'이고, '비−의미', '부조리' 등을 반영하는 한, 그는 소매치기가 강탈하는 동안 구경꾼을 홀리는 꼭두각시에 불과하다. 나는 이것을 가장 위대한 예술가들, 폴 클레 같은 크세나키스, 알비 같은 뷔토르, 바자를리 같은 베케트, 쟈코메티 같은 스톡하우젠, 공간의 창조자들, 소리의 혼합자들, 대상 예찬자들 등을 통해 말한다 … 누구도 기술과 현대 기구들의 속도를 따르지 못할 것이며, 이런 경쟁 속에 들어가서 인간의 우월성을 주장하지 못할 것이다. 특이한 상황이다. 각자가 기술 발전의 흐름을 포착하고 그것을 지배할 필요에 동의하는 바로 그 순간, 연구하기에 가장 적합한 사람들, 즉 철학자, 신학자, 예술가는 기권을 선언하고, 인간의 종말을 예고한다. 의미를 재발견하기 − 절망적이지 않고, 자살로 이끌지 않는 의미. 괴물들 사이에서 살도록 허용해 주는 의미. 우리 생의 의미이면서 동시에 우리 의지를 위한 방향인 의미. 현실이 더는 희망 없는 불운이 되지 않도록 현실을 상징화하기. 그렇지만, 현실이 의미에 지배되기 때문에, 반대로 인간에게 이러한 합리성의 카오스 속에서 존속하게 해주도록 말이다. 출구 없는 연구라고? 나는 반대로 현대인은 정말로 그것이 필요하고, 그것을 아주 간절히 원하기 때문에 그 시도는 보장되어 있다고 믿는다. 그렇지만, 여전히 정치에서 벗어난 의미여야 한다. 왜냐하면 정치는 독재와 압제로만 인도하기 때문이다. 나는 어느 정도나 내가 물의를 일으킬 수 있을 지 안다. 그러나 사람들이 정치에서 어떤 의미를 찾는 한, 예술이 정치 선전을 하면서 뭔가를 말하려고 하는 한, 그들은 더욱 더 이 시대의 불운에 복종할 것이다. 정치적 길은 극단적으로 빠져나갈 수 없는 길이다. 그리고 불행히도 정치는 종신형 감옥in pace 속에 있지 않다. 누가 최소한 진혼시라도 더해주지 않는다면 말이다. 확실하다! 그것이 전적으로 정치적인 것에서 모두가 빠져나갈 수 있는 유일한 출구이다! 정치에서는 이러한 망의 특수성인 이중적 유희에서 벗어날 수 없다: 즉 권력과 현대 예술이 거기에 완전히 몸을 판 의사소통의 이중적 유희 말이다. 절대를 향하는 권력은, 더 이상 의미와 가치가 존재하지 않을 때, 권력은 절대 권력으로 향하지 않을 수 없다 더욱 더 비밀 속에서 기능하고, 점점 덜 소통하며, 비-기술자는 이해할 수 없는 추상적 도식들을 통해서 행동한다. 반면, 권력은 대중매체를 통해 의사소통을 증폭시키면서, 어떤 현실에도 상응하지 않는 의미거짓 의미와 가치들반-가치들을 퍼뜨리고, 바로 자기는 믿지 않는 것, 하지 않고, 하지 않을 것을 유포한다. 그러면서 대중에게 완벽한 환상을 심어주는데, 대중은 그가 대중매체를 믿고 그것에 푹 젖어 있는 한, 순수한 환상에 불과한 것을 현실로 여긴다.172) 정치가는 필연적으로 이중적 담론을 견지한다. 하나는 드문 입문자들과 협력자들을 위한 것으로 객관적 담론인데, 순수한 행동, 마키아벨리즘, 혹은 효율성의 차원에 있는 것이고, 다른 하나는 대중적 담론으로, 어떤 절대 혹은 거대한 계획에 의거하는데, 이러한 것은 대중매체와 예술이 설교하는 현실 외에 다른 현실은 없다! 오로지 그런 정치가에 대한 단호한 거부만이 선전을 위해 사용될 요란한 미사여구가 아닌 의미와 가치들을 재발견하게 해 줄 것이다. 그러나 정치가에 대한 이러한 거부는 '상아탑' 속으로 후퇴함을 내포하지 않는다. 그 반대로, 오늘날의 실재를 상징화하는 것은 내일의 실재를 문제 삼는 힘을 생산한다. 그것은 벌써 다른 사회를 준비하는 것이다. 그리고 그것은 예술이 그의 완전한 기능을 담당할 때마다, 예술의 창조적 활동이 맡은 역할이었다. 그것은 이제 곧 탄생할 것의 이름을 걸고 지금 있는 것에 대한국가-기술이라는 이중의 면 근본적인

---

172) 이러한 이중적 유희의 전개와 현행 정치의 현실을 증명하려면, 자끄 엘륄, 『정치적 착각』(대장간, 2011)을 참조하라.

이의제기이다. 예술은 먼저 앞선 창조자이고, 이어서 산파이다. 그러나 그러려면 한 세기 전부터 모든 현대 예술 활동의 일반화된 패배주의에서 벗어나야 한다. 예술은 이제 우리의 기술 세계를 이해하고 실행할 수 있는 세계로 만들고, 인간이 이러한 진보와 소비적 행복에 굴복하는 것에 맞서 일어서도록 우리의 용기를 북돋우는 것이 될 것이다. 그리고 또 부재하는 전적 타자에 대한 꺾을 수 없는, 열정적인 욕구, 실현된 행복의 세계에 대한 예견으로서, 적응의 필요들과 규범들에 따른 것이 아니라, 부재로서 경험된 요구를 자극하는 것이다. 예술은 먼저 이러한 부재에 대한 욕구의 증인이다. 그러나 누가 오늘날 이것을 부재의 음울한 확인으로서가 아니라, 새로움의 창조를 향한 움직임으로 예고할 힘이 있을까. 모든 것은 새로 시작해야 한다. 이것은 먼저 예술이 한 세기 전부터 그릇된 길을 걸었고, 권력들에 복종하였으며, 오직 인간 패배의 증인이기만 했음을 의식하는 문제이다. 이어서 예술이 자신의 소명, 가치, 그리고 진실을 발견하는 것은 과학적 길을 통해서가 아님을 의식하는 문제이다. 그러나 이 의미, 가치들은 분명 외부에서 올 수 있는 것이 아니고, 어떤 지식인, 철학자, 도덕가가 제안할 수 있는 것이 아니다. 다시 창조자가 되어야 할 사람은 예술가이다. 단순히 형태들과 결합들의 창조자뿐만 아니라, 집단이나 사회와 함께, 그리고 그것을 위해서, 차후에 의미와 가치로 받아들여질 것의 진정한 창조자이다. 그리고 그것은 통하지도 않을 지적이나 도덕적 담론을 통해서가 아니라, 받아들여지고 들려질 수 있는 전 작품에 대해 알려주는 깊은 발견을 통해서이다.173) 뵐, 웨스트, 샤갈,

---

173) "이제 모든 것은 원자적인 것처럼 그렇게 확장되고, 그렇게 복잡하며, 그렇게 놀랍고, 그렇게 모순적인 가능한 인간적인 것을 상상하는 것이다. 인간의 접근에 결핍된 것은 존경과 의미이다. 존경으로는, 나는 사람들이 원자에 대해 하듯이, 경험적 접근에 가질 관심을 의미하는데, 민간전승에 따른 처방이나 두뇌 속 전도체들에 제한되지 않을 것이다. 의미로는, 나는 인간 세계가 반대 방향으로 움직여야 한다는 것을 의미한다. 그 체제가 우리 없이도 잘 되어가는 우주에 대해, 우리는 벽시계를 해체하는 수밖에 없다. 반대로 인류는 정체성을 찾고, 건설해야 한다. 우리는 그에 대해 아직 개인과 집단이라는 분리된 조각들의

달리, 부누엘, 버그만, 펠리니, 세인트-존 퍼스, 네루다 등이 실패했던 시도들이다. 누가 대양에 떠 있는 조각배에 도달할 수 있을까?

이것은 존재론적일 뿐만 아니라, 본질적인 이해이다. 하나의 이해이지 더 이상 현상학이 아니다. 이것은 컴퓨터화한 괴물들에 도전하는 용기이다. 이것은 정복자로서, 그리고 정복하도록 우리를 전진하게 하는 희망이다. 이것들은 3개의 기둥으로서, 그 위에 어떤 예술이 세워질 수 있다. 그러나 그 예술은 우리가 여전히 운명의 수학에서 벗어나고자 한다면 우리가 견지할 새로운 담론의 탈출, 이미 이 시간 밖으로의 탈출일 것이다.

상태이고, 조잡한 군집이며, 원시적 충돌들이다. 인간은 겨우 알고, 인정하기를 원하지 않는 이러한 단절과 결합의 힘들에서 게으른 학생처럼 돌아선다. 게다가 이 게으른 자는 아주 발작적인데, 창을 통해서, 구름들 속에서 교훈을 얻기 바랄 것이다. 그는 자연, 닫힌 시스템들, 결합, 계산기를 복사하고자 할 것이다. 아무것도 인간 시스템이 그렇게 닫혀있다고 말하지 않는다. 아무것도 우리가 인간의 본질을 이해했다고 말해주지 않는다. 아무것도 인간의 지배적인 질이 지성이라고 말해주지 않는다. 최소한 우리가 지성이라고 부르는 것이고, 우리 역사상에서 그렇게 미미한 사용밖에 하지 못했던 것 말이다."(P. 샤에퍼)

엘륄의 저서_{연대기순} 및 연구서

- *Étude sur l'évolution et la nature juridique du Mancipium*. Bordeaux: Delmas, 1936.
- *Le fondement théologique du droit*. Neuchâtel: Delachaux & Niestlé, 1946.
  ⋯▸ 『자연법의 신학적 의미』, 강만원 옮김(대장간, 2013)
- *Présence au monde moderne: Problèmes de la civilisation post-chrétienne*. Geneva: Roulet, 1948.
  ⋯▸ 『세상 속의 그리스도인』, 박동열 옮김(대장간, 1992, 2010)
- *Le Livre de Jonas*. Paris: Cahiers Bibliques de Foi et Vie, 1952.
  ⋯▸ 『요나의 심판과 구원』, 신기호 옮김(대장간, 2010)
- *L'homme et l'argent* (Nova et vetera). Neuchâtel: Delachaux & Niestlé, 1954.
  ⋯▸ 『하나님이냐 돈이냐』, 양명수 옮김(대장간. 1991, 2011)
- *La technique ou l'enjeu du siècle*. Paris: Armand Colin, 1954. Paris: Économica, 1990.
- (E)*The Technological Society*. New York: Knopf, 1964.
  ⋯▸ 『기술 또는 세기의 쟁점』(대장간 출간 예정)
- *Histoire des institutions*. Paris: Presses Universitaires de France, plusieurs éditions (dates données pour les premières éditions);. Tomes 1–2, L' Antiquité (1955); Tome 3, Le Moyen Age (1956); Tome 4, Les XVIe– XVIIIe siècle (1956); Tome 5, Le XIXe siècle (1789–1914) (1956).
  ⋯▸ 『제도의 역사』, (대장간, 출간 예정)
- *Propagandes*. Paris: A. Colin, 1962. Paris: Économica, 1990
  ⋯▸ 『선전』하태환 옮김(대장간, 2012)

· *Fausse présence au monde moderne*. Paris: Les Bergers et Les Mages, 1963.

  ⋯▸ (대장간 출간 예정)

· *Le vouloir et le faire: Recherches éthiques pour les chrétiens*: Introduction (première partie). Geneva: Labor et Fides, 1964.

  ⋯▸『원함과 행함』(솔로몬, 2008)

· *L'illusion politique*. Paris: Robert Laffont, 1965. Rev. ed.: Paris: Librairie Générale Française, 1977.

  ⋯▸『정치적 착각』, 하태환 옮김(대장간, 2011)

· *Exégèse des nouveaux lieux communs*. Paris: Calmann-Lévy, 1966. Paris: La Table Ronde, 1994.

  ⋯▸ (대장간, 출간 예정)

· *Politique de Dieu, politiques de l'homme*. Paris: Éditions Universitaires, 1966.

  ⋯▸『하나님의 정치와 인간의 정치』, 김은경 옮김(대장간, 2012)

· *Histoire de la propagande*. Paris: Presses Universitaires de France, 1967, 1976.

  ⋯▸『선전의 역사』(대장간, 출간 예정)

· *Métamorphose du bourgeois*. Paris: Calmann-Lévy, 1967. Paris: La Table Ronde, 1998.

  ⋯▸『부르주아와 변신』(대장간, 출간 예정)

· *Autopsie de la révolution*. Paris: Calmann-Lévy, 1969.

  ⋯▸『혁명의 해부』, 황종대 옮김(대장간, 2013)

· *Contre les violents*. Paris: Centurion, 1972.

  ⋯▸『폭력에 맞서』, 이창헌 옮김(대장간, 2012)

· *Sans feu ni lieu: Signification biblique de la Grande Ville*. Paris: Gallimard,

1975.

　…▶『머리 둘 곳 없던 예수-대도시의 성서적 의미』, 황종대 옮김(대
　　장간, 2013).

· *L'impossible prière*. Paris: Centurion, 1971, 1977.

　…▶『불가능한 기도』, 신기호 옮김(대장간, 출간 예정)

· *Jeunesse délinquante: Une expérience en province*. Avec Yves Charrier.
Paris: Mercure de France, 1971.

· *De la révolution aux révoltes*. Paris: Calmann-Lévy, 1972.

· *L'espérance oubliée, Paris*: Gallimard, 1972.

　…▶『잊혀진 소망』, 이상민 옮김(대장간, 2009)

· *Éthique de la liberté,*. 2 vols. Geneva: Labor et Fides, I:1973, II:1974.

　…▶『자유의 윤리』, (대장간, 출간 예정)

· *Les nouveaux possédés*, Paris: Arthème Fayard, 1973.

· (E)*The New Demons*. New York: Seabury, 1975. London: Mowbrays,
1975.

　…▶ (대장간, 출간 예정)

· *L'Apocalypse: Architecture en mouvement*, Paris. Desclée 1975.

· (E)*Apocalypse: The Book of Revelation*. New York: Seabury, 1977.

　…▶『요한계시록-움직이는 건축물』(대장간, 출간 예정)

· *Trahison de l'Occident*. Paris: Calmann-Lévy, 1975.

· (E)*The Betrayal of the West*. New York: Seabury,1978.

　…▶『서구의 배반』, (대장간, 출간 예정)

· *Le système technicien*. Paris: Calmann-Lévy, 1977.

　…▶『기술 체계』, 이상민 옮김(대장간, 2013)

· *L'idéologie marxiste chrétienne*. Paris: Centurion, 1979.

　…▶『기독교와 마르크스주의』, 곽노경 옮김(대장간, 2011)

· *L'empire du non-sens: L'art et la société technicienne*. Paris: Press Universitaires de France, 1980.

   ┅▶『무의미의 제국』, 하태환 옮김(대장간, 2013년 출간)

· *La foi au prix du doute: "Encore quarante jours.."*. Paris: Hachette, 1980.

   ┅▶『의심을 거친 신앙』, 임형권 옮김 (대장간, 2013)

· *La Parole humiliée*. Paris: Seuil, 1981.

   ┅▶『굴욕당한 말』, 박동열 이상민 공역(대장간, 2013년 출간 예정)

· *Changer de révolution: L'inéluctable prolétariat*. Paris: Seuil, 1982.

   ┅▶『인간을 위한 혁명』, 하태환 옮김(대장간, 2012)

· *Les combats de la liberté*. (Tome 3, L'Ethique de la Liberté) Geneva: Labor et Fides, 1984. Paris: Centurion, 1984.

   ┅▶『자유의 투쟁』(솔로몬, 2009)

· *La subversion du christianisme*. Paris: Seuil, 1984, 1994. [réédition en 2001, La Table Ronde]

   ┅▶『뒤틀려진 기독교』,박동열 이상민 옮김(대장간, 1990 초판, 2012년 불어 완역판 출간)

· *Conférence sur l'Apocalypse de Jean*. Nantes: AREFPPI, 1985.

· *Un chrétien pour Israël*. Monaco: Éditions du Rocher, 1986.

   ┅▶『이스라엘을 위한 그리스도인』(대장간, 출간 예정)

· *Ce que je crois*. Paris: Grasset and Fasquelle, 1987.

   ┅▶『내가 믿는 것』(대장간 출간 예정)

· *La raison d'être: Méditation sur l'Ecclésiaste*. Paris: Seuil, 1987

   ┅▶『존재의 이유』(규장, 2005)

· *Anarchie et christianisme*. Lyon: Atelier de Création Libertaire, 1988. Paris: La Table Ronde, 1998

   ┅▶『무정부주의와 기독교』, 이창헌 옮김(대장간, 2011)

· *Le bluff technologique*. Paris: Hachette, 1988.

· (E)*The Technological Bluff*. Grand Rapids: Eerdmans, 1990.

　　…▶『기술담론의 허세』(대장간, 출간 예정)

· *Ce Dieu injuste..?: Théologie chrétienne pour le peuple d'Israël*. Paris: Arléa, 1991, 1999.

　　…▶『하나님은 불의한가?』, 이상민 옮김(대장간, 2010)

· *Si tu es le Fils de Dieu: Souffrances et tentations de Jésus*. Paris: Centurion, 1991.

　　…▶『네가 하나님의 아들이라면』, 김은경 옮김(대장간, 2010)

· *Déviances et déviants dans notre societé intolérante*. Toulouse: Érés, 1992.

· *Silences: Poèmes*. Bordeaux: Opales, 1995.

　　…▶ (대장간, 출간 예정)

· *Oratorio: Les quatre cavaliers de l'Apocalypse*. Bordeaux: Opales, 1997.

· (E)*Sources and Trajectories: Eight Early Articles by Jacques Ellul that Set the Stage*. Grand Rapids: Eerdmans, 1997.

· *Islam et judéo-christianisme*. Paris: Presses universitaires de France, 2004.

　　…▶『이슬람과 기독교』, 이상민 옮김(대장간, 2009)

· *La pensée marxiste*: Cours professé à l'Institut d'études politiques de Bordeaux de 1947 à 1979 Edited by Michel Hourcade, Jean-Pierre Jézéuel and Gérard Paul. Paris: La Table Ronde, 2003.

　　…▶『마르크스 사상』, 안성헌 옮김(대장간, 2013)

· *Les successeurs de Marx*: Cours professé à l'Institut d'études politiques de Bordeaux Edited by Michel Hourcade, Jean-Pierre Jézéquel and Gérard Paul. Paris: La Table Ronde, 2007.

⋯▸『마르크스의 후계자』(대장간, 출간 예정)

기타 연구서

· 『세계적으로 사고하고 지역적으로 행동하라』(Perspectives on Our Age: Jacques Ellul Speaks on His Life and Work.), 빌렘 반더버그, 김재현, 신광은 옮김(대장간, 1995, 2010)
· 『자끄 엘륄 −대화의 사상』(Jacques Ellul, une pensée en dialogue. Genève), 프레데릭 호눙(Frédéric Rognon)저, 임형권 옮김(대장간, 2011)
· 『자끄 엘륄입문』신광은 저(대장간, 2010)
· *A temps et à contretemps: Entretiens avec Madeleine Garrigou-Lagrange.* Paris: Centurion, 1981.
· *In Season, Out of Season: An Introduction to the Thought of Jacques Ellul: Interviews by Madeleine Garrigou−Lagrange.* Trans. Lani K. Niles. San Francisco: Harper and Row, 1982.
· *L'homme à lui-même: Correspondance.* Avec Didier Nordon. Paris: Félin, 1992.
· *Entretiens avec Jacques Ellul.* Patrick Chastenet. Paris: Table Ronde, 1994